2022年 ICT深度观察

中国信息通信研究院◎编

CAICT Insight ON ICT-2022

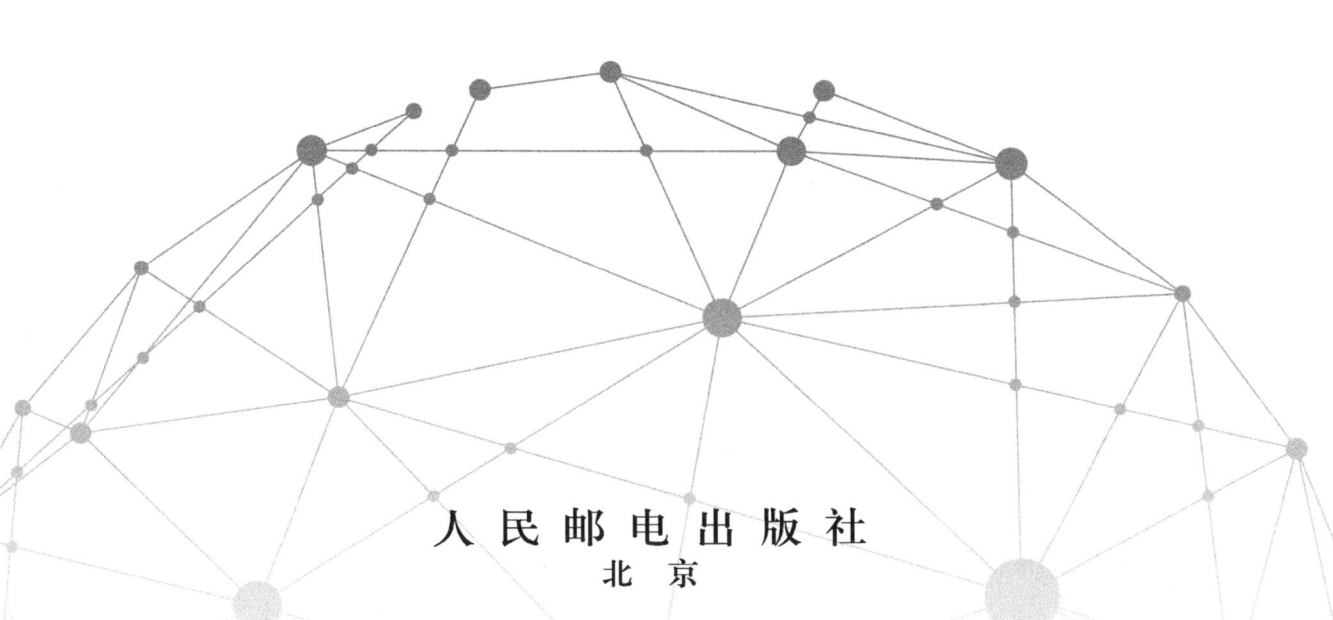

人民邮电出版社

北京

图书在版编目（CIP）数据

2022年ICT深度观察 / 中国信息通信研究院编. -- 北京：人民邮电出版社，2022.6（2022.8重印）
ISBN 978-7-115-59076-3

Ⅰ．①2… Ⅱ．①中… Ⅲ．①信息产业－产业发展－研究报告－中国－2022 Ⅳ．①F492

中国版本图书馆CIP数据核字(2022)第054099号

内 容 提 要

本书主要内容为中国信息通信研究院2022年在ICT产业、两化融合与产业互联网、无线移动、信息网络、先进计算、大数据与人工智能、数字经济与治理、网络安全八大科学研究领域的深度观察、研究报告，具有较强的时效性、权威性和实用性。

本书的主要读者对象为国内外电信运营商、设备制造厂商、增值服务提供商及政府部门、行业协会、研究机构的相关人员。

◆ 编　　中国信息通信研究院
　　责任编辑　苏　萌
　　责任印制　马振武

◆ 人民邮电出版社出版发行　北京市丰台区成寿寺路11号
　　邮编　100164　电子邮件　315@ptpress.com.cn
　　网址　https://www.ptpress.com.cn
　　北京虎彩文化传播有限公司印刷

◆ 开本：787×1092　1/16
　　印张：16　　　　　　　　　2022年6月第1版
　　字数：294千字　　　　　　 2022年8月北京第2次印刷

定价：149.80元

读者服务热线：(010)81055493　印装质量热线：(010)81055316
反盗版热线：(010)81055315
广告经营许可证：京东市监广登字 20170147 号

编委会

主　编：余晓晖　王志勤

副主编：蒋林涛　续合元　王爱华　史德年　石友康　许志远

编　委：刘高峰　刘　默　万　屹　张海懿　黄　伟　魏　凯

何　伟　谢　玮

作 者

ICT 产业篇 　刘高峰　张悦　卢玥　左铠瑞　张晶　李文宇　刘泰　李小虎　王义　张雅琪　王文跃　张倩　丁丽婷　刘若朋　张利华　王晨　吴辉　郜蕾　孙路遥

两化融合与产业互联网篇 　刘默　李铮　蒋昕昊　李亚宁　刘阳　吕东阳　齐曙光　袁林　汪俊龙　高艳丽　班帅帅　杨昊亭　赵旭　孙邵明　王梦迪　叶行方　闵栋　徐贵宝　徐恩庆　董恩然　王润鹏

无线移动篇 　万屹　李珊　魏克军　果敢　龚达宁　杨艺　杜加懂　康陈　朵灏　刘海蛟　刘硕　林鹏　周洁　侯伟彬　王琦　葛涵涛　毛祺琦　林琳　杜斌　张天静　吕日昇

信息网络篇 　张海懿　苏嘉　李少晖　余文艳　张子飞　赵文玉　赵锋　张杰　马丹妮　钟平声　杨波　杨哲

先进计算篇 　黄伟　陈磊　周兰　王骏成　丛瑛瑛　邱绍岩　王昊　黄璜　郑文煜　陈曦　胡可臻　鲁楠　梁林俊

大数据与人工智能篇 　魏凯　王蕴韬　刘硕　吕艾临　周丹颖　李昂　王少鹏　邱奔　董昊　颜媚　仵姣姣　田稼丰　王阳　曹峰　闫树　马飞　王月　牛晓玲

数字经济与治理篇　　何伟　李强治　毕春丽　石中金　马凝芳　牛丹阳　孙克　方禹　汪明珠　王超贤　王甜甜　杨婕　李雅文　邱晨曦　孙鑫　王锐　岳云嵩　张子淇　杨媛　姜颖

网络安全篇　　田慧蓉　丰诗朵　李慎之　马娟　常雯　彭志艺　董航　崔枭飞　何波　景慧昀　杨朋　王晗　张宁　刘起良　焦贝贝　王玉环　辛鑫　赵勋　熊婉辰

序

2021年是"十四五"开局之年,也是开启全面建设社会主义现代化国家新征程的起步之年。这一年,5G、工业互联网、云计算、人工智能等新型基础设施加快建设,信息通信技术与经济社会各领域融合更深、更广,继续在统筹推进疫情防控和经济社会发展方面发挥了巨大作用。这一年,我们隆重庆祝党的百岁生日,感慨党领导信息通信业走过的不凡历程,信息通信业一跃成为国民经济的战略性、基础性、先导性行业。这一年,习近平总书记在主持中央政治局第三十四次集体学习时强调,把握数字经济发展趋势和规律,推动我国数字经济健康发展。

过去一年,在国家政策的积极引导和产业各方的共同努力下,我国信息通信行业实现了新跨越,产业转型也迈向了快车道。**新型基础设施持续升级。**5G网络规模全球领先,基站数与终端连接数全球占比均超70%。所有地级市建成光网城市,全国约三分之一的家庭接入千兆光网。数据中心服务能力大幅提升,数据中心云化、智能化比例持续提升。全国51.2万个行政村全面实现"村村通宽带",贫困地区通信难问题得到历史性解决。**技术产业实力稳步增强。**5G系统设备、终端芯片、智能手机等产品性能全球领先,智能语音识别、云计算及部分新型数据库领域达到国际先进水平,企业国际地位不断彰显。**融合应用水平不断提升。**5G、人工智能等新技术应用不断深化,直播电商、远程医疗、远程办公等"非接触经济"全面提速,引发消费理念、消费方式和消费内容全面快速变革。制造业数字化转型持续深化,工业互联网创新发展成效显著,网络平台安全体系已打造成型,"5G+工业互联网"创新应用水平处于全球第一梯队。2020年,我国产业数字化规模达到31.7万亿元,占GDP的比重为31.2%,约是数字产业化规模的4倍。**数据要素潜力加速释放。**大数据产业支撑数字经济的能力初步形成，集聚效应显著增强，基本形成了以京津冀区域、长三角地区、珠三角地区、中西部地区和东北地区五个区域集聚发展的格局。**数字化治理成效显著**。我国数字经济治理规则逐步完善，治理手段进一步优化，治理方式加快创新，规范有序、包容审慎、鼓励创新、协同共治的数字经济发展环境加速形成。

站在新的历史关口，中国信息通信研究院将顺应行业变革与创新趋势，进一步发挥国家高端专业智库、产业创新发展平台的重要作用，聚焦 ICT 产业、两化融合与产业互联网、无线移动、信息网络、先进计算、大数据与人工智能、数字经济与治理、网络安全八大领域，持续夯实 5G、工业互联网、数字经济等重大战略研究成果，为网络强国和制造强国建设提供更加广泛、全面的支撑。

"ICT 深度观察"是中国信息通信研究院持续发布的年度重磅成果，已连续 14 年发布，成为业界观察和研判产业大势的重要读本之一。本书集中了上述八大领域的最新研究成果，希望能够为社会各界了解 ICT 产业最新态势和发展趋势提供参考。书中不足之处，请读者不吝指正。

王志勤

2022 年 3 月于北京

目录

ICT 产业篇 1

一、2021 年 ICT 产业发展综述 3

（一）2021 年全球 ICT 产业发展趋势 3
1. 全球电信服务业平稳复苏，基础设施建设稳步推进 3
2. 全球互联网企业营收持续高速增长，投融资大幅上涨 5
3. 全球电子信息制造业恢复性增长，细分领域收入规模实现正增长 6

（二）2021 年我国 ICT 产业发展成效 7
1. 我国 ICT 产业收入持续增长，对 GDP 贡献持续提升 7
2. 我国电信业务收入增速回升，全面开启 5G 新一轮增长周期 8
3. 我国互联网企业营收企稳回升，投融资市场高位缓降 9
4. 软件和信息技术服务业发展态势良好，出口额重回正增长 11
5. 我国电子信息制造业订单回流，出口回暖带来收入和利润上升 13

二、2021 年 ICT 产业热点分析 16

（一）电信业赋能数字化发展全面展开 16
1. 构建"连接＋算力＋能力"新型信息服务体系，夯实数字底座 16
2. 全面深化 5G 与垂直行业深度融合，拓展政企市场价值 ... 17
3. 攻坚克难，强化创新核心地位，打造一体化产业生态体系 ... 17

（二）互联网行业"脱虚向实"有序发展..................18
 1. 在内外部因素驱动下，互联网加快与实体经济深度融合.....18
 2. 加快技术创新步伐，推动赋能、赋值、赋智水平持续提升.....19
 3. 加快融合创新赋能，推动生产服务融合新变革................20
（三）ICT制造业锐意迈向产业链上游关键环节..................20
 1. 产能紧缺和海外芯片缺货，为我国自主创新产品提供机遇.....20
 2. ICT供应链紧张，促进我国产业加速向上游关键环节创新.....21
 3. 近年我国ICT重点领域加速创新，技术专利数量全球领先..................23

三、2022年ICT产业趋势展望..................24

（一）新一代ICT将加速集成创新，5G、AI、云、半导体是突破点..................24
（二）ICT产业将迎来重大机遇期，产业规模将持续快速增长.....24
（三）ICT产业发展以人民为中心，成果惠及更广泛人群.....26

两化融合与产业互联网篇..................27

一、2021年两化融合与产业互联网领域发展综述..................29

（一）全球加快数字化转型的政策推进，布局数据治理与融合技术创新..................29
（二）各行业加快数字化转型实践探索，转型引领企业展现出更好业绩与市场竞争力..................30
 1. 制造业领域，数据应用由单点走向全环节，带动业务创新与运营提升..................30

2. 农业领域，数字化加速普及，重点领域智能化应用与模式
创新不断涌现 31

3. 能源领域，数字技术带动"源网荷储"全环节效率提升与
一体化优化 32

4. 医疗领域，数据驱动医疗产品创新与诊疗服务效率提升 32

5. 城市领域，数字孪生城市建设加快，城市数据流通成为新的
探索方向 33

（三）赋能各行业的数字技术体系正在形成 34

（四）数据治理重要性日益凸显，产业界积极开展以业务为导向
的数据治理实践 35

二、2021 年两化融合与产业互联网领域热点分析 37

（一）工业互联网应用探索，在挑战中创新前行 37

1. 工业互联网获得广泛认知，但应用探索仍然面临诸多挑战 37

2. 面向不同行业、不同企业，以针对性的价值导向推进应用
实践 38

3. 通过对应用实践的解耦与场景化，针对不同场景实施差异化
策略 38

4. 加快产品化与生态合作，以产品化促规模化，以规模化降低
应用成本 39

（二）数字技术全面赋能"双碳"目标，但还处于起步阶段 40

1. 数字技术正成为"双碳"目标实现的关键途径 40

2. 不同行业数字技术赋能双碳成熟度不同，呈现与行业碳
排放相反态势 41

3. 数字技术赋能双碳"三步走"，当前应用处于初级阶段......42

4. 数字技术对传统产业绿色低碳发展赋能现状及下一步发展方向......43

（三）行业数据流通共享成为转型关键前提，各国加快探索实践......44

1. 欧盟整合 Gaia-X 与 IDS 规划，日本加速推进 CIOF，工业数据可信共享流通成为各国布局重点......44

2. 工业数据空间应用场景全面深化，应用行业不断扩大，成为新的业务创新引擎......44

3. 技术体系初步形成，使用控制技术成为关键......46

4. 我国建立特色工业数据空间架构，开展测试验证和生态构建......46

三、2022 年两化融合与产业互联网领域发展展望......48

（一）信息技术在各行业的应用，正从流程驱动的支撑工具向数据驱动的价值创新转变......48

（二）网络、平台、人工智能、数字孪生等技术在各行业初步实现规模化应用，技术的融合创新不断涌现......48

（三）自动化由"硬"向"软"延伸，带来产品与服务创新模式变革......49

（四）传统主体加速转型、数字原生企业快速崛起，各行业都将发生价值格局的重构......50

（五）生产系统与消费互联网加快融合，各行业企业相互渗透，企业边界趋于模糊......51

| 目　录 |

无线移动篇 53

一、2021 年无线移动领域发展综述 55

（一）用户 55
1. 全球移动用户数达 82.5 亿，5G 用户数超 6.3 亿 55
2. 我国移动用户数达 16.4 亿，5G 手机终端连接数超 4.9 亿 ... 55

（二）网络 56
1. 全球 5G 网络建设持续推进 56
2. 我国已累计开通 5G 基站超 129 万个 56

（三）流量 57
1. 我国移动互联网累计流量稳步增长，DOU 再创新高 57
2. 移动电话去话通话时长增速由负转正，移动短信业务量
   增速有所下滑 57

（四）终端 58
1. 全球手机市场复现增长，但尚未恢复到疫情前水平 58
2. 我国手机市场实现大幅增长，5G 手机出货量占比超 7 成 ... 59
3. 物联网终端款型数量增长，NB-IoT/Cat1 成为新增连接
   主力 60

（五）应用 60
我国移动应用市场从野蛮生长走向规范化发展 60

二、2021 年无线移动领域热点分析 63

（一）5G 应用加速迈入规模化 63
1. 5G 发展进入下半场，各国 5G 战略重点向应用转移 63

5

2. 我国5G应用已实现从0到1的突破，探索1→N发展路径 64
3. 业务和终端创新双轮驱动5G ToC应用规模化发展 64
4. 5G ToB应用产业化规模发展将经历四个阶段 65
5. 5G与行业融合应用促进5G产业链扩展延伸 66
6. 5G应用产业生态在市场竞合中融合发展 67

（二）移动物联网生态体系加快构建，多网协同满足差异化需求 68
1. 移动物联网标准持续演进，能力与场景结合更紧密 68
2. 移动物联网技术互补，提供差异化网络能力 69
3. 移动物联网全面发展，构建综合生态体系恰逢其时 69
4. 连接数稳步增长，移动物联网万物互联基础不断夯实 70
5. 2G/3G加速退网清频，存量物联网迁转仍需过渡期 70

（三）车联网与5G融合创新发展 71
1. 标准与产业耦合发展 71
2. 5G蜂窝通信与C-V2X直连通信融合互补 72
3. 基础设施迈入规模化部署新阶段 72
4. 应用呈现多价值空间，分阶段走向成熟 72

三、2022年无线移动领域发展展望 74

（一）用户：2026年我国5G渗透率超六成，5G用户数超11亿 74
（二）流量：5G应用的不断拓展与创新将释放用户更多流量需求 75

（三）无线定位技术创新活跃，室内定位技术成为热点............ 76

（四）全球卫星互联网进入建设部署阶段，天地融合组网备受关注............ 77

（五）产业多方协同推进 5G 消息业务，有望在 2022 年实现正式商用............ 78

（六）全球 6G 研发布局全面启动............ 79

 1. 全球各国积极推进 6G 研究............ 79

 2. 全球 6G 发展仍处于早期阶段............ 80

 3. 6G 典型业务应用与潜在关键技术............ 80

信息网络篇............83

一、2021 年信息网络领域发展综述............85

（一）扁平化和智能化持续加深，网间架构进一步优化............ 85

（二）规模部署成果显著，加快推动 IPv6 高质量发展............ 85

（三）传送网协同开放稳步推进，800G 发展整体加速............ 87

（四）我国固定宽带网络进入光网时代，并加速向千兆光网演进............ 90

（五）数据中心保持高速发展，CDN 步入新阶段............ 91

（六）全球带宽、流量保持较快增长，我国国际网络布局平稳扩展............ 92

（七）宽带网络提速成效显著，业务感知提升明显............ 93

二、2021 年信息网络领域热点分析............96

（一）多方推动云网加速演进，夯实我国数字经济发展基础............ 96

1. 在云计算驱动下，云网呈现快速发展势头 96
2. 云网本质上是信息技术和通信技术的融合 97
3. 两大阵营采用差异化路径向云网一体化演进 99
4. 下一代演进方向是智能、泛在连接 100

（二）千兆光网能力和发展水平全球领先，将进入"建用并举"新阶段 100
1. 加快推进千兆光网发展，是当前我国网络发展聚焦的热点和工作重点 100
2. 我国多方面开展工作，推动千兆光网快速发展 101
3. 目前我国千兆光网发展水平已全球领先，网络发展目标超额完成 102

（三）数字经济驱动下，国际互联网基础性地位凸显并呈现发展新趋势 102
1. 网络新架构：国际通信海缆大规模更替，国际互联网向太空延伸 103
2. 生态新格局：内容服务商掌握网络连接和数据流动主动权 105
3. 安全新挑战：网络集中化弊端显露，需引起相关方持续关注 107

三、2022年信息网络领域发展展望 108

（一）网络云化逐步深入，端到端智能化管控加强 108
（二）多维技术革新持续演进，协同与智能助力发展 109
（三）端、管、云协同构建智能灵活的固定千兆网 110
（四）我国将加强顶层规划，优化国际网络布局 112

| 目　录

先进计算篇 113

一、2021 年先进计算领域发展综述 116
（一）发展规模：市场全面回暖，半导体呈爆发式增长 116
（二）大事记：四大支撑产业协同升级、加速融合 117
（三）技术演进：多元化拓展和多要素创新 118
（四）产业格局：加速全能力建设，抢占生态主导权 118
（五）模式创新：由单点创新转向跨界融合 120
（六）生态构建：跨平台应用生态取得实质性进展 120

二、2021 年先进计算领域热点分析 122
（一）元宇宙引发广泛关注，整体处于早期探索阶段 122
1. 概念兴起：科技巨头争相布局元宇宙，存在概念虚火与产业泡沫风险 122
2. 发展背景：三大动因助推热潮，四大要素界定内涵 122
3. 发展阶段：当前处于早期探索阶段，发展成熟面临多方面挑战 123
4. 发展方向：电子游戏、虚拟现实、区块链成为布局重点 124
5. 应用探索：有望为生产生活赋能增效，当前生态尚不健全 ... 124

（二）芯片短缺现象持续蔓延，全球供应链体系加速重构 124
1. 缺芯现象：芯片短缺现象正在向全行业、全产业链持续蔓延 124
2. 原因分析：供给不足、需求爆发及突发事件共同导致芯片短缺 125

3. 格局重塑：各国试图建立自主供应链，以占据产业发展主导地位 126

4. 供需平衡：需求增速稳定、产能大幅提升，缺芯局面将逐步缓解 127

（三）智能汽车产业竞争日趋激烈，核心环节创新变革加剧 127

1. 新格局：科技巨头加速进场，智能汽车产业竞争愈发激烈 127

2. 新生态：产业生态建设持续探索，主要呈现三大路径 128

3. 核心环节：计算平台成为转型关键，竞争格局面临重塑 129

4. 核心环节：车载传感融合加剧，自动驾驶安全性不断提高 130

5. 核心环节：软件定义汽车时代来临，架构走向 SOA 与车云协同 131

三、2022 年先进计算领域发展展望 133

（一）展望 - 规模：数字化转型驱动市场持续增长 133

（二）展望 - 计算：系统性能主导技术演进 134

（三）展望 - 存算一体：AIoT 应用落地，向通用 AI 芯片演进 ... 134

（四）展望 - 光计算：专用光计算将在高性能计算场景规模化应用 135

（五）展望 - 量子计算：NISQ 是未来 5～10 年主要形态 136

（六）展望 - 存储：工艺迭代与路线之争将长期共存 136

（七）展望 - 通信：算网深度融合推动算力泛在化、算力服务化 137

| 目　录

（八）展望 - 传感：呈现智能网联、微型集成、柔性化、多模态发展趋势 137

（九）展望 - 新型显示：多路径并存，Micro LED 拓展新"视界" 138

大数据与人工智能篇 139

一、2021 年大数据与人工智能领域发展综述 142
（一）"云数智"产业规模持续扩大 142
（二）云计算进入云原生时代，重塑用云新模式 142
（三）治理新规加速落地，为大数据技术产业指出新方向 143
  1. 新法规：提出数据合规新要求 144
  2. 新方向：安全基础上求发展 145
（四）人工智能迈入创新驱动、应用深化、规范发展的新阶段 146
（五）算力基础设施呈现三大变化 148

二、2021 年大数据与人工智能领域热点分析 150
（一）大模型规模再创新高，拓展 AI 能力边界 150
  1. 内外因素双重驱动，大模型研究热度居高不下 150
  2. 调大参数、吃大数据、用大集群，促成大模型极致性能 151
  3. 轻量化备受关注，知识蒸馏使能大小模型协同进化 152
  4. 大模型应用初显范式，仍须突破安全、有效、可持续瓶颈 153

（二）隐私计算技术推动数据要素市场建设 154
 1. 隐私计算行业应用多点开花 154
 2. 多重需求推动隐私计算成为数据要素市场化关键技术 156
 3. 隐私计算技术研发不断突破，为加速落地提供基础 157

（三）云原生正成为全面释放数字能力的核心引擎 159
 1. 颠覆式革新云上构建模式，云原生化已成必然趋势 159
 2. 技术创新内生外化，云原生持续突破影响域 160
 3. 云原生加速垂直行业渗透，新业态绽放全新活力 161

（四）算力基础设施筑基数字经济发展基础 164
 1. 国家实施"东数西算"工程，统筹全国算力基础设施建设 ... 164
 2. 业界对算力网络研究实践不断深入 165
 3. 算力网络技术创新日趋活跃 168

三、2022 年大数据与人工智能领域发展展望 169
 （一）分布式云将加速推动计算服务实现全域覆盖 169
 （二）数据要素将推动新兴数据基础设施技术创新发展 169
 （三）可信人工智能将激发巨大的技术产业创新空间 171
 （四）"技管结合"将加速推动科技风险治理落地 172

数字经济与治理篇 173

一、2021 年数字经济与治理领域发展综述 176
 （一）数字化发展加快从体系部署到政策落地 176
 （二）数字经济构筑起强大发展引擎 177
  1. 数字经济构筑经济增长关键支撑 177

2. 数字经济贡献水平显著提升 178
　　3. 数字经济结构持续优化升级 179
　　4. 数字经济区域发展百花齐放 180
　（三）数字技术与实体经济融合进入加速轨道 181
　（四）平台经济发展与规范并重 182
　（五）数字经济法治建设取得突破性进展 182
　　1. 数据治理制度体系全面展开，全方位推动立法变革 182
　　2. 网络社会治理立法高质量发展，紧贴民生福祉 184
　　3. 网络安全法规体系构建基本完成，重点领域立法加速 ... 185
　　4. 网络空间生态治理立法强基固本，聚焦新业态、新技术 ... 186
　（六）全球数字经济实现逆势蓬勃发展 187
　　1. 从整体态势看，数字经济发展有效缓解全球疫情冲击 ... 187
　　2. 从具体国别看，美国、中国、德国、日本、英国数字经济
　　　　快速发展 187
　（七）全球数字治理规则加速构建 192
二、2021年数字经济与治理领域热点分析 193
　（一）数字时代的产业创新生态加速构建 193
　　1. 我国创新发展总体情况 193
　　2. 抓主体，企业加快提升创新能力 194
　　3. 促要素，技术、资本要素顺畅流动 194
　　4. 谋布局，区域特色化、协同化创新网络加快构建 195
　（二）App 综合治理纵深推进 196
　　1. 坚持依法治理，政策法规制度持续完善 196

2. 加强技管结合，检测平台建设稳步推进 197
3. 开展专项整治，用户权益保护明显改善 200
（三）大型数字平台监管更趋严格 201
　　1. 大型数字平台崛起对经济社会产生深层次挑战 201
　　2. 全球掀起数字平台严监管浪潮 202
　　3. 各国普遍加大平台反垄断执法力度 202
　　4. 加速平台竞争政策与监管机制创新步伐 202
（四）全球数字治理和规则制定进入新阶段 203
　　1. 数字贸易规则成为区域贸易协定的核心焦点 203
　　2. 各国数字贸易规则选择存在较大差异 204
　　3. DEPA 创新数字治理和规则谈判模式 204
　　4. 加入 DEPA 须尽快完善国内相关体制机制 205

三、2022 年数字经济与治理领域发展展望 206
（一）数字经济将迎来黄金发展期 206
（二）数字技术创新范式持续演进 207
（三）数字经济领域法治建设持续深化 208
（四）数字经济监管进入深度重塑期 210
（五）数字领域国际规则和标准塑造进入关键期 210

网络安全篇 213

一、2021 年网络安全领域发展综述 215
（一）全球网络安全形势依然不容乐观，网络攻击风险传导趋势更加明显 215

（二）全球网络空间竞争日趋激烈，关键基础设施与新领域安全成为关注重点 215

（三）我国网络安全领域顶层制度设计持续完善 216

（四）网络安全市场复苏回暖，细分领域积蓄增长动能 217

二、2021 年网络安全领域热点分析 219

（一）车联网网络数据安全风险日益突出，政企协同安全保障体系加快构建 219

 1. 车联网技术应用创新深度融合，多要素级联安全风险日益突出 219

 2. 政策体系日趋完善，车联网安全监管进入全面实践期 220

 3. 覆盖车、云、数等核心要素，车联网安全防护体系日趋成熟 220

 4. 产业各界齐头并进、优势互补，共同促进车联网安全防护水平稳步提升 221

（二）人工智能安全风险日益凸显，AI 安全管理和技术体系加速形成 222

 1. 人工智能应用持续深化，多领域安全风险加速显现 222

 2. 人工智能安全技术供给仍处于起步期，局部性应用崭露头角 222

 3. 人工智能安全治理进入新阶段，分类分级治理成为新风向 223

 4. 政策合规和技术创新双轮驱动 AI 产业健康发展 224

（三）主动安全技术发展引领未知威胁及蛰伏攻击应对，应用落地前景可期 225

  1. 主动安全技术在新威胁和新场景牵引下创新发展，引起广泛关注 225

  2. 以欺骗防御和威胁狩猎为代表的主动安全技术理念获得较快发展 225

  3. 国内主动安全技术加速落地，产品发展日益完善 226

  4. 主动安全技术和产品处于蓬勃发展期，规模化应用部署前景广阔 226

（四）电信网络诈骗对抗螺旋式升级，技管结合的协同工作体系日益健全 227

  1. 全球电信网络诈骗形势日趋严峻 227

  2. 电信网络诈骗实施的关键环节 228

  3. 我国防范治理电信网络诈骗综合治理体系日益健全 228

三、2022年网络安全领域发展展望 230

（一）网络攻击技术升级演进，攻防对抗趋势更加激烈 230

（二）网络安全创新技术持续发展，将实现从保障到赋能的价值转变 230

（三）政策催生、技术驱动，数据安全产业步入放量增长快车道 231

（四）数字化发展驱动网络安全向数字安全不断外延 231

ICT 产业篇

导　　读

  2021年，全球ICT产业保持平稳向好势头，在新冠肺炎疫情中展现出较强的韧性。随着各国逐步恢复正常生产秩序，全球电信服务业平稳复苏，互联网营收持续高速增长，电子信息制造业呈现恢复性快速增长。

  2021年，我国ICT产业迎来新的发展机遇。5G带动电信业进入新一轮增长周期；互联网行业加快技术创新"脱虚向实"；软件产品持续丰富，自主研发能力不断增强；电子信息制造业加速向上游关键环节的创新，出口回暖，收入和利润增长显著。

  展望2022年和未来5年，随着"上云用数赋智"行动的实施，企业数字化转型加快，ICT产业将迎来重大机遇期。我国ICT企业将加快新型数字基础设施建设、加大科技创新投入，促进新一代ICT技术加速集成创新，以"ICT技术＋数据要素"拓展数字化发展空间。在融合赋能和创新驱动下，ICT产业规模仍将持续快速增长。同时，ICT产业将坚持以人民为中心的发展思想，推广普及更高品质的数字化产品服务，ICT创新成果将惠及更广泛人群。

本篇作者：

刘高峰　张悦　卢玥　左铠瑞　张晶　李文宇　刘泰　李小虎　王义　张雅琪　王文跃
张倩　丁丽婷　刘若朋　张利华　王晨　吴辉　郜蕾　孙路遥

一、2021 年 ICT 产业发展综述

（一）2021 年全球 ICT 产业发展趋势

2021 年世界经济形势依旧严峻，新冠肺炎疫情反复，供应链及能源危机引发全球关注。尽管如此，世界经济在重重挑战中恢复动力，全球国内生产总值（GDP）大幅反弹，同比增长 5.9%，增幅较 2020 年最低水平增加 9 个百分点。与其他行业相比，ICT 产业保持平稳发展，数字经济成为支撑全球经济复苏的重要力量。

1. 全球电信服务业平稳复苏，基础设施建设稳步推进

全球电信服务业平稳复苏。 2021 年全球电信服务市场恢复平稳增长，收入同比增长 1.5%。其中，个人业务市场增速加快，同比增长 2.6%，较 2020 年同期增加 1.2 个百分点；经济复苏使得政企市场下滑趋势缓解，同比下滑 1.6%，而 2020 年同期负增长 5.5%。全球电信服务业发展情况如图 1-1 所示。

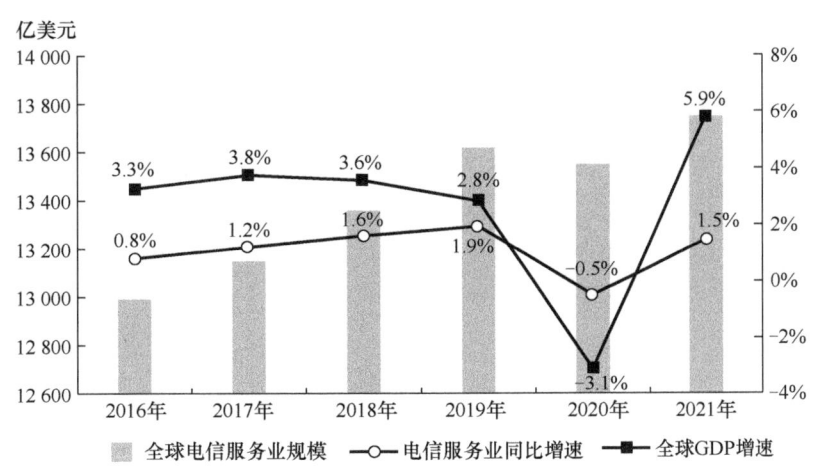

图 1-1 全球电信服务业发展情况

[数据来源：国际半导体产业协会（Gartner）、国际货币基金组织（IMF）]

移动流量保持高增长势头。 2021 年，全球移动互联网月均流量达到 64.81EB/月，同比增长 33.2%。全球移动互联网 DOU（Dataflow Of Usage，月户均流量）预计达到

11.6GB/(户·月)，同比增长28.4%，增速较2020年低1.6个百分点。大视频时代来临，视频在全球移动数据流量中占比接近70%。全球主要地区移动互联网用户月户均流量情况如图1-2所示。

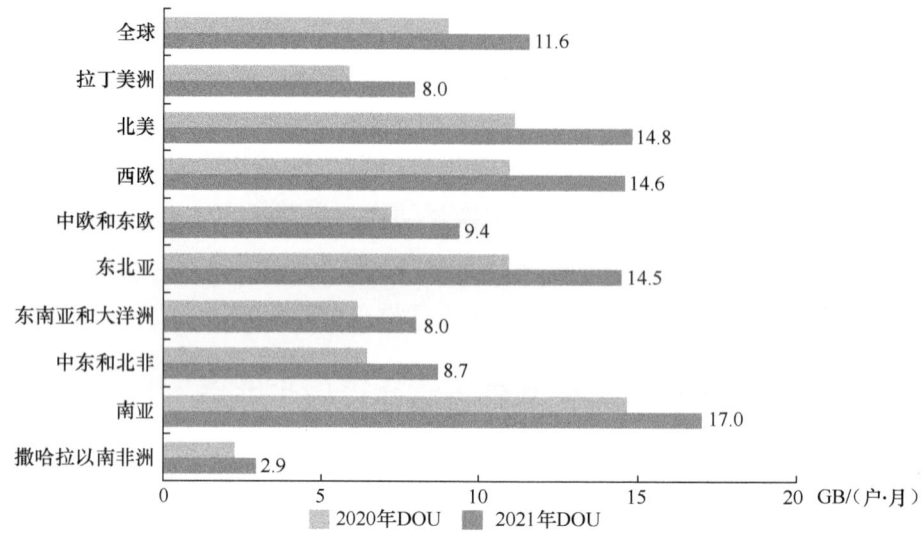

图1-2 全球主要地区移动互联网用户月户均流量情况

（数据来源：爱立信）

基础设施建设稳步推进。5G加速普及，网络建设持续推进。截至2021年第三季度末，全球共有71个国家和地区的182家运营商实现了5G商用。预计截至2021年底，全球5G网络人口覆盖率将增至23.5%，如图1-3所示。数据跨境流动有力推动了国际海缆建设。2021年，全球国际互联网带宽达到785.6Tbit/s，同比增长29.1%，如图1-4所示。

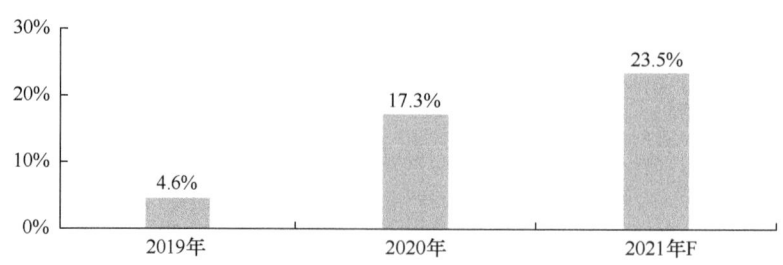

图1-3 全球5G网络人口覆盖率

［数据来源：全球移动通信系统协会（GSMA）］

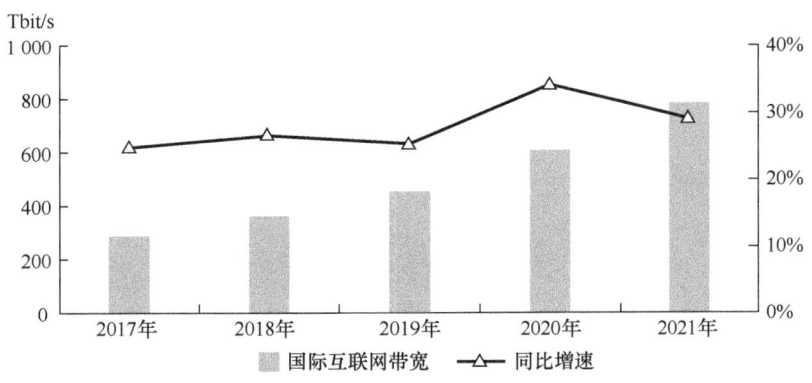

图 1-4　全球国际互联网带宽及同比增速

（数据来源：TeleGeography）

2. 全球互联网企业营收持续高速增长，投融资大幅上涨

全球互联网上市企业营收持续呈高增长态势。 2021 年，全球互联网上市企业收入预计突破 2.1 万亿美元，同比增长约 23.7%，远高于 GDP 同期增速。头部企业与第二梯队企业之间收入差距进一步拉大，全球十大互联网企业总营收达到 1.5 万亿美元，同比增长 30.5%，如图 1-5 所示。

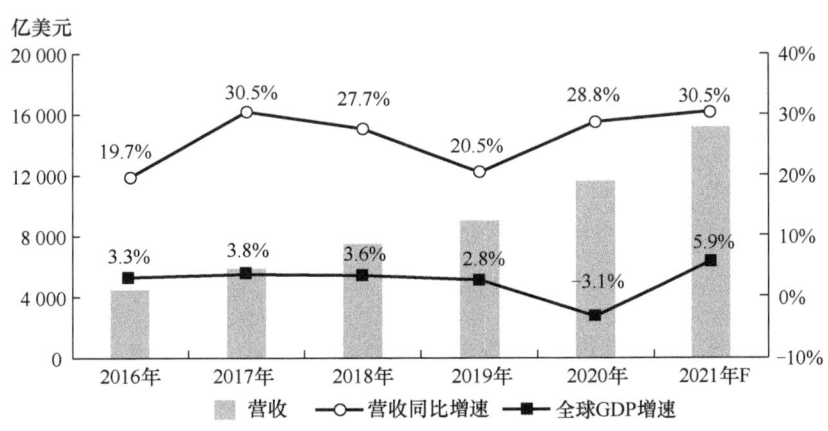

图 1-5　全球十大互联网企业总营收情况

（数据来源：中国信息通信研究院）

资本大量涌入，投融资市场向好。 2021 年前三季度，全球互联网领域投融资交易总数达 1.8 万笔，同比增长 1.8%，如图 1-6 所示；总融资金额达到 3 570.4 亿美元，同比增幅达到 167.6%。平均单笔融资额增长显著，达到 1 980.8 万美元，同比增长 162.9%，特别是在移动电商领域，平均单笔融资额达到 4 060 万美元，同比增长 207%。

中美互联网头部企业市值差距拉大。 2021 年第三季度末，全球前三十大互联网企业总市值超过 12.5 万亿美元，同比增长 22.7%。其中，美国前五大互联网企业总市值同比增长 28.4%，我国前五大互联网企业总市值同比下跌 24.8%，如图 1-7 所示。

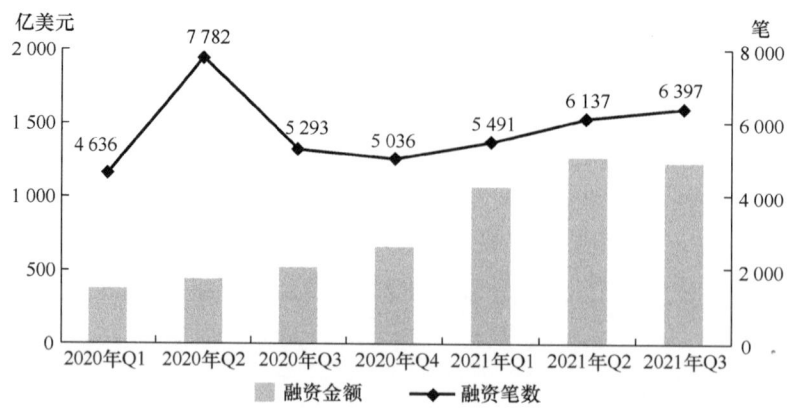

图 1-6　全球互联网投融资总体情况
（数据来源：中国信息通信研究院）

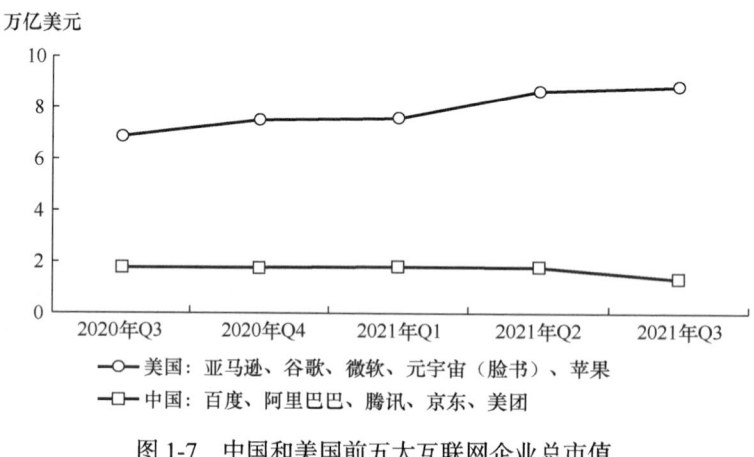

图 1-7　中国和美国前五大互联网企业总市值
（数据来源：中国信息通信研究院）

3. 全球电子信息制造业恢复性增长，细分领域收入规模实现正增长

ICT 制造业实现高速增长。 从整体产业规模看，2019—2020 年全球 ICT 制造业受新冠肺炎疫情影响，收入增长缓慢。2021 年随着全球各国逐步恢复正常生产秩序，全球 ICT 制造业收入规模相比 2020 年呈现恢复性快速增长。同时，2021 年有色金属等大宗商品涨价明显，其作为电子信息制造业的关键生产原材料，也拉动了全球 ICT 制造业收入的增长，预计 2021 年全球 ICT 制造业[1]收入增长 16.7%，如图 1-8 所示。

所有细分领域收入规模均实现正增长。 从细分领域看，半导体市场在缺货影响下，

---
[1] 全球 ICT 制造业涵盖云管端整机设备、半导体、平板显示设备、半导体装备和材料等。

产能满载、价格上升，实现收入规模快速增长，同时带动半导体装备收入规模迅猛增长；计算机和平板电脑、服务器等整机产品市场收入在远程办公的发展机遇下，实现持续快速增长；手机市场收入在 5G 快速发展和原材料上涨的情况下，转降为升；企业网络设备等 IT 设备收入平稳增长。2020—2021 年 ICT 整机产品收入增长情况如图 1-9 所示。

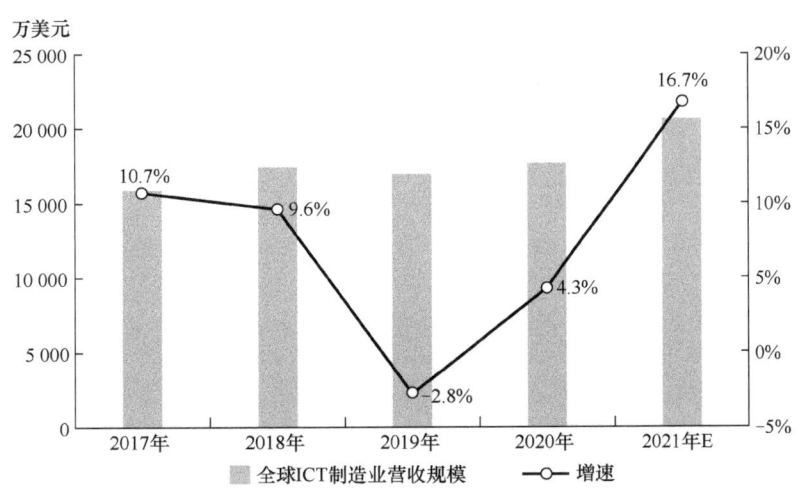

图 1-8　全球 ICT 制造业营收规模和增速

（数据来源：Gartner，SEMI，中国信息通信研究院整理）

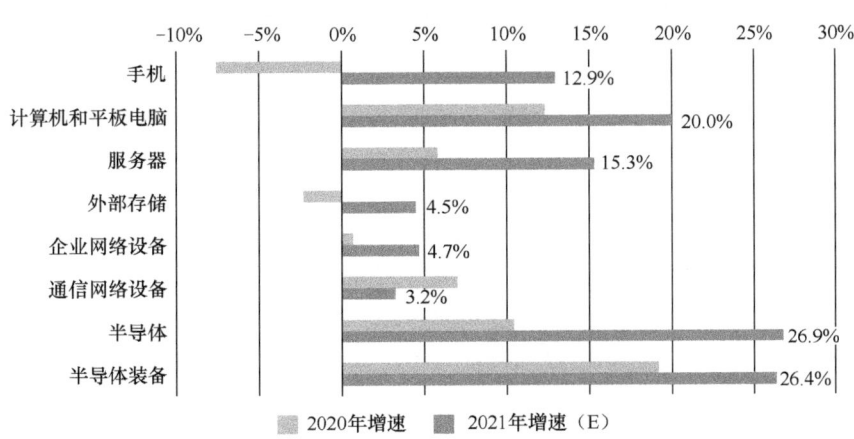

图 1-9　2020—2021 年 ICT 整机产品收入增长情况

（数据来源：Gartner，SEMI，中国信息通信研究院整理）

（二）2021 年我国 ICT 产业发展成效

1. 我国 ICT 产业收入持续增长，对 GDP 贡献持续提升

ICT 产业持续快速增长。2021 年，我国 ICT 产业收入规模达到 26.8 万亿元，同比

增长 17%，增速较 2020 年上涨 7 个百分点。其中，电子信息制造业、软件及信息技术服务业、电信业、互联网及相关服务业收入分别为 13.9 万亿元、9.8 万亿元、1.47 万亿元、1.6 万亿元。从产业结构上看，电信业、互联网及相关服务业、软件及信息技术服务业收入之和占比超过 48%，较上年提高 0.8 个百分点，产业结构持续软化。ICT 产业对 GDP 贡献持续提升，预计 2021 年 ICT 产业增加值超过 8 万亿元，占 GDP 比重 8% 左右。2017—2021 年我国 ICT 产业收入规模增长情况如图 1-10 所示。

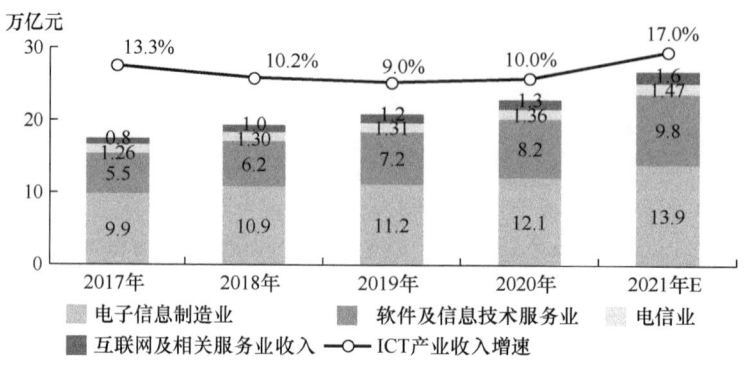

图 1-10　2017—2021 年我国 ICT 产业收入规模增长情况

（数据来源：电子信息制造业收入统计口径调整为规模以上电子信息制造业企业营业收入数据，根据国家统计局数据进行调整；软件及信息技术服务业、电信业、互联网及相关服务业收入，数据来源为工业和信息化部。中国信息通信研究院整理）

2. 我国电信业务收入增速回升，全面开启 5G 新一轮增长周期

电信业务收入增速显著回升。 5G 带动移动通信业务进入新一轮增长周期。2021 年，我国电信业务收入达到 1.47 万亿元，同比增长 8%，较 2020 年提高 4.1 个百分点，收入增速接近 GDP 增速。2016—2021 年我国电信业务收入增长情况如图 1-11 所示。

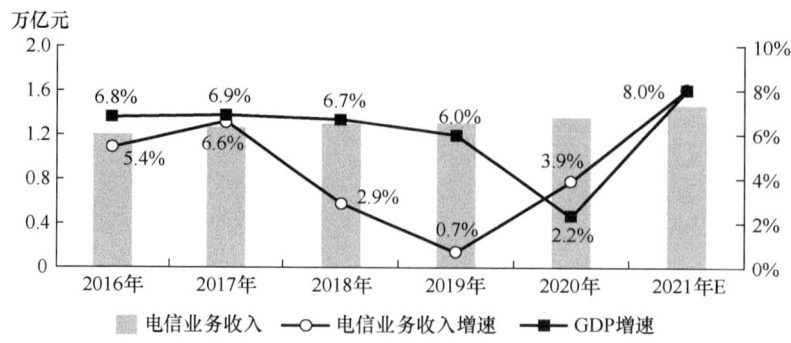

图 1-11　2016—2021 年我国电信业务收入增长情况
（数据来源：工业和信息化部、国家统计局）

数字化服务成为首要增长动力。从各类业务对电信业务收入增长的拉动作用来看，包括 IPTV（网络电视）、数据中心、云计算、大数据、集成业务等新兴业务在内的固定增值及其他业务成为拉动电信业务收入增长的首要动力，2021 年固定增值及其他业务拉动电信业务收入增长 3.2 个百分点，较 2020 年提升 0.3 个百分点。5G 带动移动通信业务收入增长由负转正，2021 年移动语音收入降幅收窄，移动数据及互联网业务收入增长回升，移动增值及其他业务快速增长，移动通信业务合计拉动电信业务收入增长 3 个百分点。固定宽带接入用户稳步增长、接入带宽快速提升，固定数据及互联网业务拉动电信业务收入增长接近 2 个百分点。2019—2021 年各类业务拉动电信业务收入增长情况如图 1-12 所示。

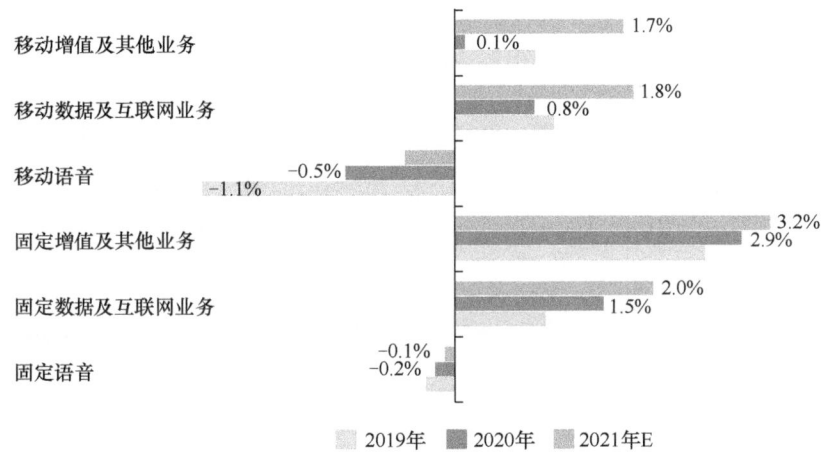

图 1-12　2019—2021 年各类业务拉动电信业务收入增长情况
（数据来源：工业和信息化部）

网络服务供给能力大幅提升。从网络建设来看，2021 年，千兆网络建设快速推进，5G 网络已覆盖全国所有地市级城市、95% 以上县城和 35% 的乡镇，千兆光网覆盖 2 亿户家庭。电信普遍服务助力我国农村及偏远地区通信基础设施水平显著提升。

3. 我国互联网企业营收企稳回升，投融资市场高位缓降

网民规模突破 10 亿。截至 2021 年 6 月，我国网民规模达 10.1 亿，互联网普及率达 71.6%。城乡差距进一步缩小，农村地区互联网普及率为 59.2%，较 2020 年 12 月提升 3.3 个百分点，城乡地区互联网普及率差异缩小 4.8 个百分点。2015—2021 年网民规模及互联网普及率情况如图 1-13 所示。

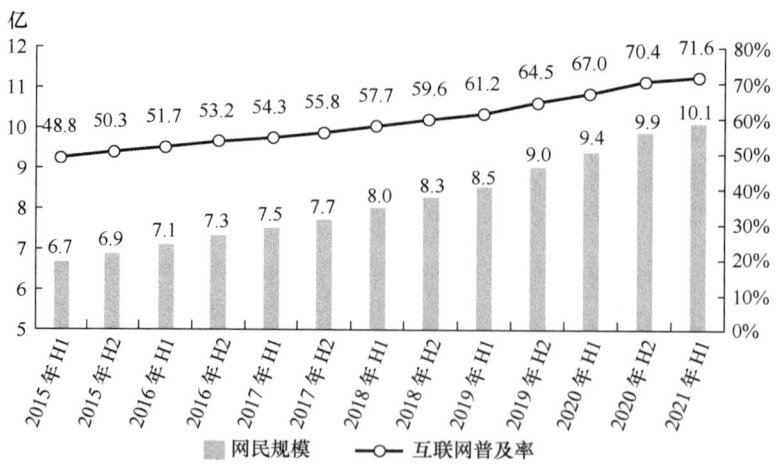

图 1-13 2015—2021 年网民规模及互联网普及率情况

[数据来源：中国互联网络信息中心（CNNIC）]

营收增速重回 20% 以上区间。2021 年，我国互联网企业收入增速企稳回升，预计 2021 年上市互联网企业总营收将达 3.8 万亿元，同比增速达 23%，较 2020 年提高 8 个百分点。2015—2021 年上市互联网企业总营收增长情况如图 1-14 所示。

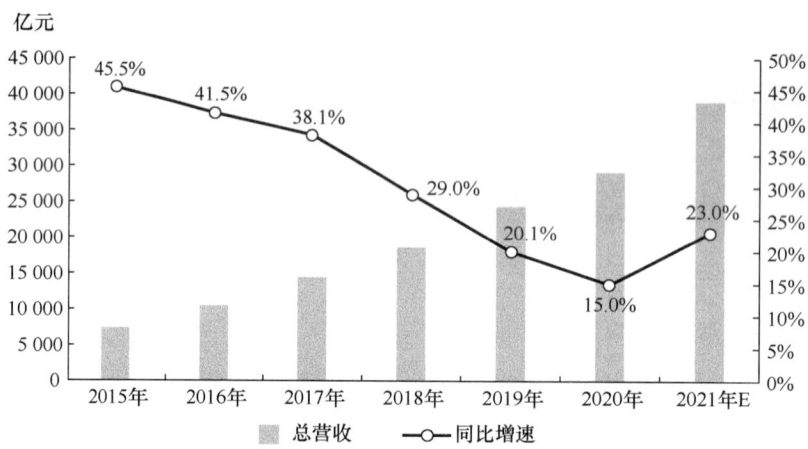

图 1-14 2015—2021 年上市互联网企业总营收增长情况

（数据来源：上市互联网企业年报，中国信息通信研究院）

上市企业市值大幅下降。受政策环境变化，海外上市企业面临的政策、政治风险提升，龙头企业的经营业绩虽同比增长，但增速不如市场预期，在多重因素的影响下，上市互联网企业总市值有所下降，截至 2021 年 9 月底为 13.6 万亿元，环比降幅达 27.8%，较去年同期下跌 3.3 万亿元。2019—2021 年我国互联网上市企业总市值如图 1-15 所示。

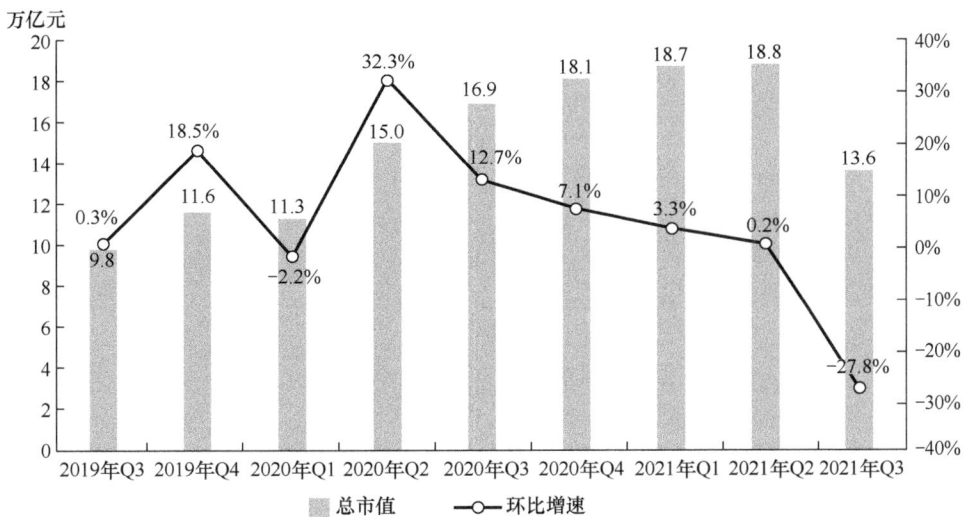

图 1-15　2019—2021 年我国互联网上市企业总市值
（数据来源：中国信息通信研究院）

互联网投融资市场保持活跃势头。 2021 年以来，互联网领域融资笔数持续攀升，第三季度达 785 笔，创 2019 年以来新高。融资规模在 2020 年第四季度达到高点后，连续 3 个季度下滑，但同比仍保持增长。融资金额在 2021 年前三季度累计达 414.8 亿美元，超过 2020 年全年的 400.1 亿美元。2019—2021 年我国互联网领域投融资情况如图 1-16 所示。

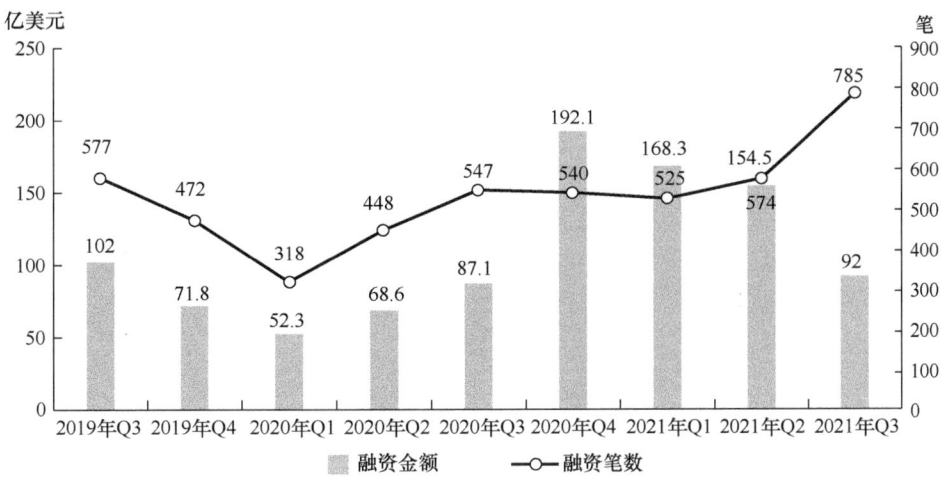

图 1-16　2019—2021 年我国互联网领域投融资情况
（数据来源：中国信息通信研究院）

4. 软件和信息技术服务业发展态势良好，出口额重回正增长

软件业较早从新冠肺炎疫情中复苏。 2021 年我国软件和信息技术服务业呈良好发

展态势，业务收入实现平稳较快增长，年收入预计达到 9.8 万亿元，同比增长 19.9%，如图 1-17 所示。

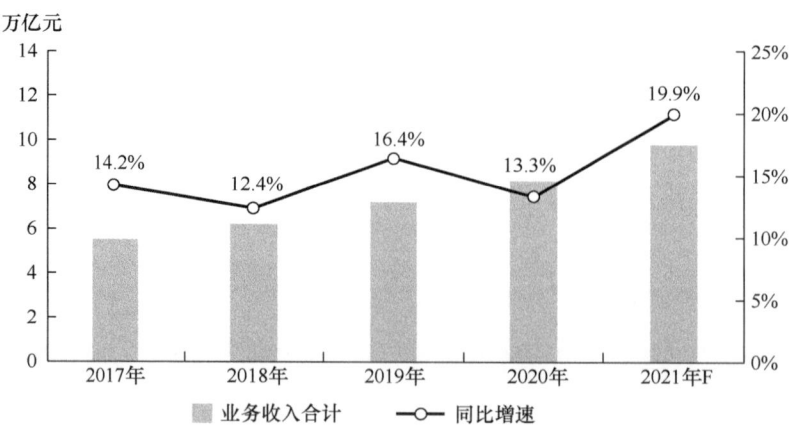

图 1-17　我国软件和信息技术服务业收入情况
（数据来源：工信数据）

软件出口同比增长。2021 年，我国软件业务出口额预计达到 531 亿美元，同比增长 10.9%。与 2020 年相比，出口增速显著回升，但仍低于 2019 年新冠肺炎疫情前水平 0.5 个百分点，如图 1-18 所示。

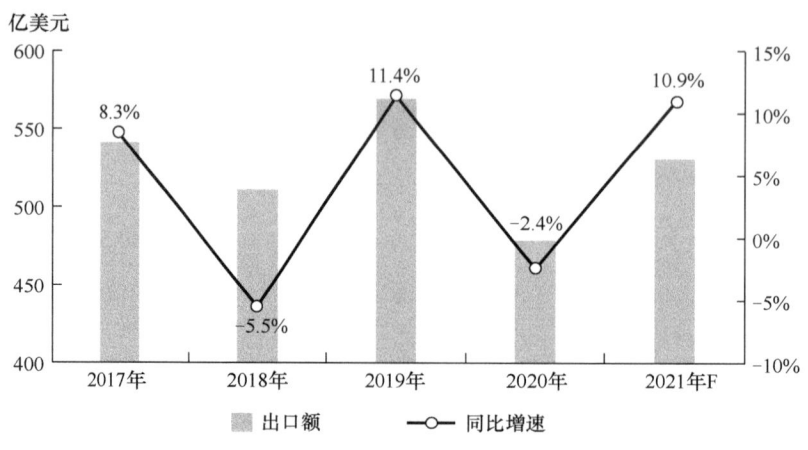

图 1-18　我国软件业务出口情况
（数据来源：工信数据）

信息技术服务收入占比稳步攀升。信息技术服务业务收入呈持续增长势头，2021 年前三季度同比增长 23.7%，高出软件业整体平均水平 3.2 个百分点。预计 2021 年，信息技术服务业务收入在软件业中占比将达到 63.7%，同比上升 2.6 个百分点。2017—2021 年软件和信息技术服务业各细分业务收入情况如图 1-19 所示。

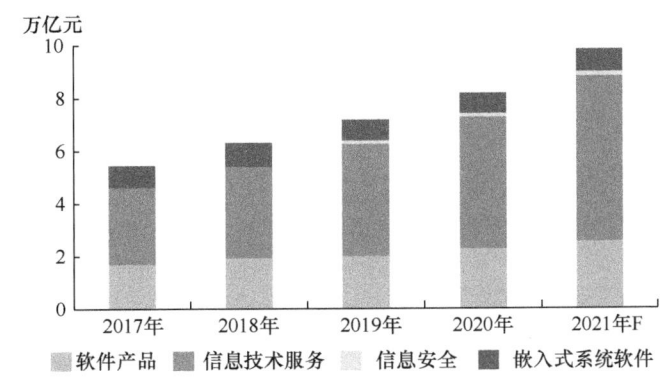

图 1-19　2017—2021 年软件和信息技术服务业各细分业务收入情况
（数据来源：工信数据）

5. 我国电子信息制造业订单回流，出口回暖带来收入和利润上升

整机制造出口数量和金额显著提升。新冠肺炎疫情防控有力，使得我国电子信息制造业生产保持良好的连续性，这对其他国家出口订单产生了较强的替代效应。从 2020 年第二季度开始，国外整机出口订单流入我国，使得我国整机出口数量及出口金额占全球比例提升明显。2018—2021 年我国笔记本电脑月度出口数量如图 1-20 所示。2017—2021 年我国笔记本电脑和手机出口金额占全球比例如图 1-21 所示。

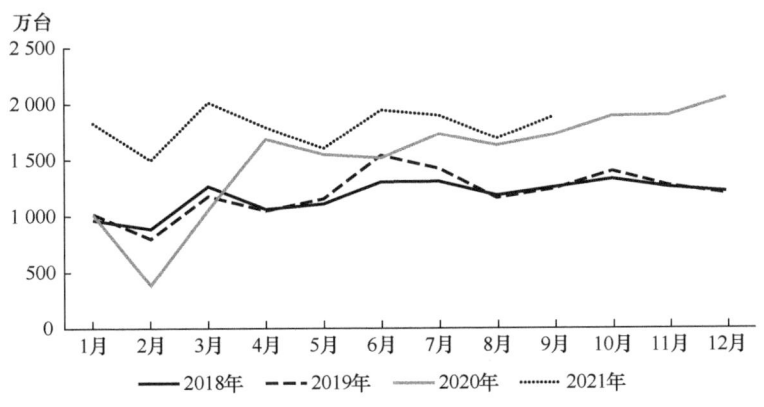

图 1-20　2018—2021 年我国笔记本电脑月度出口数量
（数据来源：海关总署）

在出口增长的带动下，我国电子信息制造业发展保持较快增长。2021 年前三季度，我国电子信息制造业营收增速达到 16.3%，相比前几年平均 5%～8% 的增速有了明显提升，2021 年 1—9 月电子信息制造业营业利润率增长到 5.4%，比 2020 年提升 0.7 个百分点。预计 2021 年全年电子信息制造业能实现 15% 以上的营收增长。2018—2021

年我国电子信息制造业营收规模如图 1-22 所示。2019—2021 年我国电子信息制造业营收增速和利润率如表 1-1 所示。

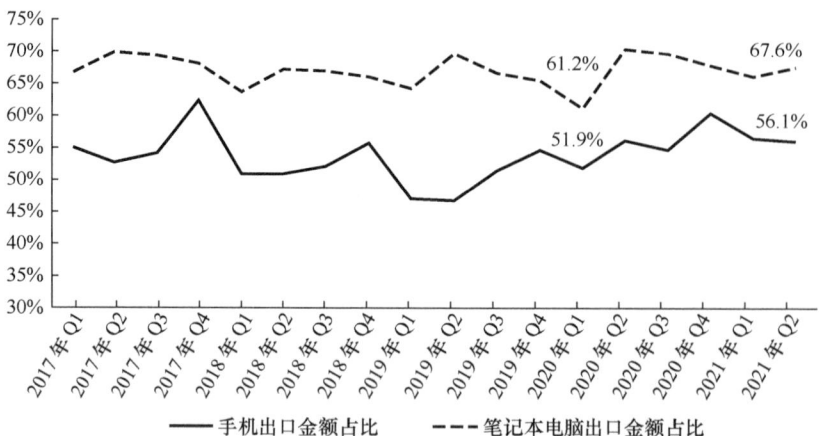

图 1-21　2017—2021 年我国笔记本电脑和手机出口金额占全球比例
（数据来源：海关总署，TRADE MAP，中国信息通信研究院整理）

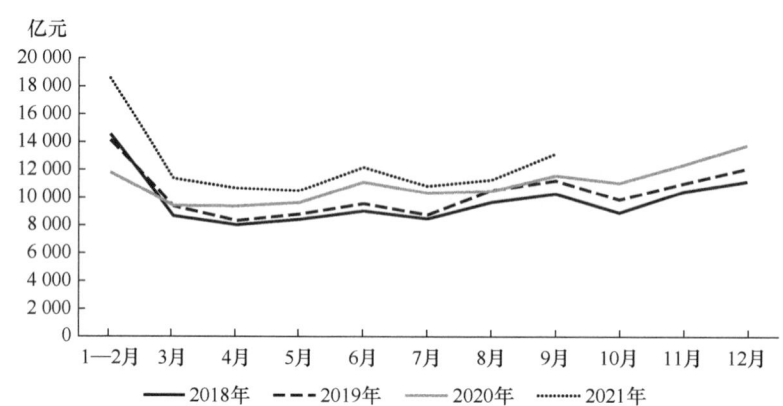

图 1-22　2018—2021 年我国电子信息制造业营收规模
（数据来源：国家统计局，工业和信息化部，中国信息通信研究院整理）

表 1-1　2019—2021 年我国电子信息制造业营收增速和利润率

	2019 年	2020 年	2021 年 1—9 月
电子信息制造业营收增速	4.5%	8.3%	16.3%
电子信息制造业营收利润率	4.3%	4.7%	5.4%

（数据来源：工业和信息化部）

通信设备制造业实现营收和净利润双增长[2]。一方面，新冠肺炎疫情常态化防控

2　研究基础样本选择沪深 A 股上市公司财报，含细分领域龙头及其他代表性企业；华为未被统计在内。

后，我国信息通信基础设施建设稳步推进，国内通信设备需求增多；另一方面，企业积极开辟海外市场、主动改变产品利润结构、实施多元化布局。双重因素使得我国通信设备制造业实现营收和净利润双增长。通过对样本数据的分析，2021年前三季度，通信设备制造业总体营收和净利润分别为3 223.17亿元、146.78亿元，预计2021年全年将分别达到4 472.06亿元、216.40亿元，同比增幅18.27%、40.49%。

通信设备制造业各细分领域增速区间总体保持正增长。营收方面，物联网设备制造业呈现高景气度，预计2018—2021年，年复合增长率达到42.24%，2021年同比增长超过55.20%，如图1-23所示。净利润方面，通信主设备、光模块等细分行业表现抢眼，光纤光缆、射频天线等细分行业虽然受2021年上半年原材料、运输等可变成本和费用上升等不利因素影响，但依然保持稳中缓升，如图1-24所示。

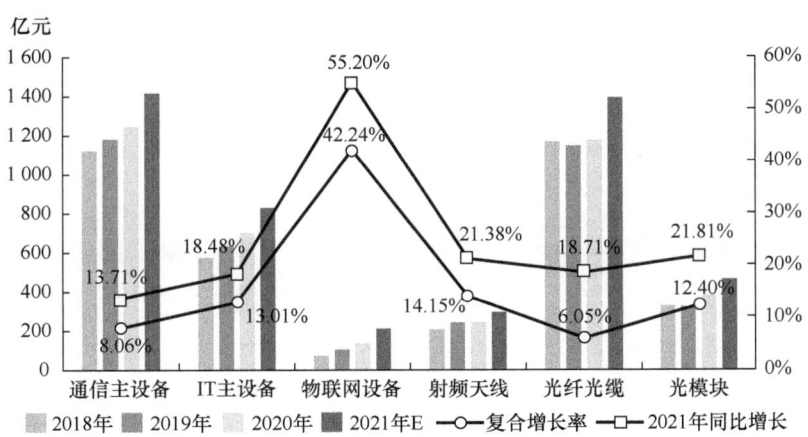

图1-23 2018—2021年通信设备制造业营收情况
（数据来源：上市公司财报，中国信息通信研究院整理）

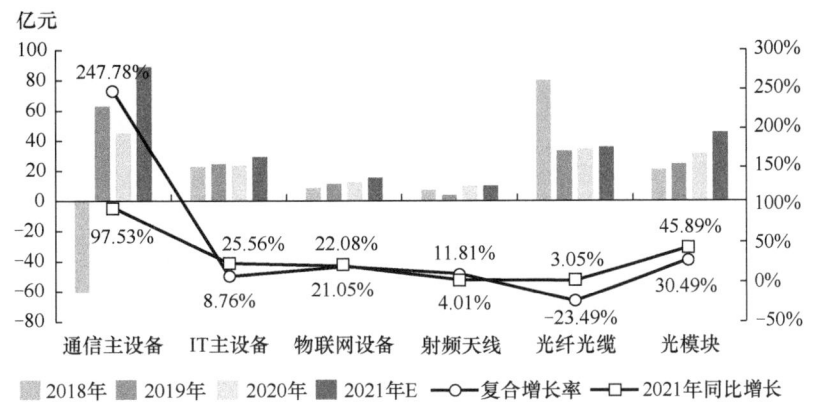

图1-24 2018—2021年通信设备制造业净利润情况
（数据来源：上市公司财报，中国信息通信研究院整理）

二、2021 年 ICT 产业热点分析

（一）电信业赋能数字化发展全面展开

1. 构建"连接＋算力＋能力"新型信息服务体系，夯实数字底座

2021 年，我国电信业加快新型信息通信基础设施建设，构建"连接＋算力＋能力"新型信息服务体系。

在网络连接方面，加快双千兆网络覆盖，5G 网络向县城、乡镇地区延伸，农村 5G 低频网络取得重点突破；千兆光纤宽带用户覆盖家庭数超过 2 亿户，千兆宽带接入用户规模突破 3 000 万，10G PON（Passive Optical Network，无源光网络）及以上端口超过 360 万个。

在算力设施方面，基础电信运营商落实国家"东数西算"部署，科学合理布局数据中心，同时加大云计算关键核心技术攻关力度。中国电信全面推进云网融合资源"2+4+31+X+O"的协同布局，构建网络简约敏捷、算力差异泛在、安全融合内生、核心能力自主掌控、智能绿色可靠的国家级云网融合新型信息基础设施。中国移动规划布局了"4+3+X"数据中心，打造京津冀、长三角、粤港澳大湾区、成渝四大热点区域中心，呼和浩特、哈尔滨、贵阳三大跨省中心，以及多个省级中心和业务节点，建设"N+31+X"移动云新型基础设施，形成一体化云网服务能力。中国联通优化布局，形成"5+4+31+X"新型数据中心体系，强化算网协同编排能力和算网能力封装建设，加快构建云网边一体化的能力开放调度体系。

在能力服务方面，基础电信运营商加快推进云网融合，利用自身在网络、云和客户等方面的综合优势，提供云网统一综合解决方案，向云网一体化目标演进。同时，电信运营商还在加速部署自身网络向云化演进，推进网络功能虚拟化、控制转发分离，构建开放共享的智慧中台，推进了技术底座、运营管理和供给方式的协同创新。2021年中国电信提出"云网融合 2030 愿景目标"，确定"网是基础、云为核心、网随云动、云网一体"的云网融合发展原则。中国移动构建"数智云网"新架构，以数字化、智能化为核心内涵，以"网是根基、云是中心、云网一体；智是内核、数是价值、融数

注智"为核心理念，打造云网融合新型基础设施，实现资源一体化供给。中国联通发布 CUBE-Net 3.0 网络创新体系，构建"算网为基、数智为核、低碳集约、安全可控"的算网一体化底座，将"敏捷联接"服务升级到"联接＋感知＋计算＋智能"的"智能融合"服务。

2. 全面深化 5G 与垂直行业深度融合，拓展政企市场价值

5G 行业虚拟专网建设加速。 2021 年，我国电信业全面深化 5G 与垂直行业深度融合，基础电信运营商积极推进 5G 专网建设，针对不同的行业需求和场景，提出了"公网公用、公网专用、专网专用"3 种 5G 专网搭建方案，中国电信推出了"致远、比邻、如翼"3 种模式，中国移动推出了"优享、专享、尊享"3 种模式，中国联通采用了"虚拟专网、混合专网、独立专网"3 种部署方式。

5G 应用扬帆起航。 5G 应用正加速融入千行百业，成为促进经济社会数字化、网络化、智能化转型的重要引擎。截至 2021 年 11 月，全国 5G 应用创新的案例已超过 1 万个，覆盖 22 个国民经济重要行业。"5G+工业互联网"已在采矿、钢铁、电力、石化、化工等十大重点行业率先布局，形成远程设备操控、机器视觉质检、生产能效管控等 20 个典型应用场景，5G 行业应用从"样板房"走向"商品房"规模化复制。

3. 攻坚克难，强化创新核心地位，打造一体化产业生态体系

2021 年，我国电信业强化创新的核心地位，基础电信运营商均明确了科技创新愿景、目标和路径。

确立科技创新愿景。 基础电信运营商坚持创新在企业发展全局中的核心地位，确立科技创新目标，制订科技创新行动计划。中国电信提出"成为关键核心技术自主掌控的科技型企业、进入国家科技创新企业第一阵营、努力成为科技领军企业和国家战略科技力量"的科技创新目标。中国移动提出"创建世界一流信息服务科技创新公司"，其本质是要走入产业数字化真正的蓝海。中国联通明确定位"数字技术融合创新排头兵"，打造科技创新型企业。

推动治理体系创新。 基础电信运营商加快推动业务转型和组织架构调整，成立多元化业务专业机构，打造产业互联网产品能力和一体化经营能力。2021 年 2 月，中国联通整合云计算、大数据、系统集成、物联网、安全等业务领域专业公司组建联通数

字科技有限公司（"联通数科"），借助混改与生态伙伴合资成立系列专业公司，开拓产业互联网业务领域。2021年7月，中国电信整合成立天翼云科技有限公司，集建设、研发、运营、生态合作和销售服务为一体，2021年12月，天翼云科技有限公司通过股权多元化改革引入中国电科、中国电子、中国诚通、中国国新等投资者。2021年10月，中国移动出台《终端业务组织运营体系改革实施方案》，重新定义终端业务组织运营体系，解决终端业务统筹软、供给弱、销售散的问题。

助力产业生态创新。基础电信运营商与产业各界紧密协同，紧扣产业链、供应链，部署创新链，带动整个现代产业链发展。中国电信提出通过建设科技型企业带动整个现代产业链发展，将自身打造成为具有产业生态主导力和长板优势的"链长"企业。中国移动发布"联创+"行动计划，提出打造移动信息现代化产业链"链长"的目标。中国联通将加快构建"多元共建、互补互促、跨界融合、竞合共生"的数字生态。

（二）互联网行业"脱虚向实"有序发展

1. 在内外部因素驱动下，互联网加快与实体经济深度融合

互联网企业寻求新的增长动力。互联网用户和流量的高速增长期结束，线上红利见顶。截至2021年6月，我国网民的人均每周上网时长为26.9小时，较2020年同期下降1.1小时。互联网企业加快产业互联网发展，深度参与实体经济价值创造，寻求新的增长动力。2021年第三季度的785笔互联网融资中，企业服务、电子商务、互联网金融、应用基础设施、医疗健康、在线教育、IT服务等ToB领域的融资笔数分别为209、110、61、53、47、47和42，合计占比近四分之三，如图1-25所示。

互联网发展治理体系日益健全。以《中华人民共和国数据安全法》《中华人民共和国个人信息保护法》等法律法规正式实施为标志，互联网领域法律体系日趋完善，治理体系日益健全。产业主体开展互联互通，在链接跳转、支付等方面逐步开放合作，积极整改、完善App信息收集处理机制，公开算法规则，积极推动产业健康发展。行业协会充分发挥协调作用，发布《互联网平台经营者反垄断自律公约》《医疗健康网络数据安全自律公约》《个人信息保护倡议书》《平台经营者反垄断合规管理规则》等自律公约、倡议书、行业标准，成为行业规范发展亮点。

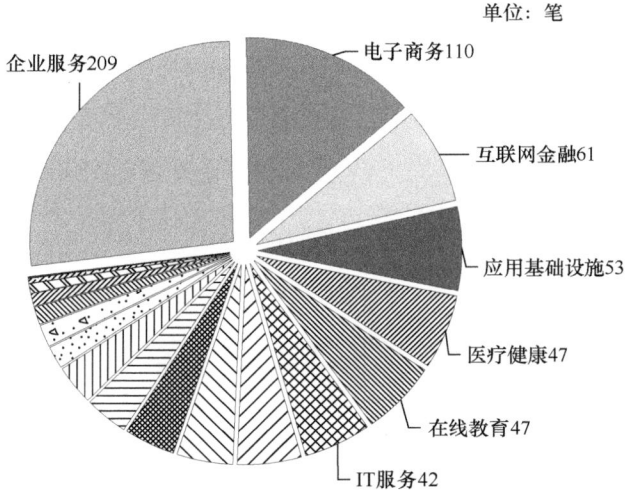

图 1-25　2021 年第三季度我国互联网融资领域分布情况

（数据来源：IT 桔子）

2. 加快技术创新步伐，推动赋能、赋值、赋智水平持续提升

研发投入显著增长。随着流量红利见顶，互联网企业加快从用户规模驱动向技术创新驱动转型。预计 2021 年，我国上市互联网企业研发投入 2 400 亿元，自 2015 年以来年均复合增长 26%，如图 1-26 所示，与其他行业企业相比表现突出。头部互联网企业研发投入年均增速均超过 40%。

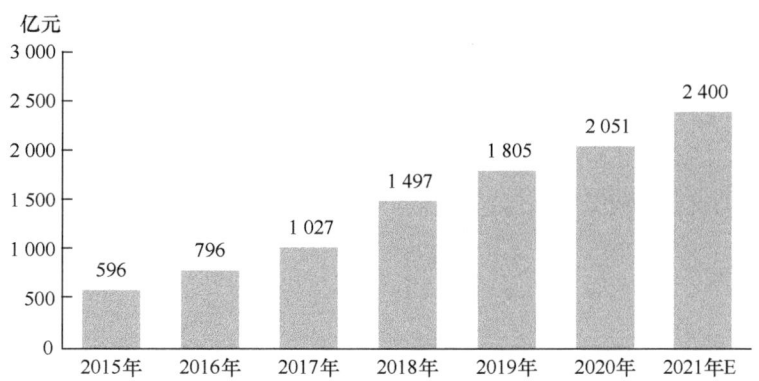

图 1-26　2015—2021 年上市互联网企业研发投入规模

（数据来源：上市互联网企业财报）

数字技术加速创新突破。近年来，我国知识产权保护力度不断加强，创新创业环境不断优化，为互联网企业加快技术突破与产业创新创造了更加有力的外部条件。同时，我国市场空间广阔、应用场景丰富，快速迭代的应用需求带动技术创新加速突

破。前沿领域取得突破，我国互联网企业加快在算力算法、芯片设计等方面的技术创新，夯实行业基础能力。例如，阿里巴巴自主研发的 PolarDB-X 云原生分布式数据库被评为世界互联网领先科技成果；百度、阿里巴巴、腾讯等龙头企业均加大 AI 芯片、ARM 服务器芯片等领域的战略布局。我国互联网企业实力不断提升，移动支付、AI 等领域技术应用成果全球领先。例如，我国原创发明的"扫一扫"技术是全球移动支付不可或缺的实用技术。

3. 加快融合创新赋能，推动生产服务融合新变革

加快技术创新的同时，互联网企业加快将技术能力向供给侧迁移，推动生产服务融合变革。

加快融合创新，赋能转型升级。5G、工业互联网等技术的加快应用，生产、营销、管理等全流程数字化转型升级的提速，衍生出全产业链、全渠道融合渗透的新模式、新服务。基于图像识别、机器视觉、人工智能、工业互联网等技术打造企业级应用，以小程序为代表的新型应用成为拓展企业服务市场的重要抓手。

调整组织架构，服务细分市场。互联网龙头企业通过优化业务流程、调整部门设置、下沉组织架构等方式，更贴近客户市场，满足产业互联网多样化、个性化的用户需求。例如，阿里云整合钉钉，并对组织架构进行调整，进一步将归属行业细分成 18 个行业、16 个区域；腾讯在云与智慧产业事业群成立区域业务部。

加强区域合作，强化落地应用。强化与地方政府、制造业龙头企业合作，打造产业基地、智能工厂等。例如，百度与重庆两江新区举行签约仪式，共同打造"AI+工业互联网"产业基地；腾讯在烟台、重庆、佛山、德州、西安等超过 10 个城市和地区落地工业云基地。

（三）ICT 制造业锐意迈向产业链上游关键环节

1. 产能紧缺和海外芯片缺货，为我国自主创新产品提供机遇

"黑天鹅"事件频发，带来全球芯片产能紧缺，多类芯片缺货。2020—2021 年，暴风雪等自然灾害、汽车企业囤货芯片等"黑天鹅"事件频发，加之多国新冠肺炎疫

情反复，使得全球芯片产能紧张。近一年来，台积电产能利用率超过 100%，联电产能利用率接近 100%，如图 1-27 所示。全球 MCU（Micro Control Unit，微控制单元）芯片、电源管理芯片等产品缺货最为典型，Susquehanna 的数据显示，MCU 短缺情况在 2021 年 7 月加剧，交货周期由通常的 6～9 周延长到 26.5 周。

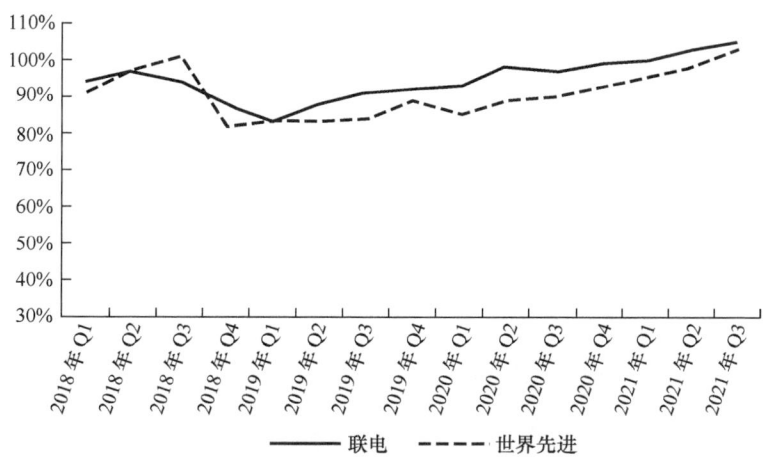

图 1-27　联电和世界先进产能利用率（世界先进为估算）
[数据来源：相关公司公告，中国半导体行业协会（CSIA），招商证券]

MCU 等芯片的缺货为我国厂商自主技术创新，以及自主产品进入整机（车）供应链提供了机遇。我国拥有 MCU 本土厂商超过 100 家，但合计市场占有率却不足 15%，且大多数厂商集中在消费类市场，工控和汽车市场正在拓展。意法半导体（ST）、恩智浦（NXP）等厂商的 MCU 产品从 2020 年第三季度以来出现交货周期延长和价格暴涨情况，国内整机（车）客户为了确保供应链安全，纷纷将 MCU 平台切换至国内厂商，为国内厂商芯片产品商业化提供了难得的机遇。截至 2021 年 7 月，芯旺微电子已与吉利汽车、长城汽车、上汽集团、长安汽车等 10 余家车企达成合作，还有多款样片在车企厂中验证测试。2019 年 MCU 中国市场份额如图 1-28 所示。

2. ICT 供应链紧张，促进我国产业加速向上游关键环节创新

近年来，芯片缺货、日本断供韩国半导体原材料等供应链安全问题引发全球关注。我国电子信息制造业不同层次企业均在加速向产业链上游关键环节转型升级，不断提升产业链安全水平。

我国整机企业向芯片和操作系统环节延伸。华为研发并不断拓展鸿蒙操作系统生态。2021 年 10 月，华为宣布搭载鸿蒙操作系统的设备数量突破 1.5 亿台，并将鸿蒙操

作系统用于智能音箱等产品上。小米发布自研图像信号处理器（ISP）芯片。2021年3月，小米发布的首款折叠屏手机搭载小米自研ISP芯片——澎湃C1。2021年10月，芯擎科技7nm智能座舱芯片"龙鹰一号"成功流片返回，芯擎科技称"龙鹰一号"是国内首款车规级芯片，将于2022年量产。

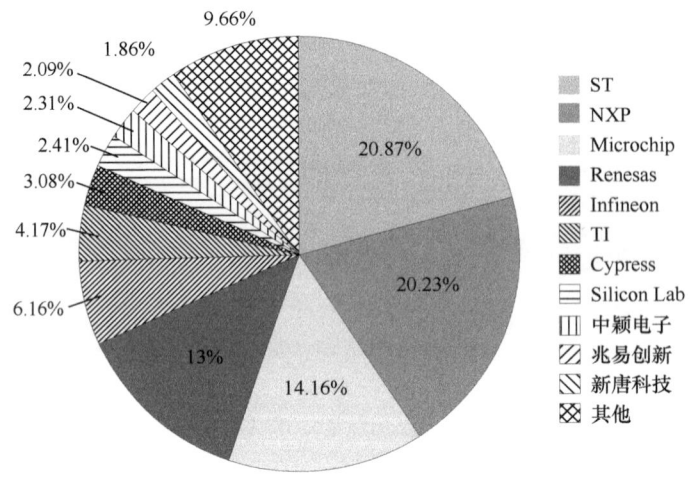

图1-28 2019年MCU中国市场份额

（数据来源：相关公司公告，CSIA，招商证券）

我国芯片企业向上游自主指令系统延伸。2021年4月15日，龙芯中科正式推出龙芯自主指令系统LoongArch（其架构如图1-29所示），随后宣布正式发布首款采用LoongArch的处理器芯片——龙芯3A5000处理器。

图1-29 龙芯自主指令系统架构

（数据来源：龙芯中科）

3. 近年我国 ICT 重点领域加速创新，技术专利数量全球领先

在产业政策刺激下，我国企业在 ICT 重点领域创新活跃，专利申请量迅猛增长，人工智能、半导体器件、量子计算等领域专利申请量赶超发达国家，如图 1-30 所示。

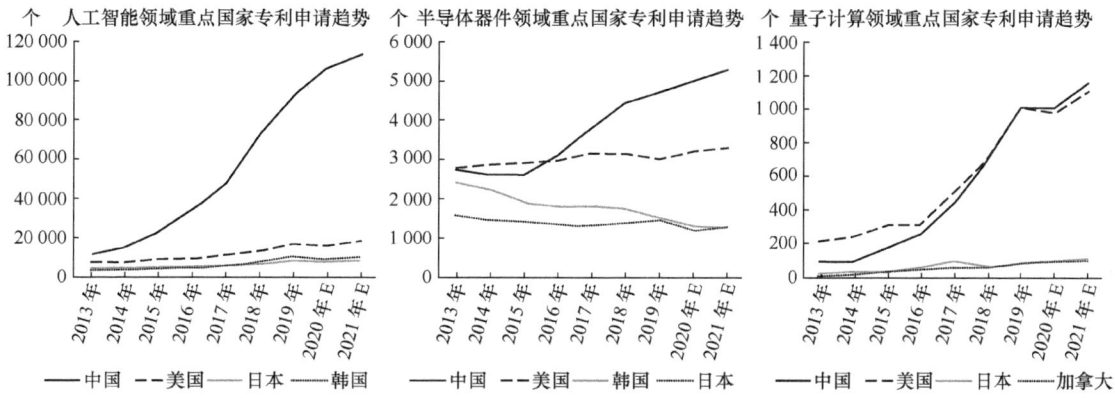

图 1-30　ICT 重点领域重点国家专利申请趋势

（数据来源：根据全球专利公开数据检索，专利指发明专利，不包括实用新型专利。因专利有 18 个月公开期，2020/2021 年数据为预测值）

我国人工智能专利申请数量已超越美国，成为世界第一，预计 2021 年我国人工智能领域专利申请量将增长 6%[3]；半导体器件领域专利产生已久，日韩专利申请量保持平稳，美国专利申请量小幅增长，近 5 年来随着我国对集成电路产业的重视程度不断加强，我国申请人提交的专利申请量已经超过美国。量子计算领域，尽管美国专利申请量位列全球第一，但随着我国对量子科技领域的研发投入持续增多，技术专利创新活跃，我国专利申请量也首次跻身全球申请量前十，2021 年中国专利的专利年度申请量有望超过美国，增长预计超过 10%。

---

[3] 根据全球专利公开数据检索，受专利申请 18 个月公开滞后性影响，2020 年和 2021 年专利申请量为预测值，下同。

三、2022 年 ICT 产业趋势展望

（一）新一代 ICT 将加速集成创新，5G、AI、云、半导体是突破点

当前，全球形势复杂多变，新一轮科技革命与产业变革进入深度拓展期。信息通信技术成为引领创新和驱动数字化转型的先导力量，5G、人工智能、物联网、工业互联网、云计算、大数据、车联网、区块链等技术在单点突破的同时不断加速集成创新，并朝着高速泛在、算力更强、绿色智能、安全可靠方向迈进，以"ICT+数据要素"为驱动力，赋能交通、能源、制造、医疗、政务、教育等重点行业，加速拓展数字化发展空间。

展望未来，人工智能、半导体、云服务、5G 将是 ICT 领域技术创新的重要方向。5G 与半导体方面，我国芯片设计向高端市场拓展，在满足消费电子客户需求多样化的同时打造面向科技前沿的高端芯片。未来，在支持中国本土半导体产业走向高端化的过程中，国内头部 EDA（Electronic Design Automation，电子设计自动化）厂商的技术与产品也将实现蜕变。人工智能方面，我国已经实现高性能车规级自动驾驶计算芯片的突破，提升了自动驾驶计算芯片的算力。未来，我国将基于面向行业应用的人工智能算法平台优势，加强软件与芯片适配，不断提升人工智能芯片、算法等底层技术能力。整体来看，人工智能、半导体、云服务、5G 将从专用领域进行突破，与国家应用市场结合，然后向底层通用领域拓展。

（二）ICT 产业将迎来重大机遇期，产业规模将持续快速增长

2021—2025 年，我国开启全面建设社会主义现代化国家新征程，新型基础设施建设将激发和释放潜在经济动力和活力，成为 ICT 行业乃至整个社会的新增长引擎。预计 2022 年，我国 ICT 产业平稳增长，增速将达到 12%；2021—2025 年年均增长 11.7%，增速较"十三五"期间略有提升，高于国内生产总值（GDP）增长速度。其中，电信业、互联网及相关服务业、软件及信息技术服务业收入占比将过半，超过电子制造业，如图 1-31 所示。

| ICT 产业篇

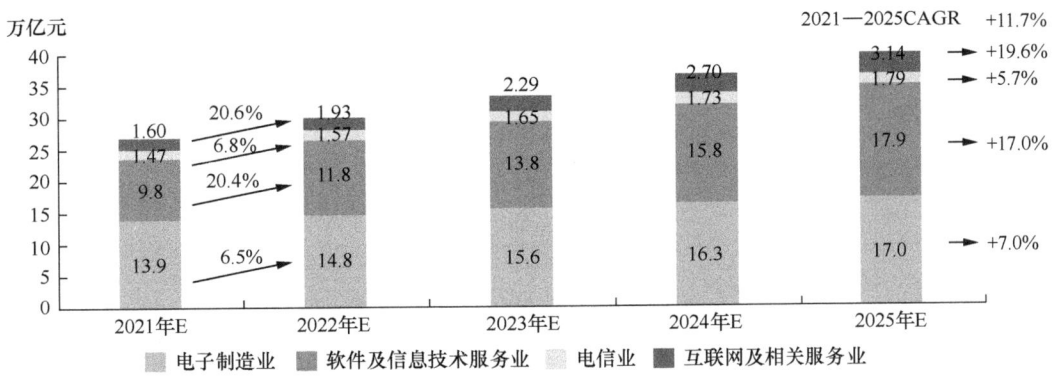

图 1-31　2021—2025 年我国 ICT 产业收入规模预测
（数据来源：中国信息通信研究院预测）

电子信息制造业加速向上游关键环节创新。半导体产线等固定资产投资的快速增长，将推动电子信息制造业产业规模的平稳增长。未来几年，复杂的国际形势和全球供需波动，将不断激发对我国半导体制造等高端产业链环节的投资，预计我国固定资产投资将保持较快增长态势。在固定资产投资增长和消费升级的推动下，未来 5 年我国电子信息制造业营收规模将保持平稳增长。我国在服务器、计算机等领域市场规模仍与美国有较大差距，未来通过扩大国内大循环动力，我国服务器和计算机等细分领域的市场规模将不断提升。

软件业自主研发能力不断增强。"十四五"期间，随着"上云用数赋智"行动的实施，以基础软件和工业软件为代表的软件产业将得到更快发展；高国产化率产业需求不断推动关键核心技术自主创新，研发攻关加速推进。得益于云计算、大数据、人工智能等新一代信息通信技术的推动，企业数字化、智能化转型步伐加快，重点行业应用深入推进。软件产品持续丰富，包括操作系统、数据库、应用软件、平台等在内的国内软件产业生态逐渐完善。

电信业全面推进新型数字基础设施建设。基础电信运营商加快双千兆网络全面部署，持续推进骨干传输承载网能力升级和演进，优化数据中心布局，构建数网协同、云边协同的算力体系，夯实经济社会数字化发展底座。运营商加快 5G 行业专网建设进程，预计 2025 年 5G 虚拟专网数量将达到 5 000 个，到"十四五"末，将建成覆盖各地区、各行业的高质量"5G+ 工业互联网"网络体系，打造 150 个企业内网升级改造标杆，在 20 个重点行业打造 5G 全连接工厂，形成各行业数字化转型标杆。预计 2021—2025 年电信业累计完成收入 8.2 万亿元，年均增长 5.7%。

互联网企业加快面向企业服务的布局和转型。 业务领域由互联网服务向 ICT 服务乃至 ICT 制造领域不断扩张和迁移，商业模式向前向收费、价值创造转变。预计"十四五"期间，互联网及相关服务收入将保持 18%左右的年均增长，预计 2025 年收入规模将超 3 万亿元。

（三）ICT 产业发展以人民为中心，成果惠及更广泛人群

电信普遍服务进一步拓展和深化。 "用得上"方面，乡村网络设施的供给能力显著增强。截至 2021 年 11 月底，全国行政村、贫困村、"三区三州"深度贫困地区通宽带比例均达到 100%，已通光纤行政村平均下载速率超过 100Mbit/s，实现与城市同网同速。"用得起"方面，基础电信企业面向农村脱贫户持续给予 5 折及以下基础通信服务资费折扣，精准降费举措已惠及农村脱贫户超过 2 800 万户，累计让利超过 88 亿元。预计"十四五"期间，信息惠民将持续带动农村互联网普及率提升。"用得好"方面，电信普遍服务的基础性作用和持续性支撑优势更加明显，正逐步打开乡村数字生活新时代。互联网金融理财、智慧文旅、在线教育、远程医疗、农村电商、数字农业等新型网络应用开始向乡村地区快速下沉，为推动城乡均衡发展创造了机遇。

ICT 产业发展更具温度，助力消除数字鸿沟。 近年来，在大数据、人工智能等新一代信息技术快速发展、智能化服务广泛应用的同时，老年人、残疾人等群体不能用、不会用智能产品等问题引起社会广泛关注。随之，我国迅速出台多项政策，高度重视信息化社会下弱势群体的合法权益保障工作，不断完善顶层制度，加快推进信息无障碍建设，扩大信息无障碍终端供给，提升互联网应用无障碍及适老化普及率，切实解决老年人、残疾人等群体面临的"数字鸿沟"问题。随着政策落地实施，未来，ICT 将在信息无障碍领域进一步发展与应用，助力老年人、残疾人在出行、就医、娱乐、消费等日常生活中同步享受智能化服务带来的便利。ICT 产业界将秉承"以人为本"的理念，通力合作，共同书写好"老有所养""弱有所扶"这篇民生大文章。

两化融合与产业互联网篇

导　　读

　　2021 年，两化融合与产业互联网领域的探索进一步加快，行业数字化转型向纵深推进，各国积极开展战略布局，5G、人工智能、数字孪生等新技术不断加快与各行业融合，在制造业、农业、能源、医疗、城市等重点行业及领域持续形成新的创新应用模式，为行业数字化转型注入更强的动力。本报告从发展综述、热点分析和发展展望 3 个部分对 2021 年两化融合与产业互联网领域的发展进行了研究论述。

　　在发展综述部分，笔者关注了主要国家/地区在行业数字化转型方面的战略部署与主要举措，梳理总结了当前几个重点行业数字化转型的主要方向、路径和各行业的实践成果，分析了关键数字技术的最新发展趋势。在热点分析部分，笔者重点聚焦当前工业互联网应用探索遇到的问题与推进路径、数字技术对"双碳"目标的赋能以及行业数据流通共享的最新进展。在发展展望部分，笔者总结了整个信息技术以及行业赋能发展演进的脉络规律，预计在各类数字技术融合创新的推动下，传统主体加速转型、数字原生企业快速崛起，各行业都将发生价值格局的重构，最终推动各行业企业相互渗透，边界趋于模糊，构建形成融合的数字化生态。

本篇作者：

刘默　李铮　蒋昕昊　李亚宁　刘阳　吕东阳　齐曙光　袁林　汪俊龙　高艳丽
班帅帅　杨昊亭　赵旭　孙邵明　王梦迪　叶行方　闵栋　徐贵宝　徐恩庆　董恩然
王润鹏

一、2021年两化融合与产业互联网领域发展综述

（一）全球加快数字化转型的政策推进，布局数据治理与融合技术创新

全球主要国家／地区持续完善行业数字化转型战略布局。 美国扩大转型领域，计划依靠政府和军方力量，加快医疗、交通、能源、军事等更多领域数字化转型。欧盟明确转型目标，制订了"2030数字罗盘"计划，要求届时75%的欧盟企业要使用云计算、大数据和人工智能技术，90%以上的中小企业要达到基本数字化水平。日本关注转型覆盖面，计划推进70%以上的中小企业实施数字化转型。我国加强转型系统布局与统筹，在《中华人民共和国国民经济和社会发展第十四个五年规划和2035年远景目标纲要》（以下简称"十四五"规划纲要）中提出了新阶段下两化融合、智能制造等的配套政策，以推动转型实践由局部试点向规模推广转变。

强化融合领域技术创新成为共识。 美国制定了创新与竞争法，明确重点支持高性能计算、机器人、先进通信等十大领域，深入推进先进制造计划。欧盟通过地平线计划、恢复基金等，在2021年度投入17.3亿欧元支持16项融合技术发展，着力推动数字技术创新在制造业中的应用。日本在新发布的《第六期科学技术创新基本计划》与年度《制造业白皮书》中，明确将数字化转型作为重点方向，重点支持数字设计能力提升、信息系统更新、制造现场5G应用等领域。

数据战略和治理规则的落地成为焦点。 美国和欧盟等国家/地区初步达成数字税、数据跨境传输等共识，以保护本土科技企业。欧盟批准通过《数据法案》《数字服务法案》等，引导欧盟内部进行数据共享。德法两国合力推动可信数据流通基础设施建设，促进数据在可信范围内共享流通。日本成立由首相领导的数字化机构，实施国家数据战略，统筹利用公共数据资源。我国持续推进数据要素市场化配置工作，北京、上海等多地新设立数据交易所。

（二）各行业加快数字化转型实践探索，转型引领企业展现出更好业绩与市场竞争力

数字化转型正加速融入各行业。 当前，转型正引发各行业生产方式、业务形态、产业组织和商业模式的变革，涌现出一批典型企业与典型模式。家电领域，美的打通企业生产、订单和销售环节，实现产供销一体化协同，打造了家电行业定制化生产模式，营收提升113%，净利润增长310%；汽车领域，蔚来、小鹏和理想等造车新势力凭借智能化产品服务、渠道和供应链体系，在国产车企市值排名前6位中占据3席；农业领域，新希望推进养殖、经营、供应链、销售等领域大数据分析应用，肉猪完全成本低于行业平均成本15%，2020年猪肉业务收入增长230%；医疗领域，英矽智能通过AI驱动靶点发现以及新化合物合成，使效率提升6倍，研发成本缩减至传统成本的千分之一。

当前转型还处于由提升到变革的初步探索阶段。 中国信息通信研究院对国内外1 000余个行业转型案例进行分析发现，现阶段企业转型实践更多聚焦于生产过程管控、经营管理优化领域，以提质降本等优化提升为主；未来新的产品服务与商业模式创新将是主要探索方向，必将彻底释放转型变革潜力，催生巨大价值空间。

1. 制造业领域，数据应用由单点走向全环节，带动业务创新与运营提升

数字化转型向制造业高价值场景渗透，一方面不断提升生产智能化水平，另一方面加速新业务、新模式布局，形成多种典型转型路径。

消费品行业以数据打通市场和生产环节，驱动业务创新。打通消费互联网与生产系统，实现精准高效的产品和服务创新。如上汽大通打造C2B 2.0、Max Care云服务，应用数据扩展用车、出行、越野等定制化服务，推动从购车到用车的闭环个性体验；智布互联打通成衣与中小纺织企业，通过订单导入与数字化工具赋能，中小企业产能利用率提升50%、利润提升50%，成衣企业采购成本下降10%，交货周期缩短45%。

装备行业从关键工序优化走向多环节协同智能优化。基于关键环节智能应用突破，装备行业依托数据实现多环节智能协同优化。如三一重工突破重型装备智能制造关键技术，实现装配、焊接、物流等多环节协同智能化，建成全球重工行业首个灯塔工厂——北京桩机工厂，劳动生产率提高85%，生产周期降低77%；航天科技集团突破高精度、复杂结构件智能加工技术，实现在线加工、在机检测、自动物流及过程监控

等多环节智能化协同，建成航天首个"黑灯工厂"，产能提升 3 倍。

原材料行业从重点环节能耗优化走向全链条碳管控。在"双碳"目标推动下，原材料行业积极应用数据分析实现全链条的碳管控与碳优化。如宝武集团打造基于大数据的钢铁产品全生命周期环境评价系统，依托产品 LCA（Life Cycle Assessment，生命周期评价）环境负荷模型，实现钢铁产品全流程碳排放分布统计、比较，碳排放的变化趋势、碳足迹等分析与优化；强生集团依托绿色基础设施改造，将智能能源管理系统与工厂的全工序自动化系统和多种传感器连接，预测与优化能耗排放，使能耗降低 25% 并彻底实现碳中和。

2. 农业领域，数字化加速普及，重点领域智能化应用与模式创新不断涌现

全球主要国家加快农业数字化转型的政策部署。美国 FCC（Federal Communications Commission，联邦通信委员会）启动 90 亿美元基金布局农村 5G 建设，其中 10 亿美元用于发展精准农业；俄罗斯建立了农产品生产企业信息网站，借助数字化服务体系，促进各州灵活、有效地进行资金分配，从而更好地促进农业发展；我国在"十四五"规划纲要中明确指出，要"加快发展智慧农业，推进农业生产经营和管理服务数字化改造"。此外，中央网络安全和信息化委员会办公室、农业农村部、国家发展和改革委员会、工业和信息化部、科学技术部、国家市场监督管理总局、国家乡村振兴局等部门联合发布《数字乡村建设指南1.0》，系统搭建了数字乡村建设的总体参考框架，明确了各类应用场景的建设内容与建设主体任务。农业农村部在《全国高标准农田建设规划（2021—2030 年）》中也重点指出，要推动数字技术在农田建设中的应用。

农业领域基础数字化应用加速普及。不断完善关键设备与场所的设备物联、感知监测体系，从而保障更高水平的数字化应用。饲料库存方面，加拿大基于物联网使饲料厂快速、准确地获知全球农场在库饲料水平；温室农场方面，韩国智能农场通过物联网自动分析温度、日照量等，实现自动管理；设备监测方面，越南通过 LoRaWAN（LoRa Wide Area Network，LoRa 广域网）监测管理蘑菇农场太阳能装置。

重点农业领域智能化应用创新活跃。面向养殖场、大棚等重点农业领域，通过数据智能分析应用实现精准管控，提高养殖、种植成效。如中国电信"5G+ 智慧牧场"提供动物防疫预警、动物流向和价格趋势分析、肉品溯源等功能；农信互联打造"猪联网"，贯穿从生产饲料的企业到屠宰场的生产、经营和管理产业链各个环节。

交易、产融等新模式持续涌现。通过构建综合服务平台，推动产融一体、智能交

易、"农业＋多产业"等新模式、新业态发展，推动跨领域融合与模式创新。如工商银行构建数字乡村综合平台，为 181 个地市提供金融与"三资"监管服务；哈尔滨构建数字农场管理平台，建设线上线下一体化销售体系。

3. 能源领域，数字技术带动"源网荷储"全环节效率提升与一体化优化

国家政策宏观把控能源数字化发展。国家"十四五"规划纲要提出，要构建现代能源体系，推进能源革命，建设清洁低碳、安全高效的能源体系，加快电网基础设施智能化改造和智能微电网建设。国务院印发的《2030 年前碳达峰行动方案》提出，要加快建设新型电力系统，大力提升电力系统综合调节能力，加快灵活调节电源建设，建设坚强智能电网。

源：数字技术支撑源头多能互补供应体系。可再生能源作为电力能源结构性改革的核心介质，大规模发展势在必行，最终形成高效、灵活的综合能源体系。如特变电工作为我国太阳能产业巨头，结合 TB-eCloud 智能运维平台实现了电能精准匹配，最大限度地减少浪费。大唐发电也利用数字技术打造虚拟电厂，进一步挖掘能效提升空间；国家电网的新能源云也从源网协同层面实现能源结构大幅度优化。

网：电网致力于数字化运营与能源精准调度。利用新一代数字技术，打造覆盖电网全过程、生产全环节的数字孪生电网，实现传统电网的赋能升级，能源配置得以全景看、全息判、全程控。作为国家电力网络两大巨头，国家电网和南方电网实现"电力"与"算力"深度融合，协同调度数字电网，同时大力发展电力物联网，实现全产业链网联化发展。

荷储：智慧化赋能能源储用环节。用能环节数字化发展与用储协同呈现多点开花态势。如雄安智慧能源管控系统 CIEMS 已逐步上线；宝武集团基于数据建模降低关键工序能耗 6.5%；远景智慧储能方案及三峡智慧储能电站实现运维效率提升及用储之间的精准平衡。

总体来看，数字技术为能源领域源网荷储一体化提质增效助力明显。借助数字技术，进一步保障能源安全可控的同时，可实现全链条各环节广泛互联，发挥数字化智能互动优势，保障能源电力网络的柔性运行，最终实现我国低碳绿色清洁化的发展目标。

4. 医疗领域，数据驱动医疗产品创新与诊疗服务效率提升

国家与地方层面均高度重视医疗数字化。国家"十四五"规划纲要提出，要聚焦医疗等重点领域，推动数字化服务普惠应用，推进线上线下公共服务共同发展、深度

融合，积极发展互联网医院，在智慧医疗等重点领域开展基于 5G 的应用场景和产业生态构建的试点示范。各地方也积极推进医疗数字化，北京、上海、浙江、江苏等地均提出要发展智慧医疗/智慧医院。

监管侧：完善、创新药物、疫苗、医疗器械等快速审评审批机制。一方面推动数字化向诊疗的渗透，加速数字疗法开发。截至 2021 年，中国 NMPA（National Medical Products Administration，国家药品监督管理局）批准数字疗法 17 个，美国 FDA（Food and Drug Administration，食品药品监督管理局）批准近 30 个，德国 BfArM（Bundesinstitut für Arzneimittel und Medizinprodukte，药品和医疗器械研究所）批准 15 个。另一方面加速脑机接口的技术开发与产业化，如脑陆科技家用助眠智能脑机交互头环、博睿康高频高导联数字脑电图机等已获得医疗器械注册证。

技术产品侧：数字技术助力药物研发与医药器械生产提质、降本、增效。一方面推动"数据+AI"驱动的药物研发，提高药物研发效率，降低成本，如中科院计算所建立药物研发数字试验场，80% 药物研发工作可用计算机仿真完成。另一方面不断提高医疗器械/装备的数字化水平，优化功能，提升性能，如联影医疗借助工业互联网平台，利用 AI 算法赋能，实现了影像设备生产工艺优化分析，确保了核心部件质量一致性和高水平运维能力。

服务侧：新一代数字技术形成医疗服务新模式，提高诊疗效率和质量。一是数字技术融入加速诊断服务创新，数据驱动的智能诊断不断提升诊断效率和质量，如华为云推出新冠肺炎 AI 辅助诊断服务，CT 量化结果可秒级输出。二是新一代网络技术与手术等环节的结合，推动 5G 远程手术新模式产生，如北京积水潭医院完成了我国首例 5G 远程骨科机器人辅助创伤手术。三是基于患者个体数据分析的用药推进，实现了面向个体特点的精准用药，如哲源科技助力临床精准用药，评估患者对药物的适应性，推荐老药新用法。

5. 城市领域，数字孪生城市建设加快，城市数据流通成为新的探索方向

多地系统推进数字孪生城市建设，城市信息模型（CIM）平台成为关键底座。在政策引领方面，上海、广东、山东、深圳等多地明确提出推动数字孪生城市建设。在应用试点方面，上海提出基于数字孪生城市开展"一网统管"平台治理试点；浙江围绕数字孪生社区开展了首批面向 10 个区域的 22 个试点应用。在标准规范方面，中国互联网协会、全国信息技术标准化技术委员会、中国通信标准化协会等部门均下设了数字孪生相关工作组，推动数字孪生相关标准的制定。在 CIM 平台建设方面，相关项

目数量及金额高速增长,根据公开数据的统计,截至 2021 年 10 月底,CIM 相关标的数快速增长至 149 项,相关金额超过 30 亿元,未来市场可期。

城市数据流通成为探索新方向。目前出现了多类方式促进城市公共数据共享流通,一是以政府 CDO(Chief Data Officer,首席数据官)制度的方式,如广东出台工作方案,在全国率先推出 CDO 制度,设置各级、各部门首席数据官,推动区域公共数据协同治理。二是以公共数据授权运营的方式,如四川省成都市成立国资企业来运营政府授权的公共数据。三是探索利用数据交易促进流通,如上海以大数据交易所为载体,加强可信安全技术保障,促进城市公共数据流通;广东以数据资产凭证作为数据资产载体,通过构建"存证链"促进公共数据的应用。

(三)赋能各行业的数字技术体系正在形成

新型网络、数字化平台、智能分析与数字孪生成为关键核心。当前,云计算、大数据、人工智能、区块链等新一代信息通信技术持续创新演进,并将垂直行业应用连接、计算、分析、安全保障需求作为技术创新的重要驱动力,形成新型网络、平台、安全保障等共性支撑体系。其中,5G 成为连接各行业的关键技术,并加速与行业深度融合;平台成为数据管理与应用创新的核心载体与转型的中枢;AI 与各行业的融合成为数字化转型的关键引擎;数字孪生成为各行业核心的应用模式。各类技术共同支撑工业、能源、交通、医疗等行业转型,赋能实体经济,如图 2-1 所示。

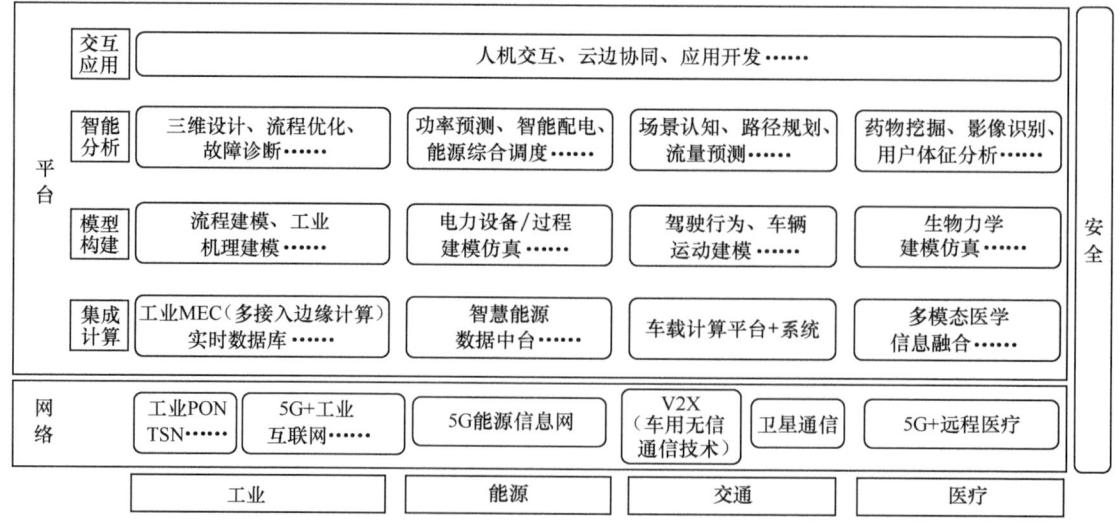

图 2-1 行业转型的数字技术体系

数字技术与行业技术的融合创新与产业化是当前探索的重点。网络领域，5G等技术融合驱动行业连接向无线化、智能化、开放化演进，如英特尔、微软、KUKA、三星及富士通等积极推进无线边缘计算产品，加速智能计算本地化；华为+中国移动基于TSN（Time-Sensitive Networking，时间敏感网络）打造"一网到底"能力，实现智能仓储应用。平台领域，平台布局路径与功能更加清晰完善，并购活跃，巨头平台崛起趋势显现，如达索3DE软件平台实现全生命周期模型打通联动；艾默生投入60亿美元收购软件公司Aspen，实现软硬一体服务能力。AI领域，低功耗NPU（Neural-network Processing Unit，神经网络处理器）计算芯片、小样本学习、自动化建模成为行业AI主要创新方向，如阿丘科技实现单类缺陷识别仅需要30～50张样本，而AI自动化建模水平超过了工程师，金融、医疗领域的AI应用已进入商业化阶段。数字孪生领域，三维可视化应用与复杂仿真技术推动数字孪生应用在广度与深度上不断提升，如Unity通过3D引擎实时传输渲染模型及点云数据，实现快速三维可视化；海克斯康推出含多个数据集、可与CAE（Computer Aided Engineering，计算机辅助工程）快速交互的AI平台，优化计算结果。

（四）数据治理重要性日益凸显，产业界积极开展以业务为导向的数据治理实践

随着数字化转型进入深水区，企业对数据的重视程度空前，数据治理已上升为企业顶层战略。2020年8月21日，国务院国有资产监督管理委员会印发《关于加快推进国有企业数字化转型工作的通知》（以下简称《通知》），就推动国有企业数字化转型做出全面部署，要求国有企业构建数据治理体系，加快集团数据治理体系建设。《通知》的发布，标志着国企的数字化转型战役正式打响。根据中国信息通信研究院对30余家央企数据治理和运营工作的进展调查，超过80%的央企已经开展数据治理实践，超过60%的央企已将数据治理上升为顶层战略，如图2-2所示。

企业数据治理实践拓展至各大垂直行业，头部企业进展迅速。能源行业中，南方电网构建了"三横五纵"的"1+N+n"数据治理体系，统一治理超过5PB的生产运行、财务管理数据，实现数据颗粒入仓与管理，盘活沉淀数据资产，助力数字化转型。装备行业中，中车集团以业务流程为牵引进行数据治理，梳理多项业务流程问题和数据断点，识别并解决问题40余个。原材料行业中，中国建材集团建设大数据治理平台，

从集团、区域公司、企业 3 个层面实现智能化、绿色化、高端化的水泥行业数据全生命周期管理。

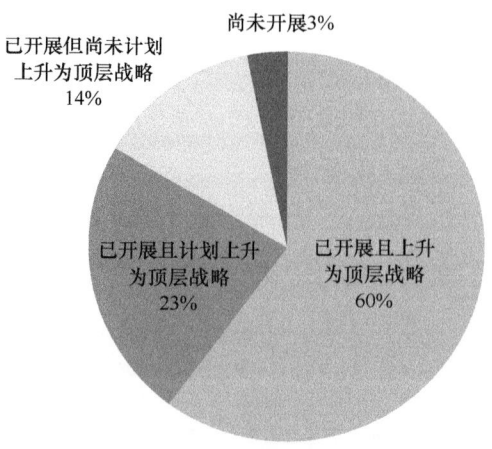

图 2-2　央企数据治理和运营工作进展调查

新技术赋能进一步加速治理探索。人工智能、边缘计算等新兴技术持续助力工业数据治理模式，工业大数据与新技术领域的联系更加紧密。一是基于 AI 的一键式数据治理部署。农业银行基于机器学习技术，打造"一保八维"的数据治理框架，实现数据问题发现、数据融合清洗、数据质量检查的智能化识别与管控。二是基于元数据的自动化关联。华为依托云计算、大数据、区块链等技术，通过元数据将本地存储的数据进行关联，实现分散存储下的数据治理。

二、2021年两化融合与产业互联网领域热点分析

（一）工业互联网应用探索，在挑战中创新前行

1. 工业互联网获得广泛认知，但应用探索仍然面临诸多挑战

中国信息通信研究院对广州、深圳568家规模以上制造企业开展了调研，从企业对工业互联网的认识情况来看，超过3/4的企业均已认可工业互联网的发展前景；从企业开展的实践探索情况来看，只有41%的企业开展了实践，大部分企业还处于观望状态。我们具体对未开展实践的企业进行了分析，与麦肯锡、施耐德等公司调查结果基本相同，主要是三方面原因：一是投入大但价值回报不清晰；二是复制推广难，不同行业/企业的差异性导致了成功案例难以被直接学习；三是标准化的服务难以满足企业实际需求，定制化服务则成本过高，使企业望而却步，调研结果如图2-3所示。

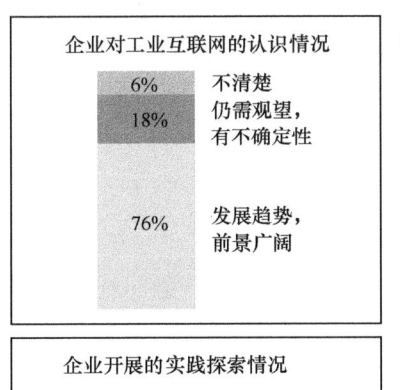

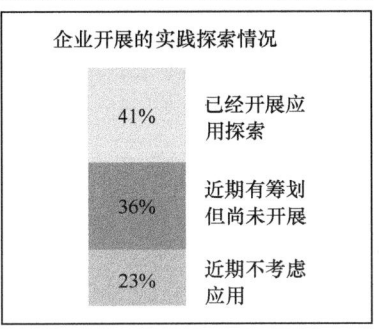

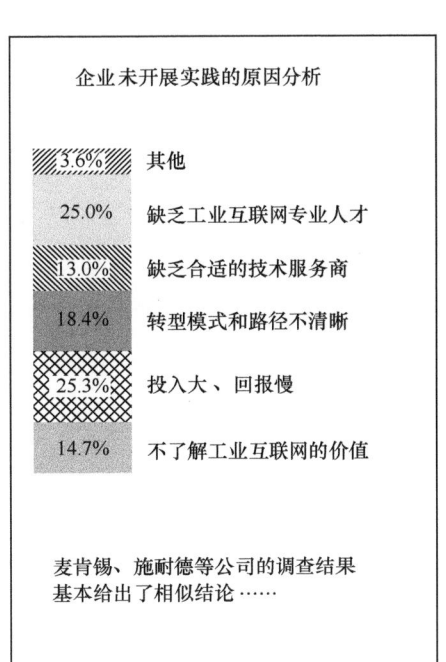

图2-3 500余家企业工业互联网推进情况调研结果

2. 面向不同行业、不同企业，以针对性的价值导向推进应用实践

不同类型的企业通常对工业互联网存在不同疑惑。以大企业为例，有的企业已经部署了 ERP（Enterprise Resource Planning，企业资源计划）、MES（Manufacturing Execution System，制造执行系统）、CAD（Computer Aided Design，计算机辅助设计）、CAM（Computer Aided Manufacture，计算机辅助制造）、CAE（Computer Aided Engineering，计算机辅助工程）、CAPP（Computer Aided Process Planning，计算机辅助工艺规划）、PLM（Product Lifecycle Management，产品生命周期管理）等各种系统，对部署应用工业互联网的意义产生质疑；对中小企业来说，云化工具虽然可以提高效率，但企业规模不大，现有产能大量闲置，基于云化工具的排产优化、OEE（Overall Equipment Effectiveness，设备综合效率）提升应用无法给企业带来显著价值提升。

价值导向是工业互联网应用普及的核心。不同企业有不同的价值痛点，需结合价值痛点推进相应应用：大企业需要面向高价值环节，在信息化上挖掘数据价值潜力，进一步提质降本增效，如富士康、宁德时代围绕高价值设备、质量管控、能耗等高价值生产环节，基于大数据分析实现生产运营优化，最大化挖掘能够进一步压缩成本的空间。中小企业更关注的是通过融入社会化的生产体系里，拿到订单、贷款等生存发展的关键资源，如智布互联为数百家中小企业导入订单，提升产能利用率与利润水平 50% 以上；天正工业建立了基于生产数据的征信模型，为中小企业导入贷款，贷款利率由超过 20% 降至 10% 以下。

未来业务创新是构建持续增长点的关键。一是打通客户与产品，以个性化提升竞争力，如钟薛高注重在小红书、抖音等平台的品牌宣发与种草，并通过用户画像不断优化产品，满足个性化需求，销售收入年均增长 300%。二是打通产品服务，拓展业务领域与范畴，如威派格将传统产品升级为智能产品，为用户提供设备优化、运维等产品售后服务，并逐步打造综合调度优化、城市学校智慧用水等水务服务业态，实现毛利率超 70%。三是打通产品与业态，构建平台经济，如康派斯基于房车构建服务平台，并通过整合全国营地、路线、景区等文旅资源为用户带来综合智慧出行体验，业务收入增长了 5 倍。

3. 通过对应用实践的解耦与场景化，针对不同场景实施差异化策略

缺资金、缺人才、缺方法一直是困扰企业数字化转型的主要问题。具体表现为

三方面：一是学不会，即成功企业虽然做得好，但由于企业间存在差异，经验难以直接复制；二是成本高，数字化改造动辄投入上百万资金，回收周期长，很多企业难以下定决心；三是资源少，企业缺少专业的数字化人才和技术，难以实现转型应用落地。

应用实践的解耦与场景化是解决经验复制难的有效方法。将优秀企业完整的数字化转型应用解耦为不同的细化场景，使相关实践经验模块化、场景化，以便其他企业在借鉴复制时能有的放矢，而非囫囵吞枣。如生产管理过程的数字化转型经验，可以拆解为能源管理、设备管理、质量管理、安全管理、环保管理等不同模块，进一步对各模块解耦，则又可拆分出能源监控、现场生产安全预警等更细化的场景，便于企业找准切入点和样本，真正做到成功实践的复制推广。

通过评估场景价值，采取针对性的实施策略。围绕场景的有效性和经济性，企业客观衡量价值高低，制订相应的投入计划。如针对高价值、低投入场景，多与产品销售直接挂钩，则企业需要优先布局，通过平台获单、数字营销等方式，快速实现价值回报；针对数据深度优化等高价值、高投入场景，企业则可利用场景托管、成果付费等方式减轻投入压力，使回报与投入尽量同步；针对信息化补课等中等价值场景，企业可通过云化工具、众包众创等方式实现低成本投入。

4. 加快产品化与生态合作，以产品化促规模化，以规模化降低应用成本

标准化产品难以满足企业实际需求，定制化服务则成本过高使企业望而却步。一方面，对于行业企业，标准化产品虽然成本低，但解决不了实际业务问题，如大部分上云应用仍是OA、财务、人力、OEE等通用服务，工艺调优、能耗优化等高价值业务应用较少；而满足特定业务需求的定制化产品成本高昂，一个解决方案动辄数百万元，一般企业难以承担。另一方面，对于服务商，做标准化产品没人买单，做定制化解决方案交付成本过高，利润稀薄。

在碎片化需求中寻找不同层次的共性问题，加快推进产品化。面向企业特色应用场景，剥离基础软硬件并实现通用化，抽象共性业务逻辑，打造共性应用。以寄云科技为例，起初企业提供面向电子生产的工艺大数据优化、面向石油装备的预测性维护等特色数据应用解决方案。随着行业实践的不断积累，寄云科技更加关注标准化产品培育，一方面打造通用软硬件，如IoT（Internet of Things，物联网）平台、边缘一体机、时序数据库、工业数据管理等，形成通用技术赋能底座，支撑多样化应用服务；

另一方面推动形成共性应用,如设备维护、异常监测与诊断、实时生产决策、安全生产管控等,提供标准化数字智能应用方法。

构建分层次的生态体系,以专业化实现规模化,通过规模化实现低成本普及。围绕通用平台,聚集行业平台商、应用开发商和解决方案服务商等,构建"平台+应用+服务"的平台生态。如微软、PTC、软件企业、咨询公司打造合作伙伴网络:一是微软 Azure 云通用平台,提供通用 IaaS（Infrastructure as a Service,基础设施即服务）、PaaS（Platform as a Service,平台即服务）；二是 PTC 提供 ThingWorx 工业 PaaS 平台,作为行业应用的载体；三是罗克韦尔、EAC、NMS 等企业提供 MES、PLM 和数据采集等标准应用；四是埃森哲、Infosys、Prostep 等面向具体企业提供规划咨询、系统集成和特色解决方案等服务。

总体来看,未来应用探索与推广还需关注三方面问题。一是价值化问题,分析不同行业、企业的价值需求,同时面向不同类型企业,以价值导向为核心开展应用探索,总结规律。二是场景化问题,既需要将成功的应用实践解耦为具体场景的转型模式,以实现更好的推广,也需要平衡场景转型经济价值与投入产出,以此决定场景转型的优先次序与实施方式。三是产品化问题,在碎片化需求中寻找不同层次的共性问题,推进产品化。

（二）数字技术全面赋能"双碳"目标,但还处于起步阶段

1. 数字技术正成为"双碳"目标实现的关键途径

数字技术赋能已被广泛认可,且潜力及能力巨大。数字技术未来将在绿色低碳、节能减排中发挥重要作用,且已有实践支撑研究成果输出。作为全球电信领域先进技术研究及产业发展预测组织,国际电信联盟（ITU）分析指出,ICT 可为全社会带来 15%～40% 的碳排放减少比例。同样,电子领域主流团体、全球电子可持续发展推进协会（GeSI）表示,ICT 可为全社会带来 20% 的碳排放减少比例。全球移动通信系统协会（GSMA）也指出,ICT 可赋能各行业碳排放减少量高达其自身 10 倍的碳排放量。

各主要国家已高度重视数字技术在节能降碳中的赋能作用,政策布局全面且充分。

《关于完整准确全面贯彻新发展理念做好碳达峰碳中和工作的意见》中提出"加快推进工业领域低碳工艺革新和数字化转型;推动互联网、大数据、人工智能、第五代移动通信(5G)等新兴技术与绿色低碳产业深度融合。"《2030年前碳达峰行动方案》中同样提出"推进工业领域数字化、智能化、绿色化融合发展,加强重点行业和领域技术改造;推行'互联网+'回收模式。"美国在能源结构转换方面,已实现风、光装机容量较之前增加3.5倍。同时,政府要求以数字化手段,持续提升新能源发电效率,进一步巩固新能源的重要地位。在用能管控方面,严格要求利用能效目标规范范围内的建筑、汽车、电器等,进一步提升整体用能水平。能耗监测方面,大面积普及智能电表、贡献建筑耗能信息等举措已成为美国成熟度较高的应用方向。欧盟持续推进绿色化发展路线,借助复兴计划重点加大能源密集型工业领域现代化改造,布局智能电网等绿色经济领域,逐步提升已应用领域的数字化程度。在绿色用能方面,借助数字技术支撑,打造绿色建筑、布局新能源交通工具,实现能耗占比较大行业的深度转型。同时,废除碳排放抵消机制,减少碳配额,率先开始尝试与国际碳交易市场对接。日本更新《2050碳中和绿色增长战略》,增加新一代热能产业,利用数字技术实现区域能源综合控制,提供设备维护等综合服务。同时"第六版能源基本计划"对推广新能源汽车、支持基于人工智能和物联网等新技术实现货物运输整体最优化提出了要求。

2. 不同行业数字技术赋能双碳成熟度不同,呈现与行业碳排放相反态势

能源电力行业,数字技术的应用已初步打通"源网荷储"部分环节,并开始向全环节协同优化演进,成熟度较高。具体来看,可通过利用大数据分析技术实现电厂最优化运行,通过数字孪生实现电网能源的精准调度及智能推演。同时,把握运行态势的感知,实现配用电弹性规划与优化运行。借助大容量、大规模的储能系统,实现变电站的智能管理。实际应用上,国家电网已构建电网数字孪生,结合用电数据实现输配电弹性规划与精准调度,跨省调度响应时间控制在300ms以内。同时在储能领域,国内某高压电网储能站,通过构建智能储能系统,根据电网负荷平缓电能输出波动,实现削峰填谷,从而提高用能效率。

工业领域,数字技术应用已覆盖能耗全环节,但尚未打通生命周期,属于多点应用,需要进入快速发展阶段。绿色设计方面,中汽研构建车用材料基础数据库,优先排列合规绿色材料,助力企业快速完成绿色选材。绿色生产方面,海螺水泥实现智能

控制熟料煅烧过程波动，使柴油消耗降低 7%，单个工厂实现减排二氧化碳 105 万吨。绿色回收再利用方面，富士康基于工业互联网建立钨循环产业，使资源综合利用率提升 30%，循环利用 300 吨碳化钨材料。

建筑领域，主要聚焦建筑运维阶段，实现节能降耗。比如，苏州现代传媒广场应用 ICT 对照明系统进行改造，通过对比分析，改造后在保证既有照明舒适度的同时，实现节能 50% 以上的效果。可以看出，建筑运维阶段节能减排比例在数字技术赋能后可远超建筑设计和建造管控环节。

交通领域，重点聚焦智慧交通管控，间接降低燃油排放。据统计，智慧交通提高路网运行效率，可减少约 60% 交通堵塞，减少 30% 停车次数，提高车辆使用效率 50%，降低油耗 20%～30%。

3. 数字技术赋能双碳"三步走"，当前应用处于初级阶段

第一步，利用智能传感、边缘计算、物联网技术及人机交互功能实现用能数据实时监测。目前，数据实时监测正逐步大规模普及。能源领域，晋能集团推动碳元素实测工作，推动碳排放基础核算核查水平全面提升，碳排放强度同比下降 20%。冶金领域，株洲冶炼集团依托"云 - 边 - 端"协同架构，利用数字技术提升恶劣环境下的检测水平，单位锌产量耗电降低约 20%。水泥领域，华新水泥依托生产、分配、消耗等信息采集监测系统，实现水泥年综合能耗平均下降约 4%。

第二步，借助建模、人工智能及大数据处理技术实现过程控制及优化。自动化技术的发展使得工业优化成熟度提升，但从绿色低碳层面来看，数字技术对工艺节能增效的应用十分局限，基本属于点状应用。已有案例涉及高耗能行业，例如祁连山水泥集团通过数据分析建立预测模型，对工艺整体进行仿真及优化，降低水泥熟料标准煤耗。九江发电厂依托节能分析推动机组平稳运行，全年二氧化碳排放减少约 66 015 吨。

第三步，发展跨领域集成，实现融合协同绿色低碳发展。此阶段尚处于摸索阶段，伴随城镇化发展，大力实现数字技术融合，实现跨平台集成应用、孪生模型融合、实时建模分析及多元异构数据集成。作为绿色低碳全链条发展的先锋，雄安智慧能源管控平台实现了横向"水、电、气、热、冷"多能互补控制，纵向"源 - 网 - 荷 - 储 - 人"

高效协同，可作为跨领域城市化、数字化绿色发展先进典型。在数字化赋能推动下，新区能耗成本总体降低 10% 左右。

4. 数字技术对传统产业绿色低碳发展赋能现状及下一步发展方向

加强顶层设计，推动数字赋能。我国双碳发展处于加速阶段，中央领导及地方协同局面已打开。同时，也有宏观政策指导意见及行动方案出台，为国家绿色低碳发展指明大方向。"1+N" 政策体系构建全面，其中已发布文件对高耗能行业的数字化转型发展提出明确要求，对 ICT 产业自身绿色低碳发展也逐步明确方向。未来，将以政策文件为引领，深入贯彻落实数字化发展及双碳目标要求指示，自上而下推进相关工作，企业、机构、部委、高校等多元融合，加快推动传统产业与数字技术的深度融合，全面实现绿色发展目标。

加大研究力度，突破技术瓶颈。我国是工业大国，也是工业强国，同时更是数字技术发展先进国家。但不可忽视的是，从设备、工艺到运维层面，我国与欧美国家有明显差距，其主要原因在于技术的先进程度不高。因此，企业、高校、科研机构等需要重点突破技术难点，如在高温、高尘等环境下的长寿命传感技术、网络传送及安全技术，如何利用大数据和人工智能分析与控制技术等，加快实现工业及信息通信业绿色深入融合及有效发展。

加快试点示范，推动规模应用。绿色化、数字化融合技术发展处于摸索时期，因此需要有一批领头羊为行业及经济社会指明方向，为今后各行各业数字化赋能绿色低碳发展提供有效建议。各行业应充分发挥相关部委、协会、研究机构的作用，在技术成果明确后，稳步开展相关试点示范工作，以企业影响力带动行业数字化、绿色化规模发展，帮助企业重点解决如何降低技术成本及规模化生产中的用能问题，促进产业加速数字技术应用。

搭建标准体系，确保落实到位。广泛应用，标准先行，标准的意义在于指导技术更好落地，同时规范行业发展，稳固提升行业水平。在"双碳"目标有序推进下，碳核算、碳足迹、绿色评价等标准体系需要大而细地进行布局，同时在技术稳步推进下，适时、适度开展相关标准化工作，为企业及行业绿色低碳发展确定努力方向，更能通过标准化规范统一碳排放测量边界、优化测量准确度等。

（三）行业数据流通共享成为转型关键前提，各国加快探索实践

1. 欧盟整合 Gaia-X 与 IDS 规划，日本加速推进 CIOF，工业数据可信共享流通成为各国布局重点

欧盟自上而下建立标准体系，发展方式基本确立。为落实《欧洲数据战略》，德国联邦经济事务和能源部牵头成立 GAIA-X 委员会，负责打造欧盟数据共享流通顶层架构。通过 GAIA-X 计划，欧盟提出基于 IDS（International Data Space，国际数据空间）的技术方案和实践路径。2021 年 9 月，GAIA-X 委员会更新参考架构，提出建立基于 IDS 的服务与基础设施体系，构建垂直行业的智能服务。国际数据空间协会（IDSA）发布 IDS 参考架构 4.0 版，面向数据流通和数据主权认证能力，强化 IDS 对 GAIA-X 的支撑作用。目前，参与方涵盖制造、ICT 等诸多行业。

日本的自下而上的产业互联架构走向实践。日本发布《互联产业开放框架》（CIOF），应用探索逐步加深，意图通过设备互联互操作实现产业数据的深度共享。目前已经开始向实际工业生产场景推广，吸引众多设备和自动化厂商如东芝、川崎等公司加入。与此同时，相关行业协会凝聚发展共识，推动产业生态化。以底层设备语义互操作为切入点，从 2021 年 6 月起，日本工业价值链促进会与日本机器人革命实现委员会、日本边缘计算协会等诸多自动化领域协会机构签署全面合作对接协议，体系化推进数据共享流通。

2. 工业数据空间应用场景全面深化，应用行业不断扩大，成为新的业务创新引擎

根据中国信息通信研究院整理的 60 个国内外工业数据空间应用案例，当前工业数据空间应用广度和深度迅速扩大。

一是供应链协同成为主要应用场景。SAP 通过提供促进企业间数据共享的智能应用程序来改进业务流程，使汽车修理厂对制造供应链共享车辆质量数据，任何级别的供应商都可以共享相关数据，保障了供应链稳定。

二是创新商业模式，打造业务新增长点成为未来重要的发展方向。基于 IDS 的工业数据空间将所有参与者和平台汇集在一个可信和安全的数据生态系统中，交换共享船况、气象、货物等数据，提供排放量、油耗和路线详情等信息，以及值得信赖的增值服务。工业数据空间应用场景分布如图 2-4 所示。

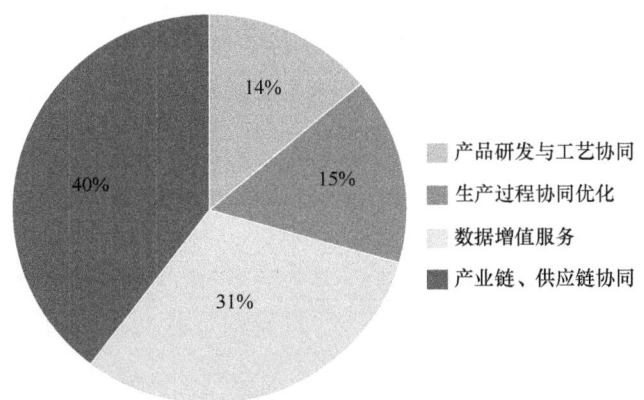

图 2-4　工业数据空间应用场景分布

三是制造、交通、物流成为领先应用行业。根据案例统计，工业数据空间在多领域得到了广泛应用。欧洲大数据工厂推进联盟（Boost 4.0）的 53 个成员打造面向制造业的标准化欧洲工业数据空间，实现用户、工厂等数据可靠交换，提高工厂整体设备运行效率、提高质量和减少维护活动，实现工艺优化。工业数据空间应用行业分布如图 2-5 所示。

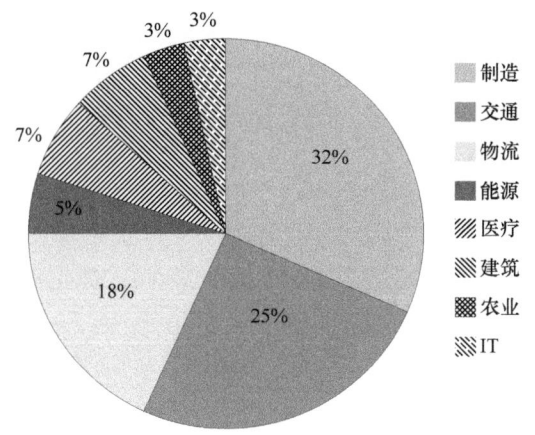

图 2-5　工业数据空间应用行业分布

3. 技术体系初步形成，使用控制技术成为关键

如图 2-6 所示，工业数据空间的形成基于六大技术域的技术方案，主要包括数据接入和溯源技术，数据存储、处理和计算技术，日志存证技术，使用控制技术，中间服务支持技术和数据应用技术。其中，使用控制技术和日志存证技术是工业数据空间落地的核心，可实现对空间中数据流的监视、拦截和控制功能。

隔离技术、安全加密技术成为使用控制技术的主流趋势。Intel 通过 Intel SGX 架构技术，中国电信通过数据沙盒，均建立了可信执行环境，保障数据流通。微软基于多方安全计算，打造 SCALE-MAMBA 等项目，推动数据共享服务。

防篡改成为日志存证技术的发展重点。亚马逊应用区块链管理服务平台实现数据交易中用户授权存证、数据溯源和智能合约，满足交易记录不可篡改的需求，实现多方安全的交易数据共享。工业数据空间技术体系如图 2-6 所示。

图 2-6 工业数据空间技术体系

4. 我国建立特色工业数据空间架构，开展测试验证和生态构建

我国基于资源共享需求以及数据合规、监管要求，提出具有本国特色的工业数据空间架构。中国信息通信研究院从业务视角、功能视角、技术视角 3 个维度，结合国内外发展现状，对工业数据空间的使用角色、模式、功能层次、主要技术进行了归纳与研究，提出了可信工业数据空间架构，如图 2-7 和图 2-8 所示。

实践探索与生态构建相结合，积极开展我国工业数据空间实践。实践探索方面，中国信息通信研究院、东方电气、中国电信合作部署面向装备数据传输的工业数据空

间；华控清交建立基于多方安全计算的产品质检平台；华为开展基于工业数据空间的供应链管理实践。生态构建方面，中国信息通信研究院联合中国电信、阿里巴巴、华为、北京交通大学等企业、高校、研究机构，启动工业数据空间生态链伙伴计划，开展测试床部署与案例征集工作，共同完善行业数据共享流通生态。

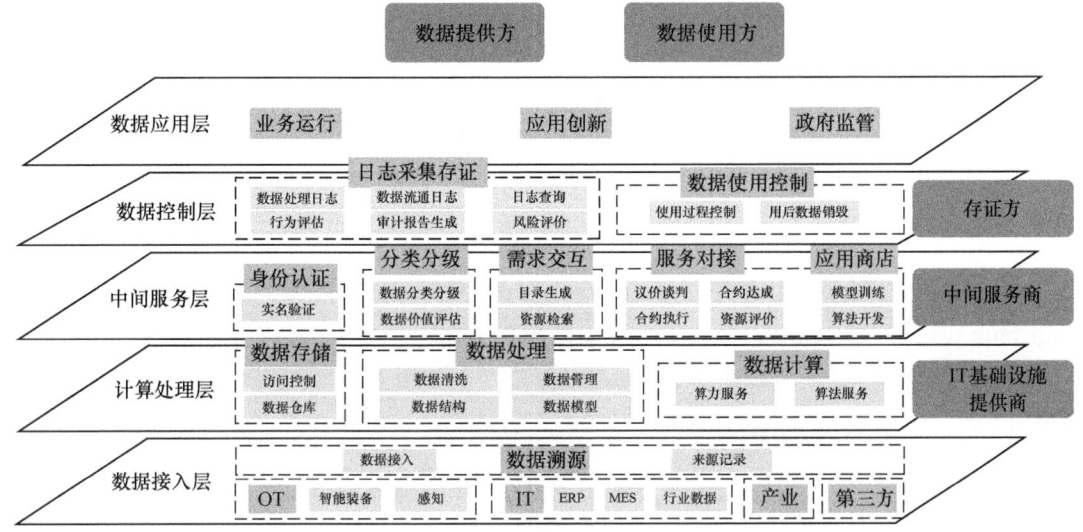

图 2-7　可信工业数据空间 - 业务架构

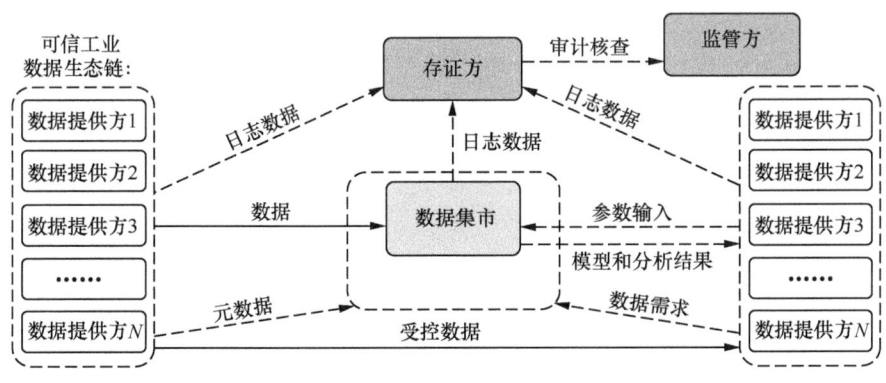

图 2-8　可信工业数据空间 - 功能架构

三、2022年两化融合与产业互联网领域发展展望

（一）信息技术在各行业的应用，正从流程驱动的支撑工具向数据驱动的价值创新转变

信息技术的早期发展与融合应用以流程驱动为主，发挥核心技术的支撑作用。一是单点应用的自动化阶段，从计算机的诞生到集成电路、数字通信、软件工程技术，信息技术的行业赋能作用初步显现，NC（Numerical Control，数字控制）、PLC（Programmable Logic Controller，可编程逻辑控制器）、MRP（Material Requirements Planning，物料需求计划）等重点聚焦单点应用，基于数字控制自动执行预设作业，提高业务效率。二是流程集成的可视化阶段。随着数字技术的进一步发展以及互联网、物联网等技术的出现，CAD、MRP不断向MBSE（Model Based Systems Engineering，基于模型的系统工程）、ERP等演进，数据与业务结合程度不断深化，提升整个业务流程运行的效率和准确性。

信息技术赋能将逐步转变为数据驱动，实现价值创造。一是系统优化的洞察阶段，随着云计算、大数据、人工智能等新一代信息技术不断涌现，信息技术与行业融合应用催生了一批新产品、新模式和新业态，工业大数据、工业人工智能、工业互联网平台驱动企业进入基于数据和知识、了解物理世界运行规律并实现优化的洞察阶段，进一步释放更大的价值空间。二是模式变革的智能化阶段，新一代人工智能技术的进一步创新演进以及多种技术交织融合、发挥综合作用，将通过实现自主认识、学习与优化重构生产和产业运行方式，驱动创造更大的增量价值。未来10年，发达经济体生产力增长预计将有60%由数字化贡献，信息技术的应用价值将从助力企业发展的辅助工具向引领经济发展的核心引擎转变。

（二）网络、平台、人工智能、数字孪生等技术在各行业初步实现规模化应用，技术的融合创新不断涌现

技术融合创新不断涌现，为行业赋能提供更多可能。未来的3～4年，融合技术将

逐渐被广泛应用并达到一定规模，基于平台、自动化、数字孪生等技术与云原生、人工智能、物联网技术的融合，将创造更多新的赋能模式。平台技术方面，平台与云原生技术融合形成的云原生平台将成为主流。Gartner 公司预测，到 2025 年，云原生平台将成为 95% 以上数字化转型的基础设施，而在 2021 年使用云原生平台的比例只有不到 40%。自动化技术方面，自动化与人工智能的融合应用将帮助各行业有效提高效率。IDC 公司预测，到 2024 年，45% 的重复工作任务将通过使用人工智能、RPA（Robotic Process Automation，机器人流程自动化）技术实现自动化。数字孪生技术方面，数字孪生与物联网的融合应用将达到一定规模。Gartner 公司预测，到 2024 年，25% 以上的数字孪生将与企业 IoT 业务进行绑定使用。未来融合技术的发展，将为各行业带来更敏捷、更多元、更智能的技术基础，支撑行业数字技术普及。

数字技术应用高速增长，未来有望实现大范围普及。在未来的 4～5 年，数字技术将在制造业、医疗、能源等行业快速普及，行业应用不断深化，带来更大的应用价值。在制造行业，数字技术的普及在企业提质降本增效方面带来显著价值。麦肯锡预测，到 2025 年，制造业数字技术的应用，将为制造业企业每年带来高达 1.2 万亿～3.7 万亿美元的经济影响价值。在医疗行业，数字医疗市场规模高速增长，融合技术应用不断深化。GlobeNewswire 公司预测数据显示，2027 年数字医疗市场规模将达到 8 334.4 亿美元，数字技术在医疗中的应用规模增速将达到 20.3%，且这一增长有望在未来延续。在能源行业，未来将建成能源互联网，数字技术将得到深度应用。国家电网规划到 2025 年初步建成能源互联网，大数据、人工智能、区块链等数字技术将在电网中实现深度融合应用。

（三）自动化由"硬"向"软"延伸，带来产品与服务创新模式变革

数字空间自动化应用范围扩展，实现企业全领域业务流程智能化。一方面，数字空间自动化应用范围逐渐扩展至企业全领域业务。在经营管理业务领域中，自动化技术应用日益成熟。UiPath 公司通过 RPA+人工智能+流程挖掘技术，实现企业经营管理业务流程智能化。在生产管控业务领域中，自动化技术实现点状应用，未来将持续扩展。Automation Anywhere 公司通过使用脚本连接各类信息系统，并进行监控和业务分析。在研发设计业务领域中，自动化技术应用进入试验阶段，未来将继续深化。西门子

公司打造了 HEEDS 研发设计平台，实现自动调用研发工具。另一方面，数字空间自动化应用逐渐深入，向流程智能演进。一是在企业业务集成层面，通过消息中间件集成、API（Application Program Interface，应用程序接口）集成等方式，实现企业的系统集成、流程集成，打通企业内部跨系统业务流。二是在业务互操作方面，通过 BPM（Business Process Management，业务流程管理）、RPA、BPI（Business Process Improvement，业务流程改善）等技术的应用，实现业务之间信息交换和业务协同，深度整合企业业务流程。三是在智能化层面，随着 BPM 技术、RPA 技术与人工智能技术的融合，形成 iBPM（Intelligent Business Process Management，智能业务流程管理）和 iRPA（Intelligent Robotic Process Automation，智能机器人流程自动化）等智能化流程管理技术，实现企业业务流程的智能化演进。

物理世界自动化应用进一步扩展和深化，应用模式不断创新。一是自动化应用规模继续扩大。国际机器人联合会预测，到 2021 年机器人规模增长 13%，2024 年全球机器人安装量将达到每年 50 万台。二是应用深度逐步拓展，Facebook 将机器人向触觉感知领域拓展，未来有望大规模实现机器人臂、触觉手套等设备的应用。三是协同能力增强，FANUC 公司研制了新型人机协作机器人，无须安全栅栏即可与工人共享作业区域来分担作业。

硬件自动化与软件自动化融合发展，实现产品和服务模式创新。硬件自动化应用方面，通过数字化装备重构、工业软硬件解耦及流程智能的渗透，将极大地提升生产柔性性能，实现生产过程的敏捷制造。软件自动化应用方面，通过软件微服务解构和低代码开发，叠加业务流程自动化，将大大提升管理软件创新能力，实现经营管理的敏捷创新。基于运营创新能力和敏捷制造能力的融合发展，将有效提高需求响应速度，降低个性需求的服务成本，推动规模化精细服务，释放长尾价值。

（四）传统主体加速转型、数字原生企业快速崛起，各行业都将发生价值格局的重构

产品方面，未来产品在定义、设计和制造方面将发生变革。不同于以往厂家通过大规模生产模式生产的高度标准化产品，未来产品具备高度个性化、定制化的特征，企业需要以新的研发、制造模式应对产品形式变革。一是精准化客户需求响应，借助数字技术准确获取需求并应用于研发过程，实现精准响应，化妆品品牌"完美日记"通过与用户线上高频交流，将用户反馈意见用于指导产品开发，1 年内销售额

从 7.6 亿元涨至 35 亿元，增长率为行业同期的 30 倍。二是传统制造"白标化"，传统的自主生产模式将更多地转变为轻资产的代工模式。德勤公司预测，到 2025 年最高有 25% 的汽车出货量以代工方式完成。三是产品的规模化定制，在数字技术的支持下，以大规模制造模式响应定制化产品需求，目前汽车、家电、服装、家居等行业已广泛采用规模化定制模式。

服务方面，数据驱动的服务模式创新成为未来产业核心价值。过去的企业更关注生产性服务，重点聚焦产品生产过程本身，未来企业将更加关注围绕产品、设备全生命周期的服务，提供基于数据分析的专业服务以及基于平台的生态服务。一方面，未来服务将向智能产品 + 产品服务 + 数据服务 + 生态服务的模式演进，基于产品数据提供周边服务。特斯拉公司将智能车产品、汽车衍生服务、后服务、出行服务、娱乐服务等服务相结合，约翰迪尔公司将智能农机产品、自动驾驶、智能喷洒、谷物监测、设备租赁、销售预测等服务相结合。另一方面，围绕产品数据实现基于平台的产业经济组织模式，打通用户需求 - 产品定义 - 生产 - 采购 - 销售 - 金融 - 物流 - 产品后服务的完整体系，基于平台采集的市场需求和产品数据组织生产，实现数据价值。

通过数字化转型，众多企业走向数字原生阶段，企业价值大幅提高。美的集团应用数字技术，由内部优化到生态构建与服务转型，获得远高于行业平均的利润水平。宝武集团积极投身数字化浪潮，打造了上海宝信软件股份有限公司、欧冶工业品股份有限公司，其中上海宝信软件股份有限公司以宝钢集团 1/30 的收入，获得了 900 亿元的市值，达到宝钢集团市值的 56%。化妆品品牌"完美日记"采取互联网营销模式，在 2020 年实现收入增长 73%，达到行业平均收入水平的 7 倍，毛利率高达 64%。快消品牌"元气森林"将互联网模式带入快消品行业，获得超 60 亿美元的估值，超过大部分行业头部企业市值。互联网造车新势力品牌"蔚来""理想"等，通过互联网思维改变汽车行业生产、销售与服务模式，以远不及传统车企的销量，获得汽车品牌市值前六中的三个席位。

（五）生产系统与消费互联网加快融合，各行业企业相互渗透，企业边界趋于模糊

一是聚焦产品和生产的传统制造企业，通过打通消费互联网，将业务领域由生产制造向运营服务延伸。博世公司与 M&M 合作，开发车联网平台 AdrenoX Connect，通

过与用户交互连接，提供汽车产品增值服务。二是聚焦用户和服务的互联网企业，利用消费互联网客户流量优势，逐渐提供产品制造业务。2021年京东集团618发布会显示，深度参与京东C2M反向定制商品的合作品牌已经超过1 000个，充分发挥了消费者流量优势，提供了个性化产品生产。三是新晋数字化企业融合消费互联网与产品制造能力，实现产品生产和用户服务的一体化。"元气森林"通过整合线上营销资源获得用户流量后，耗资55亿元自建工厂，完成5家自建工厂战略布局。未来生产系统与消费互联网将加快融合，不同类型企业边界趋于模糊，传统企业加快向数字化企业形态转变，逐渐兼顾"做产品"和"做服务"。

无线移动篇

导 读

回顾 2021 年，无线移动领域总体呈现稳定增长的局面。

我国移动通信用户数量达到 16.4 亿，5G 用户数量在全球范围内不断增长。我国移动互联网累计接入流量连续 8 个季度维持 35% 以上的增长速度。虽然 App 应用数量在下降，但下载量维持稳定，市场趋于集中。智能终端销售量扭转了前两年下降的趋势，实现了 7.36% 的增长。尤其可喜的是，我国 5G 网络建设逐步完善，县级行政区 5G 网络覆盖率超过 97%，乡镇行政区 5G 网络覆盖率高达 50% 以上。

2021 年是 5G 发展的关键之年，随着技术和网络逐步成熟，**5G 应用成为发展重点**。各级政府出台相关政策支持 5G 应用发展。5G 应用百花齐放，形成一批 5G 应用"样板"。我国 5G 应用探索在国际上占据领先优势，规模化复制成为下一步发展重点。**移动物联网**技术标准持续演进，能力与场景结合更紧密，各种技术相互补充，提供差异化网络能力。**车联网技术**与 5G 融合创新发展，应用呈现 ToC、ToB 和 ToG 等多个应用场景，分阶段走向成熟。

展望 2022 年，5G 仍将保持加速发展的态势，预计到 2026 年我国 5G 用户数将超过 11 亿。无线领域新技术创新依然高度活跃。各种定位技术不断推出，共同构建泛在定位网络，提供全域服务。卫星互联网加速发展，成为各国关注的重点之一。5G 消息服务在探索中不断发展，逐步进入商用阶段。6G 技术研究逐步加速，成为各国竞争的焦点。

本篇作者：

| 万屹 | 李珊 | 魏克军 | 果敢 | 龚达宁 | 杨艺 | 杜加懂 | 康陈 | 朵灏 | 刘海蛟 | 刘硕 |
| 林鹏 | 周洁 | 侯伟彬 | 王琦 | 葛涵涛 | 毛祺琦 | 林琳 | 杜斌 | 张天静 | 吕日昇 |

一、2021 年无线移动领域发展综述

（一）用户

1. 全球移动用户数达 82.5 亿，5G 用户数超 6.3 亿

全球 2G/3G/4G/5G 用户占比变化情况如图 3-1 所示。根据 GSMA（Global System for Mobile Communications Association，全球移动通信系统协会）的统计，截至 2021 年年底，全球移动用户数达 82.5 亿，渗透率为 104.28%；全球 4G 用户数达到 48.02 亿，渗透率为 58.17%。全球 5G 用户数超 6.3 亿，其中亚洲 5G 用户数占比接近九成。全球 5G 用户分布如图 3-2 所示。

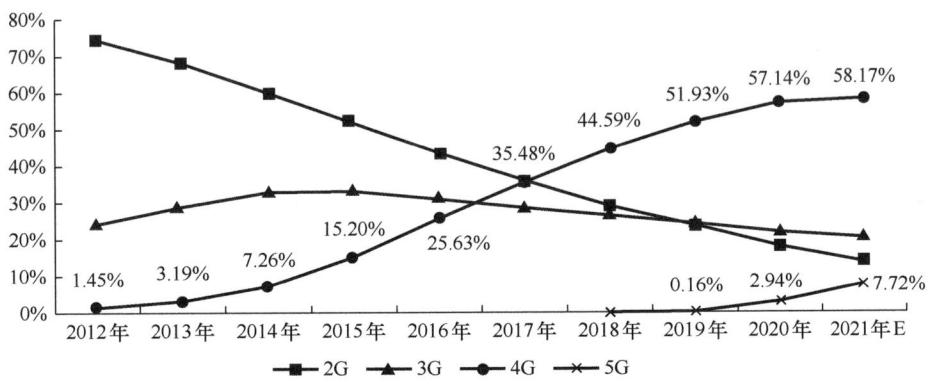

图 3-1　全球 2G/3G/4G/5G 用户占比变化情况

（数据来源：GSMA）

2. 我国移动用户数达 16.4 亿，5G 手机终端连接数超 4.9 亿

根据工业和信息化部及 GSMA 的统计，截至 2021 年 11 月，我国移动用户数达 16.4 亿，普及率为 115.8%；我国 5G 手机终端连接数快速增长，已超过 4.9 亿；随着 4G 用户逐步向 5G 迁转，我国 4G 用户数约为 11.3 亿，渗透率为 68.8%，我国 4G 用户数较 2020 年下降 12%。我国 2G/3G/4G/5G 用户数发展情况如图 3-3 所示。

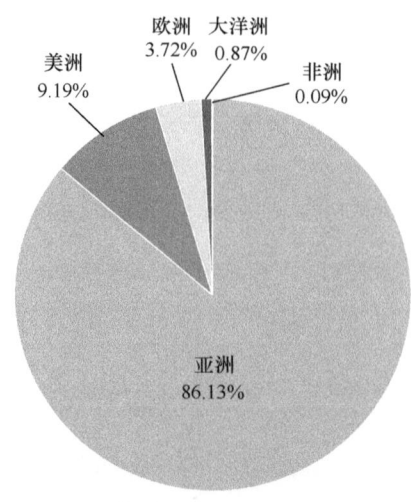

图 3-2　全球 5G 用户分布

（数据来源：GSMA）

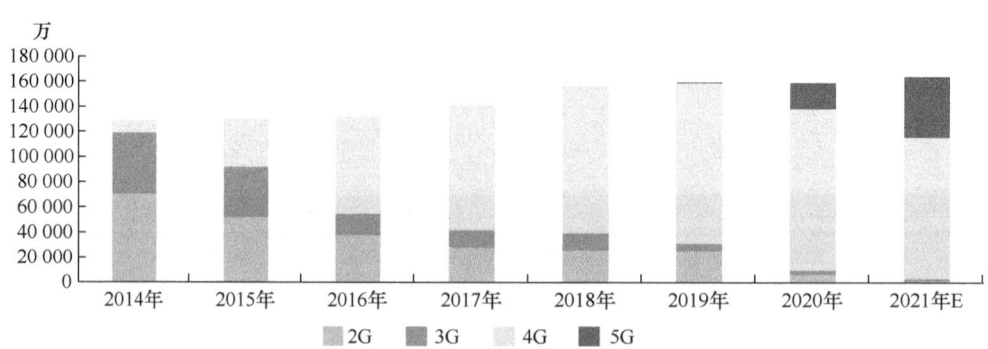

图 3-3　我国 2G/3G/4G/5G 用户数发展情况

（数据来源：GSMA、工业和信息化部）

（二）网络

1. 全球 5G 网络建设持续推进

截至 2021 年 11 月，全球已有 73 个国家和地区的 188 家网络运营商宣称开始提供 5G 服务（含固定无线和移动服务），其中欧洲为 90 家，亚洲为 61 家，美洲为 24 家，大洋洲为 6 家，非洲为 7 家。

2. 我国已累计开通 5G 基站超 129 万个

我国 5G 基站开通情况如图 3-4 所示。截至 2021 年 10 月，我国已累计开通 5G 基站超 129 万个，2021 年新建 5G 基站 52 万个。我国县级行政区 5G 网络覆盖率超过 97%，乡镇行政区 5G 网络覆盖率达到 50% 以上。

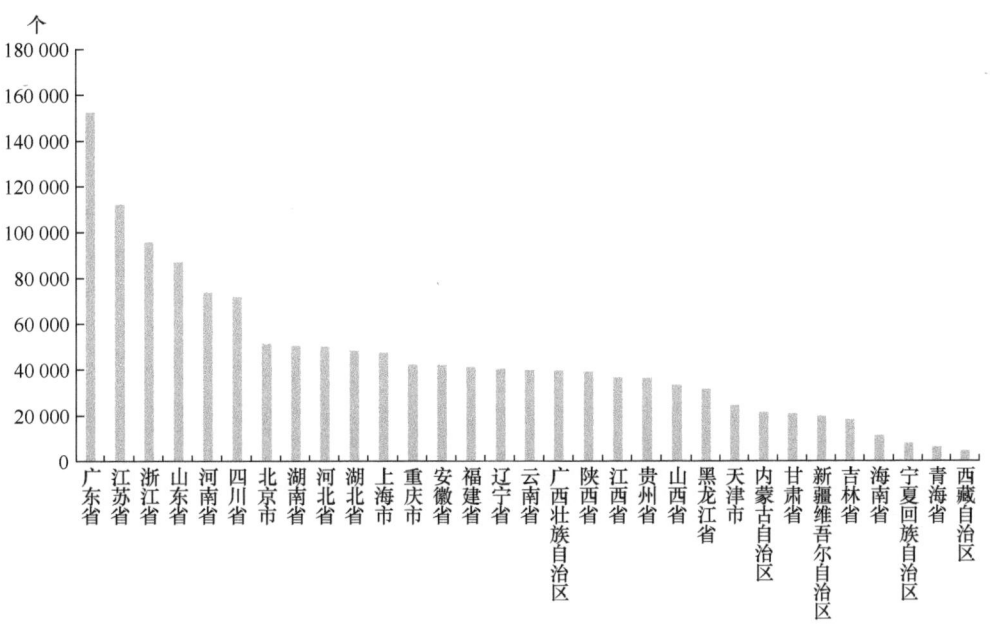

图 3-4 我国 5G 基站开通情况

（数据来源：工业和信息化部）

（三）流量

1. 我国移动互联网累计流量稳步增长，DOU 再创新高

2021 年我国移动数据流量继续保持增长态势，10 月 DOU（月户均移动流量）为 14.32GB，比全球平均水平高出约 23.7%。全球主要地区月户均移动流量如图 3-5 所示。2021 年 1—10 月，我国移动互联网累计流量达 1 810 亿 GB，同比增长 35.3%，增速于 2019 年经历大幅下降后趋于平稳，5G 的快速发展有效减缓流量增速下降的趋势，筑底态势明显。我国移动互联网累计接入流量同比增速如图 3-6 所示。

2. 移动电话去话通话时长增速由负转正，移动短信业务量增速有所下滑

2021 年 1—10 月，我国移动电话去话通话时长为 1.89 万亿分钟，同比增长 1.3%，增速由负转正，国内通信业务同比增幅情况如表 3-1 所示。全国移动短信业务量增速明显放缓，2021 年 1—10 月，全国移动短信业务量与 2020 年同期持平。

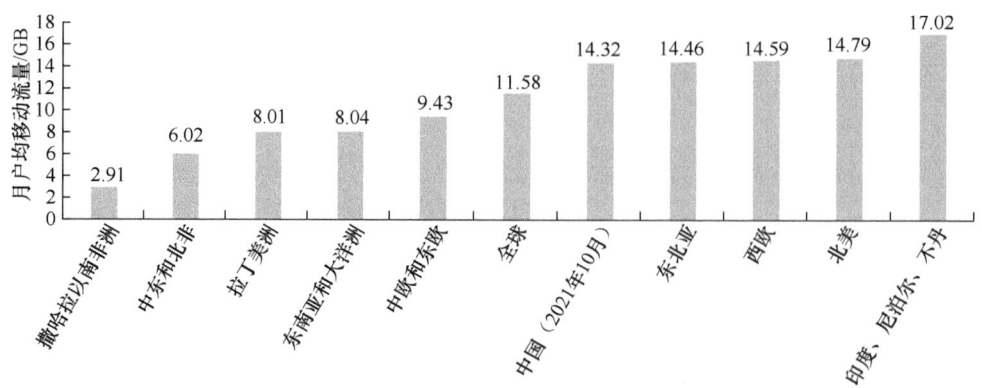

图 3-5 全球主要地区月户均移动流量

（数据来源：爱立信、工业和信息化部）

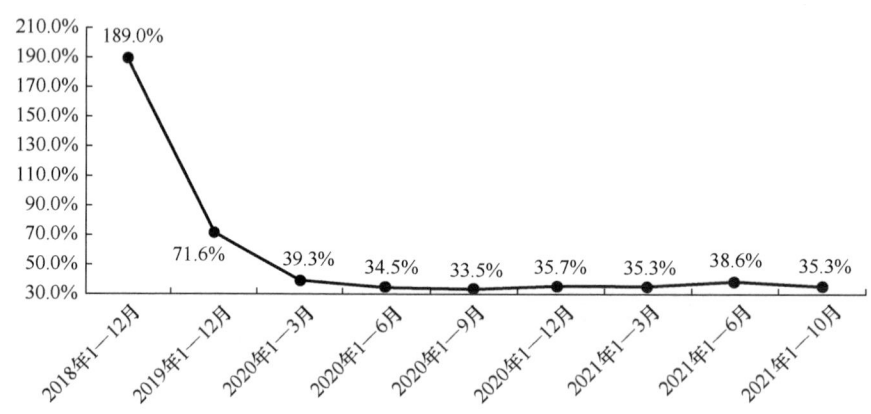

图 3-6 我国移动互联网累计接入流量同比增速

（数据来源：工业和信息化部）

表 3-1 国内通信业务同比增幅情况

通信业务 \ 年份	2016 年	2017 年	2018 年	2019 年	2020 年	2021 年（1—10月）
移动电话去话通话时长	-1.4%	-4.6%	-5.4%	-5.9%	-6.2%	1.3%
移动短信业务量	-4.6%	-1.7%	14.0%	39.7%	18.1%	0%

（数据来源：工业和信息化部）

（四）终端

1. 全球手机市场复现增长，但尚未恢复到疫情前水平

2021 年全球手机出货量预计约为 15.988 亿部，相比 2020 年增长 7.36%。全球手

机出货量及年度增长率如图 3-7 所示。2020 年全球手机市场受新冠肺炎疫情影响出现大幅回落，2021 年全球疫情有所缓解，特别是中国等国家疫情得到有效控制，推动全球手机市场逐步恢复，尽管仍未恢复到疫情前水平，但手机出货量增长超过 7 个百分点还是给全球手机行业带来了信心。

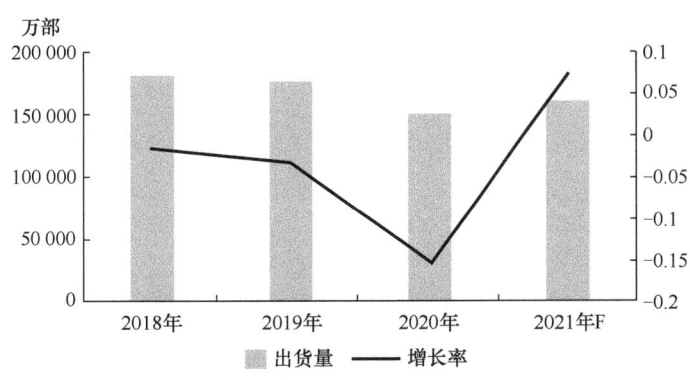

图 3-7　全球手机出货量及年度增长率

（数据来源：Gartner "Mobile_Device_Forecast_2020Q3"）

2. 我国手机市场实现大幅增长，5G 手机出货量占比超 7 成

2021 年我国手机出货量预计达 3.48 亿部，相比 2020 年预计将实现 12.9% 的大幅增长，其中 5G 手机出货量预计高达 2.64 亿部，相比 2020 年预计增长 62%，5G 手机出货量占比预计将达到 75.9%。我国 2G/3G/4G/5G 手机出货量如图 3-8 所示。我国 5G 智能手机快速普及主要得益于我国完善的 5G 网络覆盖、运营商推广以及 5G 智能手机价格进一步下探，覆盖的消费群体范围进一步扩大。

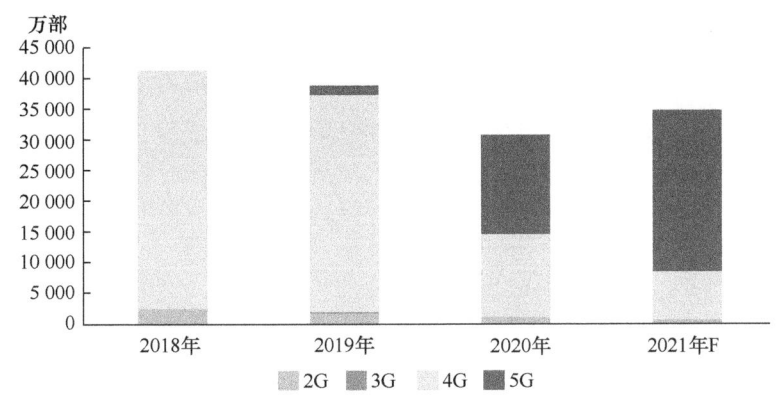

图 3-8　我国 2G/3G/4G/5G 手机出货量

（数据来源：根据"中国信息通信研究院国内手机市场运行分析报告"统计预测）

3. 物联网终端款型数量增长，NB-IoT/Cat1 成为新增连接主力

物联网终端方面，据 GSA（Global mobile Suppliers Association，全球移动供应商协会）的统计，截至 2021 年 9 月，全球共有 96 家不同设备供应商发布 456 款 Cat-NB1（Category-Narrow Band 1，窄带传输能力等级 1）终端，29 家不同设备供应商发布 109 款 Cat-NB2（Category-Narrow Band 2，窄带传输能力等级 2）终端和 668 款 Cat1（Category 1，传输能力等级 1）终端。在 NB-IoT（Narrow Band Internet of Things，窄带物联网）/Cat1 终端中，模组款型占比超过 4 成，如图 3-9 和图 3-10 所示。

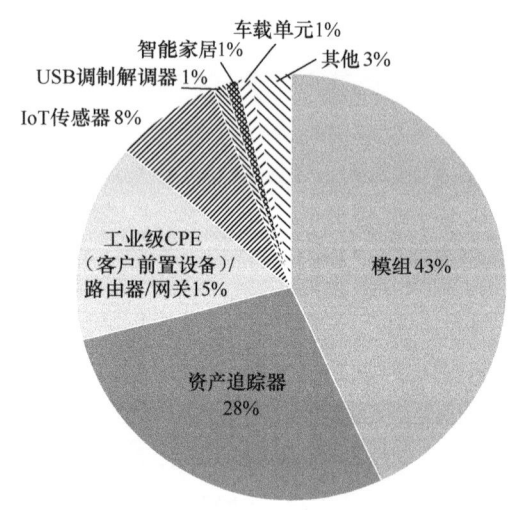

图 3-9　全球 Cat-NB1 终端款型占比
（数据来源：GSA）

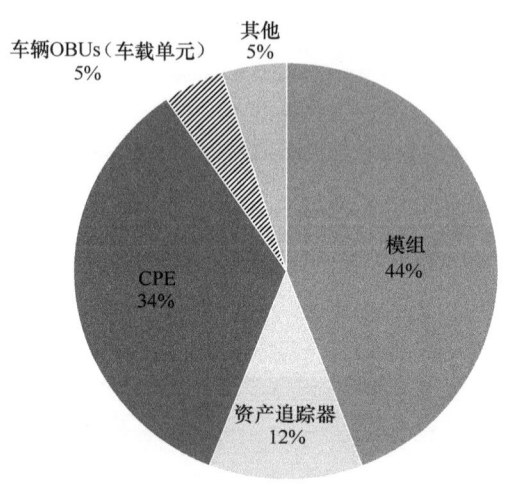

图 3-10　全球 Cat1 终端款型占比
（数据来源：GSA）

国内市场方面，中国信息通信研究院统计数据显示，截至 2021 年 10 月，NB-IoT 终端产品国内市场新上市款型数已达到 201 款，相比 2020 年同期的 157 款，同比增长 28%，预计 2021 年全年新上市款型数将超过 250 款，上市款型统计如图 3-11 所示。款型数排名前 3 的终端产品分别是水电气计量终端、烟感报警器和通用模组。其他终端形态还包括安防设备、个人健康保健辅助终端、其他可穿戴设备、智慧泊车终端、单车智能硬件和智慧社区设备等。

（五）应用

我国移动应用市场从野蛮生长走向规范化发展

截至 2021 年 10 月，我国国内市场上监测到的移动 App 为 272 万款，相比于 2020

年 2 月的 352 万款，数量下降约 22.7%。我国移动 App 市场规模如图 3-12 所示。我国移动 App 市场规模回落主要是源于我国自 2020 年开始对移动 App 加强监管，先后开展多次专项行动，严厉打击移动 App 运营者超范围收集消费者信息，恶意使用和贩卖消费者数据获利等对消费者身心及权益造成极大损害的行为，进一步规范和净化我国移动互联网生态，保护消费者合法权益不受损害，还消费者干净的网络空间。我国相关主管部门先后从移动应用分发平台下架数百款存在问题且屡教不改的 App，数万款 App 在相关主管部门强监管态势下自行选择了下架停止运营，我国移动 App 市场彻底告别野蛮生长期，逐步走向规范化和可持续发展。

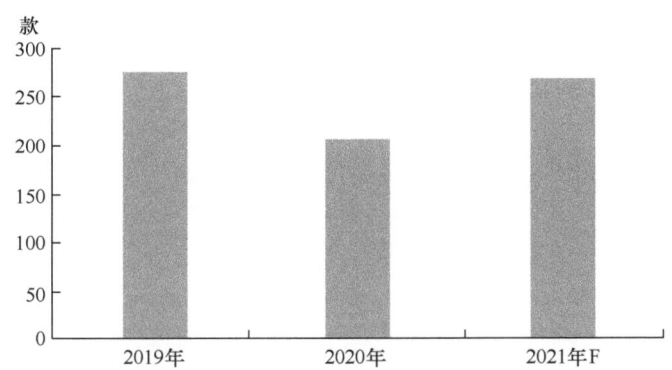

图 3-11 中国市场 NB-IoT 终端新上市款型统计
（数据来源：中国信息通信研究院）

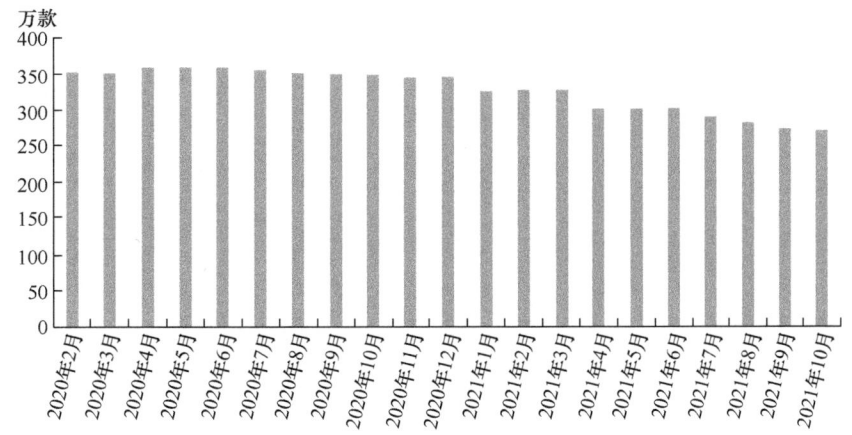

图 3-12 我国移动 App 市场规模
（数据来源：工业和信息化部）

尽管移动 App 市场的 App 总量有所下降，但丝毫未影响我国消费者对 App 的下载和使用。截至 2021 年 10 月，我国第三方应用商店在架应用分发累积总量达到 20 394 亿次，月度下载量保持稳定。我国移动 App 应用下载总量如图 3-13 所示。

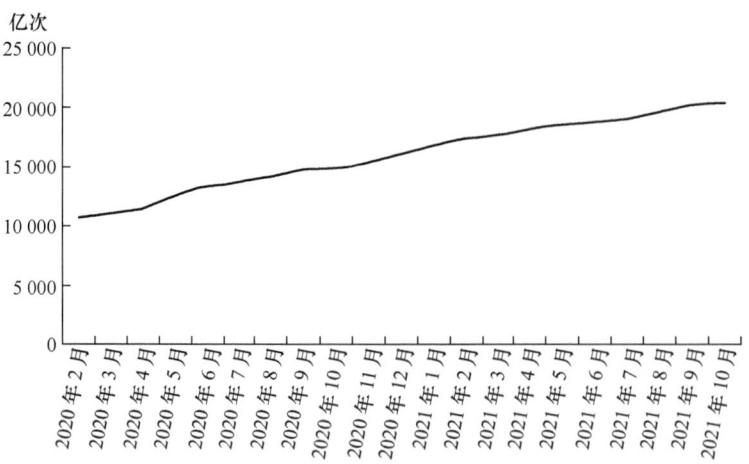

图 3-13 我国移动 App 应用下载总量
（数据来源：工业和信息化部网站）

在我国移动 App 市场，移动应用规模排在前 4 位的 App 类别仍然是游戏类、日常工具类、电子商务类和生活服务类，4 类应用占比合计 59.1%，如图 3-14 所示。

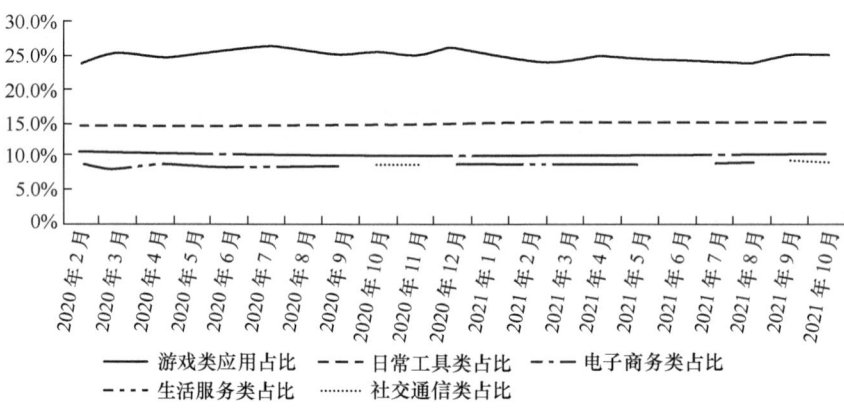

图 3-14 我国移动 App 类别占比
（数据来源：工业和信息化部网站）

二、2021年无线移动领域热点分析

（一）5G应用加速迈入规模化

1. 5G发展进入下半场，各国5G战略重点向应用转移

韩国政府通过制定战略计划对5G应用发展进行顶层布局，并结合定期的检查评估对战略计划进行完善，从而加速5G应用推进。2019年韩国MSIT（The Ministry of Science and ICT，科学和信息通信技术部）发布《实现创新增长的5G+战略》，明确5项核心服务（沉浸式虚拟内容、智能工厂、智慧城市、自动驾驶、数字医疗）。2020年MSIT发布《5G+战略发展现状及未来计划草案》，指出韩国政府计划投资6 500亿韩元，用于挖掘和推广融合应用服务。2021年MSIT发布《2021年5G+战略促进计划》（草案）、《基于MEC的5G融合服务发展计划》，宣布2021年是"5G+融合生态系统"元年，计划投资1 655亿韩元开发5G融合新技术。

欧洲从国家和产业层面发力，持续推动行业应用落地。欧洲采用团体赛模式开展5G应用落地探索，在自动驾驶、工业、医疗等领域开展大量的应用试验。同时，欧洲依托国家及城市形成5G应用创新集群，开展创新应用示范，建立共享技术平台，开放数据和接口，形成可复制、可推广的应用形态，例如德国柏林的5G专网和工业应用探索，比利时、爱尔兰和挪威的未来工厂，意大利的智能能源，爱尔兰和挪威的智慧城市试验等。得益于欧洲国家对专网频谱的开放态度，大量5G行业应用基于5G专网形式开展。其中，企业申请德国专网许可的热情高涨。德国联邦网络局数据显示，截止到2021年9月15日，德国共发放148个中频本地5G许可证申请和7个毫米波频段本地5G许可证申请，其中汽车制造商是申请最活跃的工业企业。

美国注重国家在5G技术领域的优势，强调5G基础设施的安全可靠以及网络可用性。美国发布《5G快速计划》对全面推进5G网络建设做出战略部署，以加强美国在5G技术领域的优势。从应用推进来看，美国产业链主体密切合作，国防部利用该优势推动应用落地。2019年11月，Facebook（脸书）与日本移动运营商KDDI开展5G应用合作，利用现实与虚拟视觉信息叠加的AR（Augmented Reality，增强现实）技术促进服装、

化妆品等零售店的销售。2020年，美国先后发布《美国国防部5G战略》《5G技术实施方案》等政策，明确开展5G测试，并将5G技术应用在军用领域，涉及智能仓库、自动驾驶、XR（Extended Reality，扩展现实）任务规划与培训、分布式指挥与控制等。

2. 我国5G应用已实现从0到1的突破，探索1→N发展路径

5G应用百花齐放，形成一批5G应用样板。 5G商用以来，产业各方开始尝试应用5G技术为行业数字化转型赋能，目前国民经济20个门类里有15个门类、97个大类里有39个行业均已应用5G。同时，电信运营企业、设备商等开展联合创新，陆续打造了一批面向不同行业5G应用的试点示范，满足行业向数字化、智能化方向转变的需求。中国信息通信研究院统计，"绽放杯"5G应用征集大赛项目数量从2018年的330个增长到2021年的1.2万多个，涉及工业互联网、医疗健康、智慧交通、智慧金融、文体娱乐等10多个领域。

应用探索占据领先优势，规模化复制成为下一步发展重点。在消费领域，5G应用主要用于AR导游、4K/8K直播、沉浸式教学等场景，大幅提升消费体验，但目前市场仍处于探索阶段，尚未实现规模化。在垂直行业领域，随着技术和解决方案更加成熟，工业、智慧城市、医疗、文旅、教育等领域的5G应用数量大幅增加，但依然存在解决方案定制化、场景碎片化等特征明显的问题，规模化复制成为下一阶段5G应用的发展重点。

3. 业务和终端创新双轮驱动5G ToC应用规模化发展

3G和4G时代，以智能手机操作系统和应用商店模式为核心的创新，推动了移动互联网的蓬勃发展。 我国3G、4G商用较晚，应用创新主要以跟随国外先进经验的"微创新"为主。从美国3G、4G的发展历程来看，3G时代iPhone终端的产生实现了应用人机交互的根本性改变，3G时代个人应用的规模化发展主要基于终端创新产生的红利；4G时代延续了iPhone终端创新的红利，通过网络能力提升进一步优化了应用体验。可见，应用创新的根本在于终端创新，而终端创新红利能够持续数代。

5G时代，业务迭代创新和终端革命性变革将推动ToC应用再上新台阶。 一方面，目前智能手机的终端红利在5G时代已逐渐趋弱，因此在终端形态尚未改变之前，人机交互模式仍无革命性创新，5G"杀手级应用"仍处于孕育期，个人应用规模化相比3G和4G时代有一定程度延后。另一方面，我国在5G时代处于世界引领的位置，无现成经验参考。目前我国5G网络超前建设，用户渗透率接近30%，5G手机出货量已

远超 4G 手机，但距离 5G 个人应用出现月活用户达到 1 亿的现象级应用仍需时间。预计 2023 年我国 5G 用户渗透率达到 47.57%，2024 年达到 54.37%，2024 年网络建设从规模建设期进入扩容完善期。5G 基站数及用户渗透率变化趋势如图 3-15 所示。

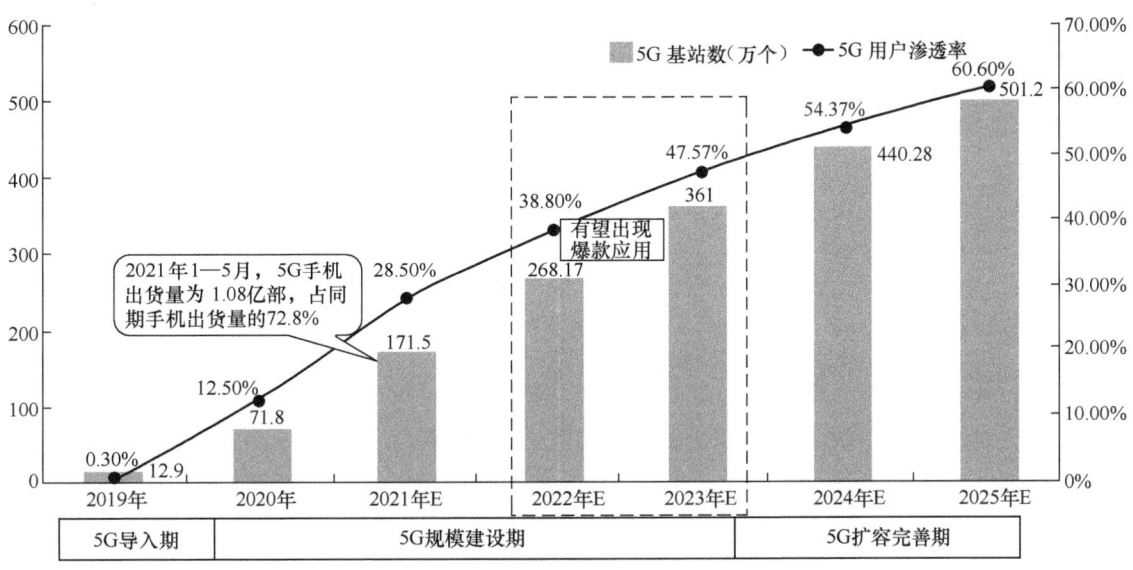

图 3-15　5G 基站数及用户渗透率变化趋势

4. 5G ToB 应用产业化规模发展将经历四个阶段

5G 应用的发展不能一蹴而就，**需遵循技术、标准、产业渐次导入的客观规律，持续渐进发展**。5G 技术应用到各行业领域，需遵循商业化和产业化规律，阶段性特征将更为明显，结合 5G 技术演进和新技术产业化规律，可分为四个阶段。5G ToB 应用发展的"四个阶段"如图 3-16 所示。一是预热阶段，在 5G 技术基础版本 R15（Release 15）标准冻结后，5G 技术产品完成研发，并主要基于增强移动宽带和部分低时延场景开展技术验证。这一阶段的关键是尽快完成 5G 自身技术标准的商业化，5G 产业与行业开展初步合作，验证 5G 技术在行业应用的可行性，为后续发展奠定基础。二是起步阶段，5G 产业与各行业进入磨合期，行业龙头开始与 5G 产业深度合作，尤其是结合 R16 在低时延和定位场景共同探索 5G 应用场景和产品需求，进行大范围场景适配，筛选出一批具有商业化价值的产品和解决方案，开始小规模试点。5G 融合应用产业链雏形出现，产业链上下游开始初步合作。现阶段，我国大部分重点行业正处于此阶段，如文化旅游、智慧物流、智慧教育等行业。智慧城市和融媒体等行业，行业需求正在逐步清晰，有望步入下一阶段。三是成长阶段，5G 融合应用进入商业探索阶段，重点开展行业适配，5G 行业应用的解决方案和产品不断与各行业进行磨合，进一步优化，产品开始小批量上市。同时，随着 5G 技术标准的逐渐演进，5G 产品形态更加丰富，与解决方案在行业中进行充分适配，应用商业模式逐步清晰。在工业互联网、智慧医疗等领域，部分场景得到规模复制，实现小规模部署。四是规模发展阶段，5G 融合应用在行业内可实现规模应用，相关产品实现规模量产。在这一阶段，5G 与各行业的融合障碍逐渐消除，随着 R17 版本标准落地，中高速、低成本的 5G 产品有望进一步满足行业个性化需求，关键产品及成熟解决方案批量上市，应用范围从龙头企业进入中小企业，对各行业的赋能作用凸显。

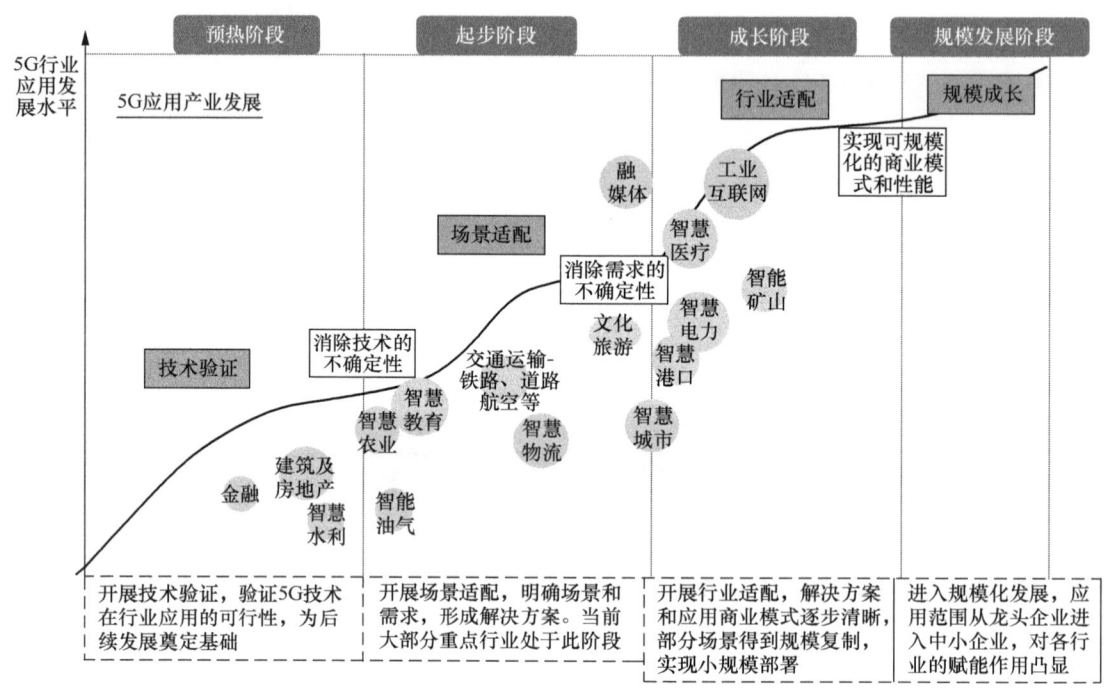

图 3-16　5G ToB 应用发展的"四个阶段"

5. 5G 与行业融合应用促进 5G 产业链扩展延伸

5G 技术路线持续演进满足行业需求，催生新型 5G 应用产业链。 传统 5G 产业链以技术标准为推动力，逐步成熟并向 ToC 领域渗透，主要包括基础原材料、基础器件、基础软件、5G 终端、5G 网络、5G 安全、5G 应用及解决方案等。然而，随着 5G 与行业的融合，诸多特色需求出现了。在网络方面，行业要求自主运维、低成本、高安全，在终端模组芯片方面呈现智能融合趋势、市场碎片化和定制化需求，在应用方案方面提出行业机理性能优化、功能优化等诉求，在安全方面更是要实现跨行业的安全体系认证、特殊安全产业链增强等。5G 与行业融合的特色需求催生产业链变化，传统消费类 5G 产业链难以直接复制成为 5G 应用产业链。

为了满足 5G 应用的需求，传统 5G 产业链也发生了明显变化，形成新的 5G 应用产业链体系。 总体看来，5G 应用产业链基本保持传统 5G 产业链结构，包括网络、终端、应用、安全等环节。5G 应用产业链如图 3-17 所示。网络方面，面向行业的定制化核心网、行业特色网络设备、行业 MEC（Multi-access Edge Computing，多接入边缘计算）与行业既有网络系统相互融合，共同满足网络的低成本、高安全需求；终端方面，面对行业千差万别的需求，通用终端/模组/芯片与行业特色终端/模组/芯片共同发展，并逐步形成分级分类的产品以满足不同规模行业的需求；应用方面，不同于传统 ToC 领域的通用应用方案，面向工业、能源、医疗等领域的特色 5G 融合应用方案成为新的方向；安全方面，行业 5G 网络安全与产业体系将逐步完善，同时满足 5G 网络与行业安全的需求。

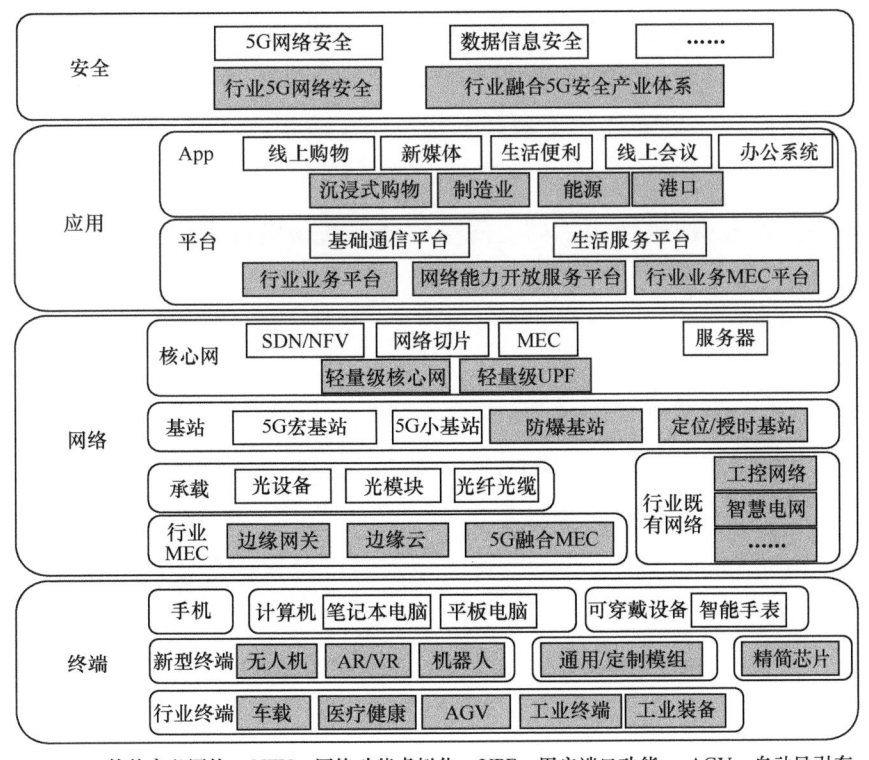

图 3-17　5G 应用产业链

6. 5G 应用产业生态在市场竞合中融合发展

多主体竞合关系明显，共同构建 5G 应用产业生态。 5G 应用主要参与主体依托自身优势，积极构建产业生态，在"竞合"中相互融合发展，共同推进 5G 应用规模化发展。5G 应用产业生态的参与主体主要包括基础电信运营商、行业集成商和网络设备商等，旨在构建一个涵盖行业需求、技术标准、应用场景、应用示范、解决方案、商用复制模式的 5G 应用产业生态体系。

基础电信运营商面向全行业、全领域构建从 5G 网络向 5G 应用上下游拓展的生态体系。 随着 5G 应用的深入发展，基础电信运营商的角色也从 ToC 网络的服务提供商向 ToB 解决方案集成服务商转变。根据历届"绽放杯"5G 应用征集大赛数据分析，基础电信运营商是推进 5G 与各行业融合应用发展的主力军，中国电信、中国移动和中国联通针对工业、能源、医疗、媒体、教育等行业进行数字化转型升级，发布了推进战略，促进 5G 网络与应用高质量发展。

行业集成商面向自身行业，从既有信息化手段向 5G 应用拓展。 作为新型基础设施，5G 网络和技术不断赋能行业的数字化转型。行业既有的集成商逐步利用 5G 网络替换原有无线网络，并与行业既有系统深度融合，实现"降本提质增效"的效果。根据"绽放杯"5G 应用征集大赛数据统计，行业企业或集成商牵头申报项目的比例逐年增加，一方面说明行业企业对于 5G 效果的认可度提升，另一方面证明了 5G 网络与技术对行业数字化转型的促进作用。如上海宝信软件股份有限公司紧紧围绕"互联网+"等国家战略，积极开拓 5G 融合定位等应用场景，以促进制造企业从信息化、自动化向智慧制造迈进。

网络设备商面向重点行业，从 5G 设备向 5G 应用端到端拓展。 网络设备商瞄准自身服务优势，向重点行业提供完整的应用解决方案设计。华为在 2021 年 10 月成立了煤矿军团、智慧公路军团、海关和港口军团、智能光伏军团和数据中心能源军团，探索各行业数字化、网络化、智能化的机遇。中兴通讯总裁在 2021 年 6 月提出了"围绕个体，拓展感控边界""围绕群体，消除数字鸿沟""面向行业，推动产业革命"的 5G 应用发展方向，面向不同主体构建自身的 5G 应用产业生态。

（二）移动物联网生态体系加快构建，多网协同满足差异化需求

1. 移动物联网标准持续演进，能力与场景结合更紧密

移动物联网是以多网协同的蜂窝移动通信网络为载体，实现万物互联、连接泛

在的数字信息基础设施,是应用和产业全面发展的综合生态体系。对比其他物联网技术,移动物联网优势明显。移动物联网遵循 3GPP(3rd Generation Partnership Project,第三代合作伙伴计划)标准协议,基于运营商移动网络,能够跨区域实现应用规模部署,并与大数据、人工智能、区块链等新一代信息技术紧密结合。随着 3GPP 标准的不断演进,移动物联网特性能力与应用需求更加契合。低速物联网 NB-IoT 标准演进方面,2015 年,3GPP R13 对 NB-IoT 立项,2016 年完成标准化,并在 R14、R15、R16 版本中的定位、广播、节能、速度等方面对 NB-IoT 做了升级。中速物联网 Cat1 标准演进方面,2009 年 3 月,3GPP 在 R8 中推出 Cat1,并在 R13 中提出 Cat1 bis(增强)标准,进一步降低 Cat1 终端复杂度、简化算法。高速率低时延物联网 5G NR 标准演进方面,R15 主要适配 eMBB(enhanced Mobile Broadband,增强型移动宽带)大带宽业务,R16 增强了 uRLLC(Ultra-reliable and Low-Latency Communication,超可靠低时延通信)业务场景,更好地支撑了工业场景及车路协同应用。中高速物联网 5G RedCap(Reduced Capability,降低能力)的关键技术和标准将在 R17 中明确,会进一步简化设计和功能,与应用场景更匹配。

2. 移动物联网技术互补,提供差异化网络能力

移动物联网技术是相互补充的关系,重点面向四类应用场景。NB-IoT 满足大部分低速物联需求,4G Cat1 满足中等物联需求和语音需求,5G RedCap 满足中高速率业务需求,5G NR 满足高速率、低时延物联需求。在覆盖广、时延不敏感、低速率等场景,例如智能表具、追踪定位、智能烟感、智慧停车等适合采用 NB-IoT 技术。在速率要求不高,对功耗和传输稳定性有一定要求的场景,例如共享经济、扫码支付、公网对讲、充电桩等适合采用 4G Cat1 技术。在速率要求较高,对尺寸、成本、耗电有一定要求的场景,例如视频监控、工业传感、医疗监测、高端智能穿戴等适合采用 5G RedCap 技术。在有超高带宽、低时延、移动性要求高等极致场景,例如工业互联网、智慧医疗、智能交通、文体娱乐等适合采用 5G NR 技术。

3. 移动物联网全面发展,构建综合生态体系恰逢其时

国家层面高度重视移动物联网,从政策发力持续推动移动物联网发展。2020 年 5 月,《关于深入推进移动物联网全面发展的通知》提出"推动 2G/3G 物联网业务迁移转网,建立 NB-IoT(窄带物联网)、4G(含 LTE-Cat1,即速率类别 1 的 4G 网络)和 5G 协同发展的移动物联网综合生态体系"。国家"十四五"规划纲要提出"推动物联

网全面发展，打造支持固移融合、宽窄结合的物联接入能力"。《"十四五"信息通信行业发展规划》指出"推进移动物联网全面发展，构建低中高速移动物联网协同发展综合生态体系"。GSMA 数据显示，截至 2021 年第三季度，全球移动物联网连接数接近 19 亿，中国的移动物联网连接数约占全球移动物联网连接数的 70%。中国厂商在全球蜂窝物联网模组市场优势凸显。Counterpoint 数据显示，2021 年第三季度，移远通信、广和通、中国移动、日海智能、美格智能位列全球模组市场份额前五，有方科技市场份额位列第八，全球前十厂家中，中国厂家独占六席。

4. 连接数稳步增长，移动物联网万物互联基础不断夯实

"断卡行动"短期内对移动物联网连接数增长产生了一定影响，但可推动连接数长期健康稳步增长。2020 年 4 月和 8 月，工业和信息化部下发了《关于加强物联网卡安全管理工作的通知》和《物联网卡安全分类管理实施指引》，三大运营商落实相关要求清除风险卡，对连接数的增长产生了较大影响，2020 年前三季度仅增长了 4 300 万，且第三季度连接数出现负增长。2021 年以来，我国移动物联网连接数稳步增长，迈入健康发展阶段，截至 2021 年 10 月，我国移动物联网连接数规模已达 13.85 亿，比 2020 年年底净增 2.5 亿，2021 年前三季度，每个季度新增连接 5 000 万。围绕三大方向，移动物联网应用广度和深度不断拓展。产业数字化方向，移动物联网赋能智慧工厂、智慧农业、智能物流、智慧交通等多个领域，与实体经济深度融合，为产业转型升级提供全新动能。治理智能化方向，在智慧消防、智慧停车、城市管理等领域，移动物联网在动态感知、风险预警、科学决策等方面作用明显，让社会治理更加高效精准，普惠于民。生活智慧化方向，在智能家居、远程诊疗、智慧校园、宠物照看等领域，多方面助力让生活更舒适、更健康、更方便、更安全。2021 年移动物联网案例征集从全国 252 个推荐项目中遴选了 44 个优秀案例，打造了移动物联网应用标杆，加速优秀案例复制推广。

5. 2G/3G 加速退网清频，存量物联网迁转仍需过渡期

为降低网络运营成本，提升频谱资源利用率，世界各国纷纷加快 2G/3G 网络退网步伐。在国内，网络覆盖完全具备了承载 2G/3G 业务的能力，5G 已覆盖所有地市级城市及大部分县城、乡镇地区，4G 实现了城镇地区、行政村深度覆盖，NB-IoT 实现了全国主要城市、乡镇以上区域覆盖。2G/3G 物联网业务主要由 NB-IoT 承载，NB-IoT 具备更优性能及价格优势，同时也具备更好的覆盖、更低的功耗、更大的容量、更高

的安全，NB-IoT 模组价格快速下降已经与 2G 趋同。从效果来看，2G/3G 语音业务迁移转网快速推进，我国 2G/3G 语音用户数已从 2019 年超 3 亿降至 2 600 万。在 2G/3G 语音用户快速减少的同时，2G 物联网业务迁移转网仍面临一些挑战。2019 年年底国内三大运营商的 2G 物联网连接数近 5 亿，存量业务基数巨大，2020 年新增的物联网连接中 2G 物联网用户仍占了较大的比重。2G 物联网存量最大的中国移动在 2020 年明确停止新增 2G 物联网业务。2G 终端普遍老旧，难以升级改造，终端替换成本也比较高，2G 物联网业务迁转仍需一定的过渡期。

（三）车联网与 5G 融合创新发展

1. 标准与产业耦合发展

C-V2X（Cellular-Vehicle to Everything，蜂窝车联网）包括终端间直连通信和蜂窝网络通信。

终端直连通信方面，LTE-V2X 已形成较为完善的技术标准体系和产业链；NR（New Radio，新空口）-V2X 技术标准有待验证，未分配频谱资源，相关产品尚未成熟。3GPP 于 2020 年 7 月完成了 R16 版本的 NR-V2X 标准，并在 R17 版本中进一步增强资源分配机制、终端直连通信节能等相关技术。产业发展方面，我国 LTE-V2X 产业蓬勃发展，相应芯片模组、终端设备已于 2020 年实现产业化，重点区域规模化部署正在推进中，头部车企如一汽、上汽、广汽等陆续量产 C-V2X 车型，渗透率有望快速提升。

蜂窝通信方面，随着 5G 关键性能指标的显著提升，5G 网络从支持车载 AR/VR（Virtual Reality，虚拟现实）等多元化信息娱乐服务，逐步向支撑车路协同应用、远程遥控驾驶等方向演进。国际上，5G 汽车联盟和欧洲 5GCroCo（Cross-Border Control）项目，均开展了远程遥控驾驶相关应用场景研究，并对通信系统能力提出相应需求；国内已开展基于 5G 的车联网通信技术需求、5G 远程遥控驾驶业务分析和系统需求、面向移动智能终端的车路协同应用等相关方向技术研究，为推动 5G 蜂窝网络支持车联网应用奠定坚实基础。产业发展方面，手机 App、小程序、智能后视镜等具备 5G 通信能力的后装设备和应用不断涌现，城市和高速公路环境下的车联网服务探索不断推进。在港口、矿山等特殊有限工况场景，开展了大量 5G 远程遥控驾驶相关部署实践，取得显著成效。

2. 5G 蜂窝通信与 C-V2X 直连通信融合互补

5G 蜂窝网络和 C-V2X 直连通信融合部署，分区域覆盖，提供不同的应用服务，成为车联网应用探索的新方向。5G 公网提供了大带宽、泛在连接的广域覆盖，支持路径规划、高精度地图下载、OTA（Over The Air，空中激活）升级等多元信息交互应用；5G 专网在安全性、可靠性要求极高的场景中需求逐步明确，在矿区、港口、园区等特殊区域开展应用，既能保证作业数据不出园区，又可满足远程遥控驾驶等应用提出的高可靠、低时延通信性能要求。C-V2X 直连通信提供了近距离、低时延的车与路直连通信热点覆盖，以及无论有无蜂窝网络覆盖下的车与车直连通信，为车联网安全驾驶、交通管控等应用提供支撑。

3. 基础设施迈入规模化部署新阶段

我国车联网新型基础设施快速落地并初见成效。城市方面，2019 年至今，工业和信息化部先后批复江苏（无锡）、天津（西青）、湖南（长沙）、重庆（两江新区）四个国家级车联网先导区，积极推进车联网基础设施建设、互联互通验证、规模化试点示范等，形成了广泛布局、重点突破、具有地方特色的发展格局。高速方面，对京沪高速公路进行车联网基础设施改造升级，打造国内首条车路协同的车联网先导性应用示范高速公路，赋能干线物流。2021 年 5 月和 12 月，住房和城乡建设部、工业和信息化部分两批确定了 16 个城市为智慧城市基础设施与智能网联汽车协同发展试点城市，加强智慧城市基础设施建设、实现不同等级智能网联汽车在特定场景下的示范应用。截至 2021 年 10 月，我国 20 余个城市和多条高速公路共计部署 4 000 余台支持直连通信的 RSU（Road Side Unit，路侧单元），其中城市道路部署 3 500 余台，高速公路部署 500 余台，共覆盖道路 3 500 多公里。

路侧回传网络方面，光纤回传依旧是业界主流方案，有线/无线网络并存的架构在各场景中开始崭露头角。在城市场景中，武汉、重庆等地正在探索光纤+5G 网络回传的方案，针对通过 5G 网络将路侧感知数据传输至车联网服务平台进行研究和验证，并探索基于 5G 网络实现匝道汇入提醒、闯红灯预警等安全效率类辅助驾驶应用。

4. 应用呈现多价值空间，分阶段走向成熟

当前，车联网应用服务体系日益丰富，并且与汽车、交通等行业加速融合。从服务对象出发，可分为 ToC、ToB、ToG 三类业务，各类业务特点逐渐明晰。面向普通用户的 ToC 应用，聚焦司机、乘客出行体验和驾驶安全的提升，通过车联网提供信息

服务类、驾驶安全与效率类、自动驾驶类等应用，通过安装智能终端 App 等方式提供服务。面向行业的 ToB 应用，通过对生产系统进行网联化、智能化改造升级支撑企业数字化转型升级、优化生产效率，例如在矿山等恶劣工况场景下，实现远程遥控驾驶应用，降低人工成本和作业风险；在城市或封闭物流园区通过车联网辅助无人驾驶物流小车运行，实现"最后一公里"的末端配送。面向智慧城市、智慧交通等 ToG 应用，以缓解交通拥堵、提高道路环境安全、达到优化系统资源为目标，提升城市数字化治理水平，例如基于车联网大数据进行交通流量的智能规划与管理，增强公安交管对道路交通的管控能力，基于车联网提高公共和特种车辆的调度和通行效率等。

从应用场景角度出发，车联网应用服务体系可以分为城市道路、高速公路、特定区域（矿区、港口等）道路三大类。车联网应用服务体系如图 3-18 所示。交通效率提升、交通安全保障、新型交通服务是车联网在城市场景应用中的主要价值目标，针对交通运行数据的挖掘运用也成为当下热门的研究方向之一。以提升通行效率、降低事故发生率为价值导向，安全预警及交通管控成为当前车联网在高速场景下的主要应用目标，数据价值互通将助力构建信息服务应用新业态。在特定区域道路场景下，车联网主要服务于智能驾驶，或将比城市道路、高速公路更早成熟；矿区、港口等场景相对封闭，且存在明确的机器换人需求，商业模式清晰。不同类别场景下车联网应用在部署规模、技术难易程度等方面体现出了较为明显的差别。

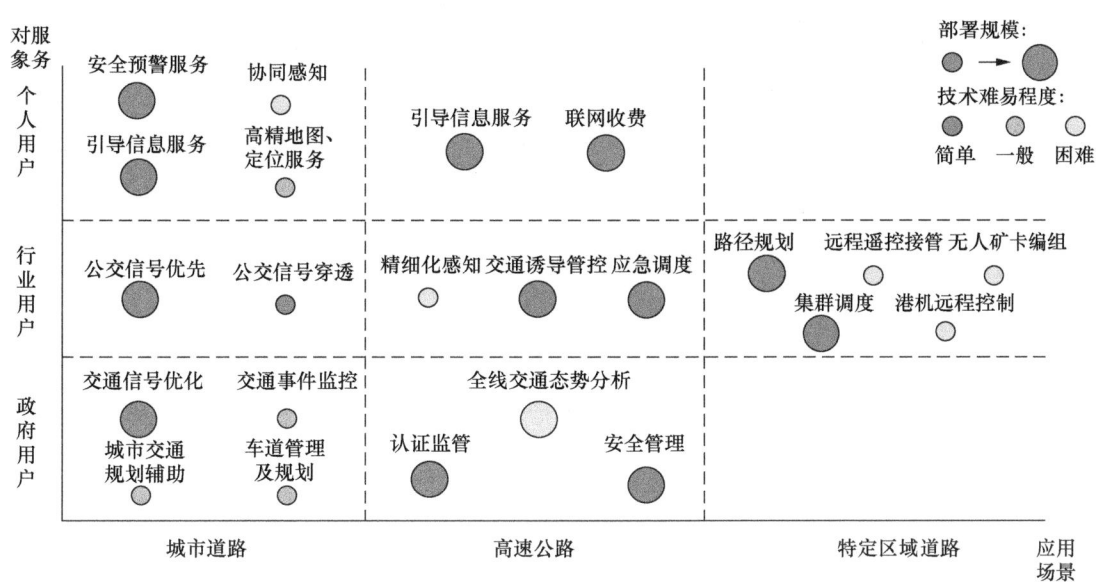

图 3-18 车联网应用服务体系

（数据来源：中国信息通信研究院）

三、2022 年无线移动领域发展展望

（一）用户：2026 年我国 5G 渗透率超六成，5G 用户数超 11 亿

2021 年全球移动用户超过 82.5 亿户，2026 年将超过 90 亿户。2021—2026 年全球移动用户数预测如图 3-19 所示。2021—2026 年，全球 5G 用户占比持续增长，2G 和 3G 用户逐步向 4G、5G 迁移，预计到 2026 年，全球 5G 用户将超过 26 亿户。

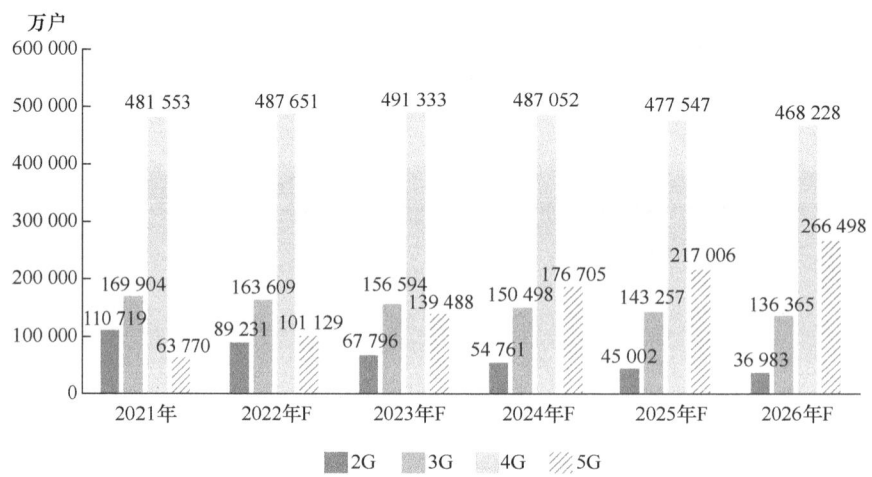

图 3-19　2021—2026 年全球移动用户数预测
（数据来源：GSMA）

2021 年我国移动用户超过 16.4 亿户，到 2026 年将超过 17.3 亿户。2021—2026 年我国移动用户数预测如图 3-20 所示。预计我国 4G 用户数从 2021 年开始下降，4G 用户将加速向 5G 迁移，预计我国 5G 用户在 2026 年将超过 11 亿户，渗透率超六成。

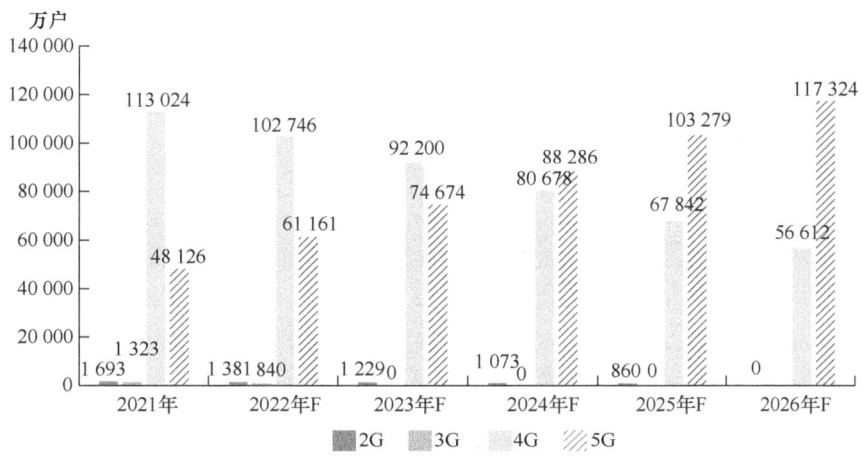

图 3-20　2021—2026 年我国移动用户数预测
（数据来源：GSMA）

（二）流量：5G 应用的不断拓展与创新将释放用户更多流量需求

5G 应用的不断拓展与创新将释放我国用户更多流量需求，随着运营商逐步降低 5G 网络资费与用户使用新型大流量应用的门槛，预计月均移动数据流量在 2021 年后将继续保持 40% 以上的增速，2024 年增速预计突破 70%。2021—2026 年国内月均移动数据流量及增速预测如图 3-21 所示。

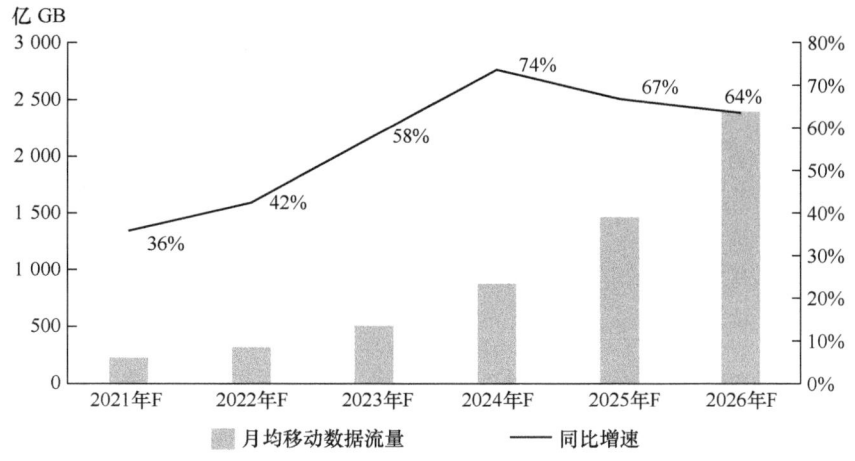

图 3-21　2021—2026 年国内月均移动数据流量及增速预测

预计国内月户均流量也将保持快速增长态势，预计 2022 年国内月户均流量将达到 19GB，2026 年国内月户均流量有望超过 130GB。2021—2026 年国内月户均流量（DOU）及增速预测如图 3-22 所示。

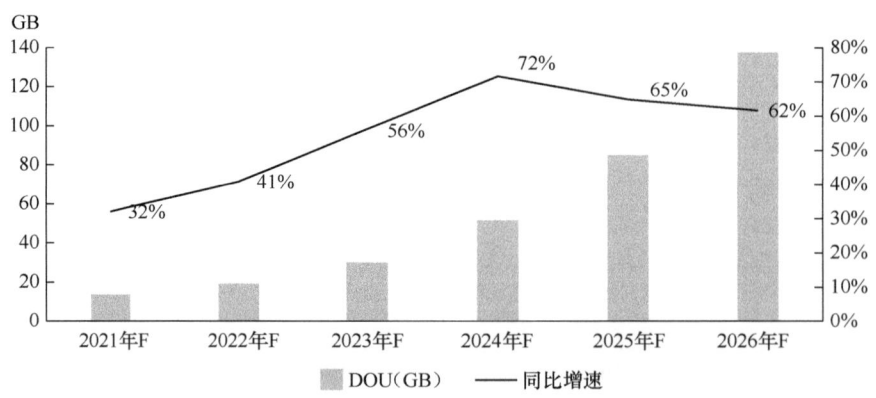

图 3-22　2021—2026 年国内月户均流量（DOU）及增速预测

（三）无线定位技术创新活跃，室内定位技术成为热点

随着位置服务需求的日益增长，多种定位技术蓬勃发展。其中，卫星定位应用占比最大，5G 定位已成为各界关注的热点。5G、WLAN（Wireless Local Area Network，无线局域网）、Bluetooth（蓝牙）、UWB（Ultra Wideband，超宽带）等定位技术作为卫星定位的补充，共同构成室内外无缝定位体系。

5G 具有大带宽、多天线、密集组网等有利于定位的特点，在满足遮挡区域定位需求方面应用前景广阔。基于 5G 的无线定位具有两个显著特点：一方面是通信定位一张网，即 5G 行业专网的全面建设带动 5G 定位能力快速赋能行业场景，减少单独建网和运维投入；另一方面是室内室外一张网，即 5G 网络支持终端室内外无缝定位能力，提供人员、物料的全要素定位服务。

3GPP 从 R15 版本启动 5G 定位相关工作，R15 版本安排了非高精度位置服务研究；R16 版本安排了高精度位置服务研究，室内定位精度为 3m；R17 版本安排了高精度定位增强研究，定位精度提升至 1m；R18 版本面向 5G 增强标准，安排了基于测距的服务、工业物联网场景的低功耗高精度定位等课题，进一步提高了定位精度。

除了 5G 定位，主流的无线定位技术还包括 WLAN、Bluetooth、UWB 等，其技术原理和优缺点如表 3-2 所示。

表 3-2　无线定位技术对比

	无线局域网定位 （WLAN 定位）	蓝牙定位 （Bluetooth 定位）	超宽带定位 （UWB 定位）
原理	终端监听接入点的信号，根据信号强度指纹进行定位	基于信号场强指示值，通过三角定位原理进行定位	通过发送和接收极窄脉冲，利用三角定位原理进行定位
优点	分布广、成本低	成本低、功耗低	抗多径、穿透性强
不足	抗干扰差	定位范围小	布设成本高

（四）全球卫星互联网进入建设部署阶段，天地融合组网备受关注

全球卫星互联网蓬勃发展，天地融合标准指引卫星互联网未来发展方向。ITU-R WP4B 已启动 SRI（Satellite Radio Interface，卫星无线电接口）for IMT-2020 项目，推动 5G 卫星通信标准化工作。3GPP 已明确将卫星接入列为 5G 的多种接入技术 NTN（Non-Terrestrial Networks，非地面网络）之一，并对卫星网络的部署方案和应用场景进行了具体研究和分析。

卫星互联网是信息基础设施的重要组成部分，世界各国高度重视。国外高中低轨卫星互联网已发展多年，当前发展重点是低轨卫星互联网，受关注程度最高的是 Starlink（星链）和 OneWeb（一网）。Starlink 是目前部署卫星最多、有望最先投入运营的低轨卫星互联网，截止到 2021 年 12 月 20 日已部署 1 900 余颗卫星。自 2019 年 3 月至 2021 年 12 月，OneWeb 已完成 11 批次卫星发射，累计发射 350 余颗卫星。我国卫星互联网发展势头迅猛，2020 年 4 月，国家发展和改革委员会将卫星互联网纳入 "新基建" 范畴，我国卫星互联网迎来重要发展机遇。2021 年 3 月，国家 "十四五" 规划纲要明确提出了要建设高速泛在、天地一体、集成互联、安全高效的信息基础设施。2021 年 4 月，中国卫星网络集团有限公司揭牌成立，开启我国卫星互联网发展的新征程。

尽管卫星互联网取得了长足进步，但其与地面移动通信网络的关系仍然是互补融合的。卫星互联网无法取代地面移动通信网络的原因主要包括：一是在系统容量方面，无线基站规模为百万量级，卫星互联网最多仅为万量级，其系统容量远小于地面移动通信网络。二是在部署成本方面，尽管卫星批量化生产和火箭回收技术大大降低了部

署卫星互联网的成本，但由于空间环境的特殊要求，使得每颗卫星仍面临着数十倍甚至百倍于无线基站的建设和运维成本，因此，卫星互联网的资费高于地面移动通信网络。综上所述，卫星互联网支持全球无缝覆盖，可以在空中、海洋、森林、偏远地区等区域为地面移动通信网络提供补充与增强。

（五）产业多方协同推进5G消息业务，有望在2022年实现正式商用

5G消息概念由中国电信、中国移动、中国联通于2020年4月8日发布的《5G消息白皮书》中首次提出，基于GSMA RCS（Rich Communication Suite，融合通信）UP2.4标准实现，支持文本、图片、音频和视频等多种媒体格式，主要分为个人信息和行业信息两大类。

为有效推进5G消息业务商用落地，2021年3月，中国信息通信研究院、中国通信企业协会共同倡议发起成立了"5G消息工作组"，以"创造消息服务新业态、凝聚行业发展新动能、引领行业融合新发展"为宗旨，积极推进5G消息快速规范发展，努力打造5G消息产业咨询、规范制定、测试认证等多方面硬实力。2021年8月，5G消息工作组联合中国通信企业协会、中国信息通信研究院、中国电信、中国移动、中国联通、中兴通讯、华为7家单位成立了5G消息联合实验室，开展5G消息相关技术验证工作。2021年，在工业和信息化部组织的第四届"绽放杯"5G应用大赛中，5G消息工作组专门组织5G消息专题赛道，以"5G消息新业态，行业融合新发展"为主题，聚焦经济社会数字化、网络化、智能化转型升级的新需求，面向全社会征集5G消息与垂直行业融合的创新方案和应用实践，打造标杆案例，促进5G消息应用规模化落地，全方位推动5G消息产业发展，为5G发展增添新动能。5G消息专题赛道共征集到400个参赛项目，涉及政务、教育、医疗、出行、快递、媒体、文旅、金融、消费等多个领域。

三大运营商作为5G消息业务的主要推动者，对5G消息的商用落地做出了巨大贡献。中国移动目前已开展了5G消息试商用工作，在25个省（自治区、直辖市）开展友好客户和合作伙伴试点工作，拥有85款支持5G消息的终端机型。中国电信也基本具备商用条件，拥有7款支持5G消息业务的终端机型，公开市场上有天翼壹号2021、中兴等4款终端机型。中国联通同样已基本具备商用条件，试商用初期预计有10款终

端支持 5G 消息。

尽管 5G 消息业务仍面临支持 5G 消息业务的终端款型较少、5G 消息业务互联互通存在一些问题、5G 消息应用示范较少以及 5G 消息有序规范发展规划有待完善等一系列挑战，但产业各方还是对未来充满信心和期许，希望推动 5G 消息业务在 2022 年正式商用落地，以促进 5G 消息业务正常和可持续向前发展，充分发挥 5G 消息业务的优势，服务好个人用户和行业用户。

（六）全球 6G 研发布局全面启动

1. 全球各国积极推进 6G 研究

全球主要国家通过制定国家战略、设立科研项目、加大资金投入支持 6G 研究，抢占 6G 发展制高点。

美国加强与盟友合作，努力引领 6G 发展。2020 年 10 月，美国 ATIS（The Alliance for Telecommunications Industry Solutions，电信行业解决方案联盟）牵头成立"Next G（Next Generation，下一代）联盟"，目标是"在 5G 演进路径和 6G 发展中建立北美领先地位"，广泛邀请欧洲各国及日本、韩国等国的重要企业参加。2021 年 4 月和 5 月，美国分别与日本、韩国签署合作协议，共同投资合作开展 6G 技术研发。

欧盟通过 6G 重大项目推进 6G 研发。欧盟将在 2021—2027 年预算中提供 9 亿欧元用于支持 5G/6G 研发的"智能网络和服务"合作伙伴项目。2021 年欧盟在"地平线 2020"和 5G PPP（5G Public-Private Partnership，5G 公私合作联盟）中启动了 Hexa-X、REINDEER、RISE-6G 等多个 6G 研发项目，开展 6G 需求及用例、网络架构、关键技术、试验平台的研发。2021 年 6 月，德国联邦教育和研究部宣布投资 2.5 亿欧元，资助成立 4 个研究中心，并将在未来 5 年投入 7 亿欧元支持 6G 技术研发。

韩国发布 6G 研发计划。2020 年 8 月，韩国 MSIT 发布《引领 6G 时代的未来移动通信研发战略》，提出 6G 发展战略目标。2021 年 6 月，MSIT 又发布了《6G 研发实施计划》，将在未来 5 年投入 2 200 亿韩元，在超高速率、超高频段、超低时延、空间通信、人工智能和网络安全等六大重点领域和十个关键技术方向进行重点布局。

日本发布 6G 推进战略。2020 年 6 月，日本发布《B5G 推进战略纲要》，提出发展目标，明确研究开发、知识产权及标准推进战略。2021 年 1 月，日本发布 B5G 研发推进项目征集方案，8 月，日本 NICT（National Institute of Information and Communications Technology，信息通信研究机构）宣布将投资 200 亿日元，在 2022 年内建设支持 6G 关键技术研究的公共基础设施，建成后，参与 6G 研究的民间企业都可以无偿使用该平台开展 6G 技术研究工作。

中国启动 6G 研究。2019 年 6 月，工业和信息化部会同国家发展和改革委员会、科学技术部成立了 IMT-2030（6G）推进组，全面推进我国 6G 愿景需求、关键技术、频谱规划、标准研制等工作，积极推进国际交流与合作，已经取得了一系列阶段性研究成果。2021 年 6 月，IMT-2030（6G）推进组发布了《6G 总体愿景与潜在关键技术》白皮书，9 月组织召开了 2021 年 6G 研讨会，公开发布了《6G 网络架构愿景与关键技术展望》白皮书，以及《通信感知一体化技术研究报告》《超大规模天线技术研究报告》《太赫兹通信技术研究报告》《无线 AI 技术研究报告》《智能超表面技术研究报告》《6G 网络安全愿景技术研究报告》等系列研究报告。

2. 全球 6G 发展仍处于早期阶段

根据 ITU 关于 6G 的国际标准工作计划，目前其工作的重点是开展未来技术趋势和 6G 愿景需求的研究工作。在未来技术趋势研究方面，各国积极输出对未来技术趋势及关键技术的研究成果，计划 2022 年 6 月完成《未来技术趋势研究报告》；在 6G 愿景需求研究方面，2021 年 3 月 ITU 成立了 6G 愿景需求工作组，正在开展面向 2030 年及未来的应用发展趋势、典型场景及 6G 关键能力指标的研究，计划 2023 年完成 6G 愿景需求研究工作。3GPP 尚未开始正式讨论 6G 国际标准时间表，6G 技术预研与国际标准化工作预计 2025 年后启动，2030 年前后实现 6G 商用。

3. 6G 典型业务应用与潜在关键技术

6G 网络将助力实现真实物理世界与虚拟数字世界的深度融合，构建万物智联、数字孪生的全新世界。智慧城市、智慧家庭、智赋工业、智赋农业、超能交通、精准医疗、普智教育及智慧能源等 6G 全新应用场景将在人民生活、社会生产、公共服务等领域提供全新服务，更好地支撑经济高质量发展，进一步实现社会治理精准化、公共服务高效化和人民生活多样化。

6G 全新应用场景的实现需要依托于沉浸式云 XR、全息通信、感官互联、智慧交

互、通信感知、普惠智能、数字孪生、全域覆盖等全新业务。这些 6G 业务将呈现出沉浸化、智慧化、全域化等全新发展趋势，满足人们物质和精神的全方位需求，持续提升人民群众的获得感、幸福感和安全感。

为满足 6G 全新业务应用及场景的性能需求，需要引入新的关键技术，目前业界已经对 6G 潜在关键技术开展了早期研究，提出了一系列的潜在关键技术，在无线技术领域，主要包括超大规模天线、先进调制编码、全双工等增强型无线空口技术，智能超表面、智能全息无线电、轨道角动量等新物理维度无线传输技术，太赫兹通信、可见光通信等新型频谱技术，以及通信感知一体化、通信与人工智能融合等跨域融合关键技术。在网络技术领域，目前业界研究热点主要包括确定性网络、算力感知网络、星地一体化融合网络、分布式自治网络架构以及网络内生安全等。

信息网络篇

导　　读

　　2021年信息网络持续向高速、大容量、智能化、云网融合、绿色低碳等方向发展。数据骨干网持续向扁平化和智能化演进，全方位、立体化网间互联架构进一步优化，IPv6规模部署成果显著，加快推动IPv6高质量发展。传送网协同开放稳步推进，800G发展整体加速，我国固定宽带网络进入光网时代，并加速向千兆光网演进。数据中心保持高速发展，CDN（Content Delivery Network，内容分发服务）步入新阶段。全球带宽需求、流量保持较快增长，我国国际网络布局平稳扩展。在网络性能方面，我国宽带平均下载速率、接入速率大幅提升。

　　结合2021年信息网络发展特点，聚焦三大热点。一是多方推动云网加速演进，夯实我国数字经济发展基础。在多方需求推动下，近年来云网呈现快速发展势头。云网在本质上是IT和CT的融合，能够实现多层次资源打通。两大阵营采用差异化路径向云网一体目标演进。下一阶段云网演进的方向是智能、泛在连接。二是千兆光网发展将进入"建用并举"新阶段。加快推进千兆光网发展，是当前我国网络发展的热点和重点。我国多方面开展工作，推动千兆光网快速发展，目前我国千兆光网发展水平已全球领先，网络发展目标超额完成。加快应用落地、带动发展循环、驱动可持续发展是下一步千兆光网发展的重点。三是在数字经济和疫情叠加影响下，国际互联网基础性地位凸显并呈现高速发展新趋势，海缆大规模更替，国际互联网向太空延伸，内容服务商掌握网络连接和数据流动主动权，网络集中化弊端显露，相关方需持续关注。

　　面向未来，网络云化将逐步深入，端到端智能化管控加强；传送网多维技术革新将持续演进，协同与智能助力发展；接入网端、管、云协同构建智能、灵活的固定千兆网；我国将加强国际通信网络顶层规划，进一步优化国际网络布局。

本篇作者：

张海懿　苏嘉　李少晖　余文艳　张子飞　赵文玉　赵锋　张杰　马丹妮　钟平声　杨波　杨哲

一、2021年信息网络领域发展综述

（一）扁平化和智能化持续加深，网间架构进一步优化

骨干网持续向扁平化和智能化演进。 随着 5G 业务应用和云业务不断深入发展，在业务迅速开展和高效访问需求的驱动下，骨干网架构持续演化，支撑能力不断提升。一是网络架构持续扁平化。各运营商持续新增各省骨干节点，提升网状化互联能力，大量城域网直联省内骨干节点，部分城域网跨省上联多个骨干节点。同时，根据业务需求，区域内 IDC（Internet Data Center，互联网数据中心）跨地域接入其他省骨干节点。二是骨干网新平面增强云网支撑能力。中国移动建成大规模商用云专网，承载高价值业务；中国电信不断提升 CN2-DCI 承载数据中心互联业务的能力；中国联通产业互联网全面完成 SDN（Software-Defined Network，软件定义网络）改造，纳管自有 IDC 及主流云商。三是实现智能化能力升级。运营商加快推进 SR（Segment Routing，段路由技术）/SRv6（Segment Routing IPv6，基于 IPv6 转发平面的段路由）部署，提升骨干网智能控制和服务编排能力，打造具备时延保障能力的骨干网。

全方位、立体化网间互联架构进一步优化。 一是新型互联网交换中心试点持续推进。杭州新型互联网交换中心已接入 80 家企业，涵盖基础电信运营商、接入服务商、内容服务商、内容分发商、数据中心托管商，接入总带宽达 3.4Tbit/s，峰值流量 600Gbit/s，杭州新型互联网交换中心示意如图 4-1 所示；深圳前海和宁夏中卫正稳步推进新型互联网交换中心建设；上海临港新型互联网交换中心获批，开始探索新发展模式。二是互联网骨干直联点持续增点扩容。南宁和太原骨干直联点开通；哈尔滨、南昌、济南、青岛直联点获批，正推进建设。2021 年网间带宽扩容 6.96Tbit/s，保持 30% 以上的年增幅。

（二）规模部署成果显著，加快推动 IPv6 高质量发展

"十四五"时期政策力度持续加码。"十四五"时期是加快数字化发展、建设网络强国和数字中国的重要战略机遇期。为了全面深入推进 IPv6 规模部署和应用，加快促进互联网演进升级，2021 年 7 月，中共中央网络安全和信息化委员会办公室会同国家发展

和改革委员会、工业和信息化部等部门印发《关于加快推进互联网协议第六版（IPv6）规模部署和应用工作的通知》，要求在"十四五"时期，实现 IPv6 规模部署和应用从能用向好用转变、从数量型增长向质量提升转变、从外部推动向内生驱动转变。同期，工业和信息化部与中共中央网络安全和信息化委员会办公室联合印发了《IPv6 流量提升三年专项行动计划（2021—2023 年）》，对未来 3 年 IPv6 规模部署相关工作提出了总体目标要求和重点任务举措。2021 年 11 月，中共中央网络安全和信息化委员会办公室、国家发展和改革委员会、工业和信息化部等 11 个部门联合印发《关于开展 IPv6 技术创新和融合应用试点工作的通知》，旨在探索 IPv6 全链条、全业务、全场景部署和创新应用，整体提升 IPv6 规模部署和应用水平。各地区、各部门也纷纷制定相关政策文件，建立统筹协调机制，完善政策措施，形成工作合力，为协同推进我国 IPv6 规模部署持续加码。

图 4-1 杭州新型互联网交换中心示意

IPv6 关键发展指标显著增长。截至 2021 年 11 月，我国 IPv6 地址拥有量达到 60 058 块（/32）[1]，位居世界第一。我国 IPv6 活跃用户数达 5.86 亿[2]，占互联网网民总数的 57.91%，有效支撑了 4G/5G、云计算、大数据、人工智能等领域快速发展。IPv6 网络流量较快增长，移动网 IPv6 流量达 18.51Tbit/s[3]，占移动网总流量的 27.31%。

网络基础设施基本支持 IPv6。基础电信企业已完成骨干网、城域网和 LTE（Long Term Evolution，长期演进技术）网络的 IPv6 升级改造，新建 5G 网络全面支持 IPv6，骨干直联点全部实现 IPv6 互联互通，数据中心和域名系统基本支持 IPv6。国内大型内容分发服务和云服务平台基本具备 IPv6 服务能力。网络设备、主流手机终端、新增智能家庭网关均支持 IPv6。

---

[1] 亚太互联网络信息中心（APNIC）统计。
[2] 国家 IPv6 发展监测报告平台统计。
[3] 国家 IPv6 发展监测报告平台统计。

互联网应用服务水平明显提升。目前，国内用户量排名前 100 的商业互联网应用全部可通过 IPv6 访问[4]，基于 IPv6 的内容源持续丰富，应用数量与类型迅速增加。

完善形成 IPv6 标准体系新框架。为在"十四五"时期以标准为指引，统筹推进 IPv6 规模部署和融合应用，2021 年，全国通信标准化技术委员会和中国通信标准化协会组织成立 IPv6 标准工作组，以此为国家 IPv6 标准化平台聚集国内 IPv6 力量，形成合力，研究制定 IPv6 标准规划，统筹推进 IPv6 的标准研制，为各行业 IPv6 部署和改造提供标准指引。IPv6 标准工作组结合新形势、新需求对 IPv6 标准体系进行了完善，形成了 IPv6 标准体系新框架，IPv6 标准体系初步形成。IPv6 标准体系框架如图 4-2 所示。

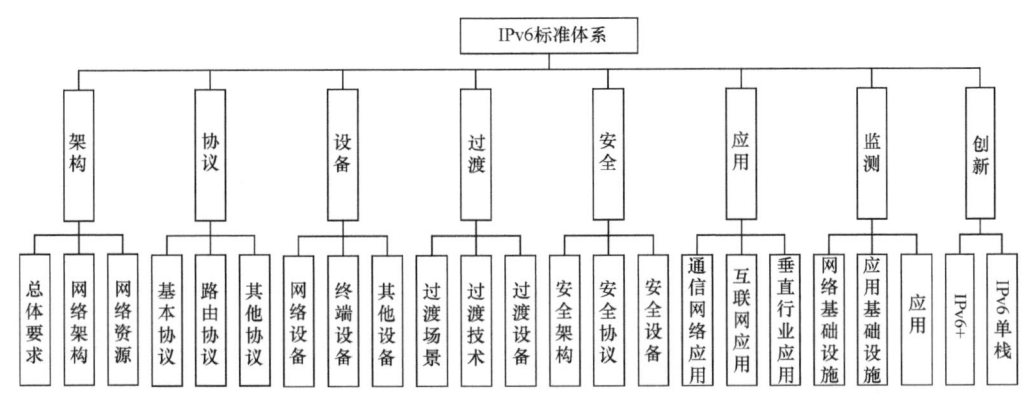

图 4-2 IPv6 标准体系框架

"IPv6+"产业生态加速构建。在数字化转型的大背景下，发展增强型的"IPv6+"网络，通过 IPv6 规模商用部署和"IPv6+"创新实现网络能力提升，驱动网络和业务融合发展，赋能行业数字化转型，全面建设数字经济、数字社会和数字政府的"新基座"已经成为产业界的共识。基于国内 IPv6 规模部署的成果，"IPv6+"技术在国内迅速落地。一方面，中国电信、中国移动、中国联通广泛开展"IPv6+"技术试点，把 SRv6 协议列为其核心路由器设备集采选型的必备要求。同时，政务、金融、能源、教育等行业也在积极推进"IPv6+"技术的应用部署，"中、农、工、建"四大银行已经在其企业网络部署了"IPv6+"技术。随着"IPv6+"技术研究、标准制定、产业化部署的逐步推进，国内"IPv6+"产业生态不断成熟、扩大。

（三）传送网协同开放稳步推进，800G 发展整体加速

新需求推动传送网多维协同。在诸多新型宽带业务与应用的发展驱动下，云网融

---

[4] 根据《中国 IPv6 发展状况白皮书》统计。

合进一步深化，传送网与 IP、多样化云等技术多维协同趋势明显，围绕新型传送组网技术的研究正在有序展开。在干线传送层面，基于软件定义网络智能管控架构，积极探索 IP 网络和全光网络跨层组网应用协同优化机制；在城域网络层面，OTN（Optical Transport Network，光传送网络）和 SPN（Slicing Packet Network，切片分组网络）等技术持续规模部署，面向新需求的灵活定制化云网协同连接能力进一步提升。在行业数字化转型逐渐加速的背景下，面向高品质需求的 OTN 专线网络持续部署，5G+ 垂直行业的确定性应用趋于明确，业界围绕无线、IP 和光通信等多层次网络切片协同，光传送及同步关键特性指标分配等关键技术加速研究。但 OSU（Optical Service Unit，光业务单元）等小颗粒承载技术方案尚未完全确定，2021 年 12 月，ITU-T SG15 全会上明确暂缓制定 ITU-T 标准 G.osu，相关技术及产业发展有待业界聚力协同。

光网络开放与解耦持续有序推进。随着信息技术和通信技术的进一步融合和应用模式的相互借鉴，在高品质、灵活化和云化可定制等新型业务与应用进一步推动下，光网络的开放与解耦应用持续推进，全球已有十个左右与其相关的标准化组织、联盟论坛和开源项目，其中包括 2021 年国内新成立的开放光网络产业论坛。从发展态势来看，基于硬件分解进行物理层开放的模式仍在持续探索，而基于南北向接口标准化方式进行网络管控能力开放的模式进展相对较快，其基本模型如图 4-3 所示。目前北向接口主要聚焦多层异构切片管控开展研究，南向接口侧重推动 WDM（Wavelength Division Multiplexing，前传波分复用）、DC（Data Center，数据中心）互联、接入层 OTN 等应用场景的标准化工作，并在现网逐步开展试验验证或商用部署。

多组织聚焦高速标准，800G 热度进一步提升。业界持续关注超高速光传输接口最新技术发展，ITU-T、IEEE、OIF、IPEC、CCSA 等多个国际、国内标准化组织或联盟同步加速推动相关标准制定工作。2021 年 11 月，IEEE 802.3 在全会上正式同意 IEEE P802.3df 项目立项，围绕 200Gbit/s 至 1.6Tbit/s 速率开展接口标准化工作，其中 800Gbit/s 是重点关注的速率，其目标传输距离为 50m～40km，拟采用多样化、低成本技术方案。OIF 和 IPEC 在 2021 年分别启动了 800Gbit/s 相干、500m～2km 的 800Gbit/s 接口标准化项目，CCSA 同期在 TC6 开展 800Gbit/s 速率光模块和 WDM 传输系统的标准或预研项目等。另外，在应用部署方面，2021 年国外运营商和互联网公司实现一定规模的 400ZR 部署，并启动 800Gbit/s 长距试点应用。国内运营商积极推动单载波 400Gbit/s 长距现网试点验证和 800Gbit/s 长距实验室验证，IMT-2020（5G）推进组 5G 承载工作组首次组织了多厂家 800GE 光模块的测试验证工作。整体来看，业界对于 800G 技术的关注度进一步提升，预计未来几年 800G 相干接口将逐渐加速发展，如图 4-4 所示。

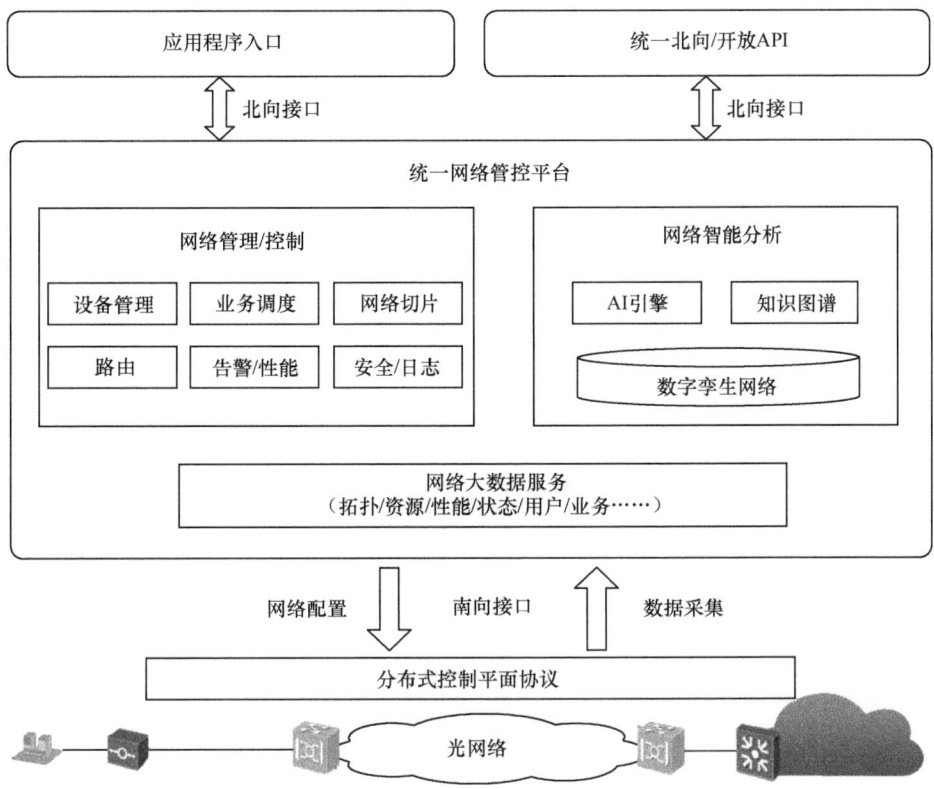

图 4-3　网络管控能力开放模式下南北向接口开放示意

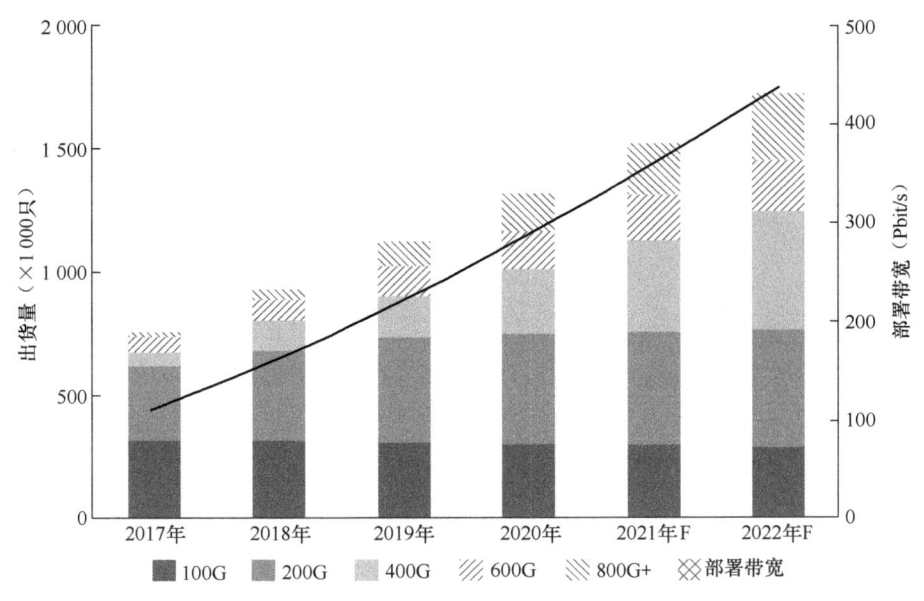

图 4-4　800G 相干接口发展预测

（数据来源：Omdia，2021）

（四）我国固定宽带网络进入光网时代，并加速向千兆光网演进

近年来，我国固定宽带网络已全面进入光网时代，并加速向千兆光网演进，为固定宽带网络持续高质量发展奠定了坚实基础。

网络能力方面，我国固定宽带网络已实现全光化，千兆光网正在加速建设覆盖。 截至 2021 年第三季度，我国光纤到户（FTTH/O）用户数已达到 4.97 亿，光纤接入端口在全部宽带接入端口中的占比已超过 93%。我国光纤接入端口及占比发展状况如图 4-5 所示。光纤到户（FTTH/O）宽带接入已基本覆盖城乡所有家庭，我国所有的地级市均已成为光纤网络全部覆盖的"光网城市"。当前，我国以 10G PON 技术方式实现的千兆光网已覆盖 2.2 亿多个家庭。

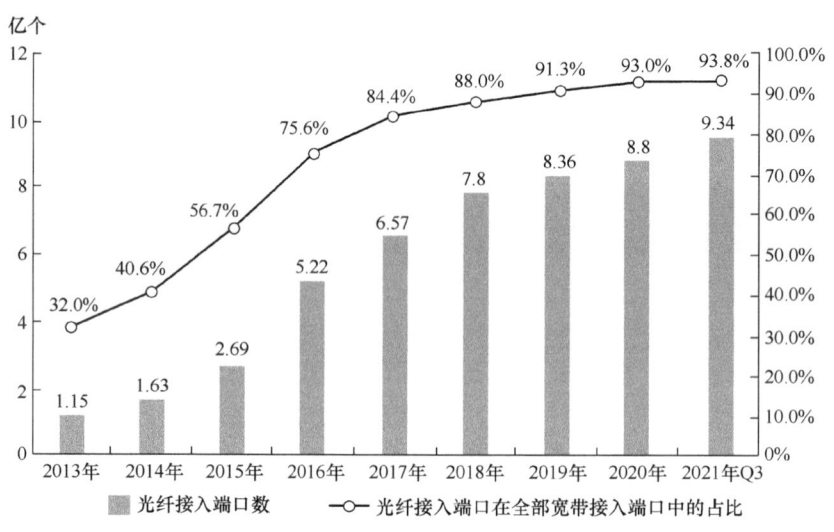

图 4-5　我国光纤接入端口及占比发展状况

（数据来源：工业和信息化部通信行业统计数据）

用户发展水平方面，我国高速率宽带接入用户正在快速发展。 截至 2021 年第三季度，我国光纤宽带接入用户在全部宽带接入用户中的占比达到 94.3%，已居于世界前列。如图 4-6 所示，2021 年 9 月末，100Mbit/s 以上宽带接入用户渗透率（100Mbit/s 以上宽带接入用户在全部宽带接入用户中的占比）达到 92.1%，1 000Mbit/s 以上宽带接入用户数达到 2 134 万，比 2020 年 12 月末净增 1 494 万户，增长迅速。

宽带网速方面，固定宽带网络速率持续快速提升。 截至 2021 年第三季度，我国固定宽带签约接入平均速率已超过 200Mbit/s，达到全球领先水平。宽带发展联盟的监测

| 信息网络篇

数据显示，2021年第三季度，我国固定宽带用户的体验下载速率较2013年年末提升了15倍。

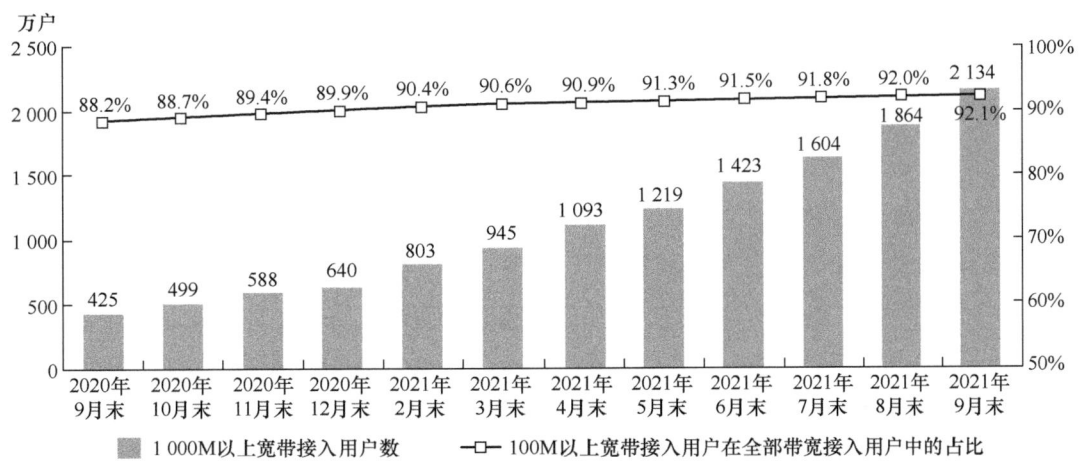

图 4-6 我国高速率宽带接入用户发展情况
（数据来源：工业和信息化部通信行业统计数据）

电信普遍服务持续推进，光纤宽带网络实现行政村全部覆盖。随着我国电信普遍服务工作的持续深入推进，我国广大农村地区光纤宽带网络覆盖率大幅提升。截至2021年第三季度，全国农村宽带用户总数达1.55亿，全国行政村通光纤比例接近100%。2021年年底，全国实现了未通宽带行政村的"动态清零"。

（五）数据中心保持高速发展，CDN 步入新阶段

政策引导数据中心统筹发展，数据中心装机能力延续快速提升势头。2021年5月24日，国家发展和改革委员会、中共中央网络安全和信息化委员会办公室、工业和信息化部、国家能源局四部门联合印发《全国一体化大数据中心协同创新体系算力枢纽实施方案》，统筹布局京津冀、长三角、粤港澳大湾区、成渝、贵州、内蒙古、甘肃、宁夏八大全国一体化算力网络国家枢纽节点，引导数据中心集约化、规模化、绿色化发展，加快实施"东数西算"工程，提升跨区域算力调度水平。CDCC（China Data Center Committee，中国数据中心工作组）统计数据显示，截至2021年10月31日，全国数据中心机柜总量达到415万架，较2020年增长30%左右，全国数据中心上架率达到50.7%，数据中心装机能力保持高速提升。新增机柜中第三方数据中心新增机柜占比为54%，互联网企业新增机柜占比为16%。

CDN加速向边缘计算演进。为应对5G、物联网、AI、AR/VR等新一代信息技术带来的高带宽、高频次、高交互网络需求,传统CDN从静态内容加速升级为动态加速、安全加速,并正向边缘计算演进。依托海量资源,借助CDN云化构建统一资源池,实现资源灵活调度,同时开放计算和网络能力,推动各功能模块微服务化,降低功能之间耦合性,实现快速扩展和交付。主流CDN服务商纷纷布局,深入研究并建设边缘计算服务能力,分布式布局CDN节点,将存储、计算、安全、应用处理能力推向边缘,打造高效的边缘计算平台。中国移动CDN节点数量已超过1 500个,不断升级云化改造CDN节点,助力网络、边缘云和应用融合发展,提升边缘计算能力,应用覆盖教育、政务、智慧园区、智能制造、交通、医疗、文娱等场景。阿里云依托CDN资源进行边缘云节点改造,在全球范围内建设2 800多个边缘云节点,150Tbit/s以上的带宽储备,服务数十万企业用户,构建了大规模地域分散的分布式边缘云节点。

(六)全球带宽、流量保持较快增长,我国国际网络布局平稳扩展

全球国际互联网带宽增长势头持续高昂,流量增幅放缓,但仍高于疫情前水平。2021年,全球互联网应用需求持续高速增长,驱动国际互联网网络高速建设。2021年,全球国际互联网带宽增幅为176.9Tbit/s,较2020年增幅提高21.8Tbit/s,各大洲国际互联网带宽增幅均保持上升态势,欧洲增幅上升趋势最突出。各大洲2018—2021年国际互联网带宽增幅如图4-7所示。同时,全球国际互联网峰值流量年增幅为73.7Tbit/s,较2020年增幅减少15.1Tbit/s,但依然是2018年、2019年增幅的2倍以上,亚洲、非洲流量增幅保持上升态势。各大洲2018—2021年国际互联网峰值流量增幅如图4-8所示。

值得注意的是,互联网巨头以亚洲和非洲为重点进一步加强海缆资源部署。2021年,Facebook参与投资建设的2Africa海缆项目新增分支2Africa PEARLS,覆盖范围扩展至塞舌尔等国家,2Africa已成为迄今为止全球最长的海缆。

我国稳中求进,扩展国际通信网络布局。2021年,工业和信息化部先后批复多个国际通信网络基础设施,推进网络建设。批复同意新增汕头区域性国际通信业务出入口局,疏导面向东盟、亚太方向的国际业务;批复同意新增樟木国际通信信道出入口

局，开辟中尼方向第二路由；批复同意建设上饶、昆明、长春、合肥、九江、和林格尔 6 条国际互联网数据专用通道，提升当地国际通信性能和服务质量。

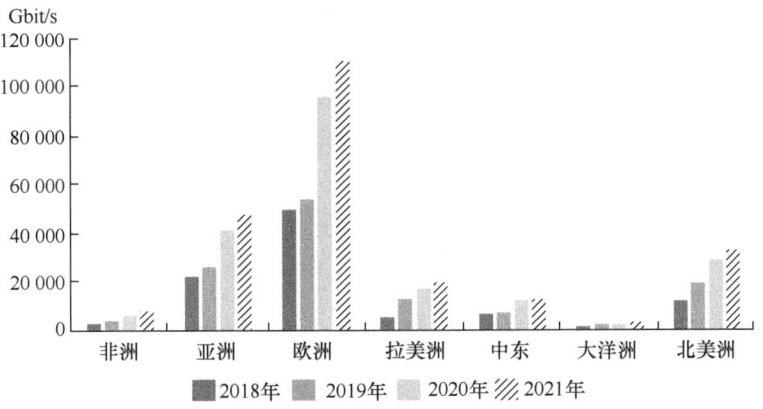

图 4-7　各大洲 2018—2021 年国际互联网带宽增幅
（数据来源：TeleGeography）

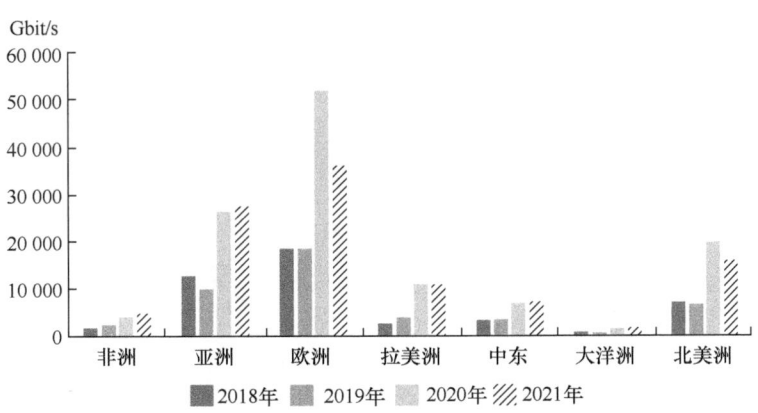

图 4-8　各大洲 2018—2021 年国际互联网峰值流量增幅
（数据来源：TeleGeography）

（七）宽带网络提速成效显著，业务感知提升明显

我国宽带平均下载速率、接入速率大幅提升。美国网速测试统计公司 Ookla 发布的监测数据显示，2021 年 9 月，我国固定宽带平均下载速率为 196.57Mbit/s，同比提高 41.76%，在全球 181 个国家中排名第 15 位，排名同比提升 3 位。中国信息通信研究院监测数据显示，2021 年 9 月，我国固定宽带接入速率达 200Mbit/s，同比提升 7%。我国固定宽带接入速率和平均下载速率如图 4-9 所示。

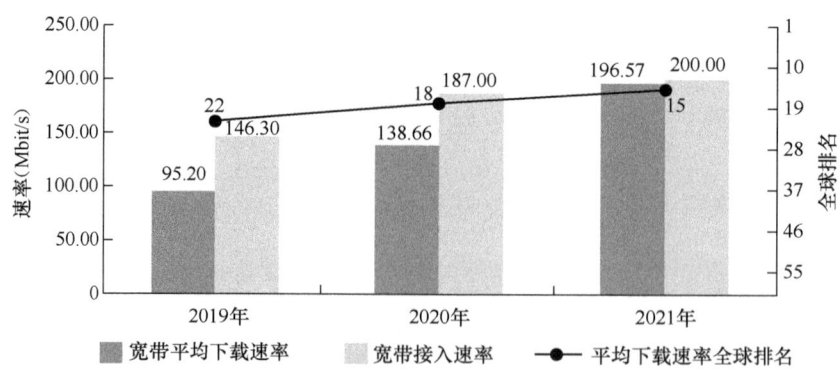

图 4-9 我国固定宽带接入速率和平均下载速率
（数据来源：中国信息通信研究院宽带测速平台，Ookla 网站）

我国固定宽带用户在线视频和重点网站访问性能提升明显。中国信息通信研究院监测数据显示，2021 年 9 月，我国家庭固定宽带用户在线观看视频平均卡顿率为 0.16%，视频平均首次播放时延为 523.22ms，用户在线视频观看体验良好。全国访问量排名前 50 网站的首包时延为 248.05ms，同比优化约 42%，用户网站浏览体验提升明显，如图 4-10 所示。

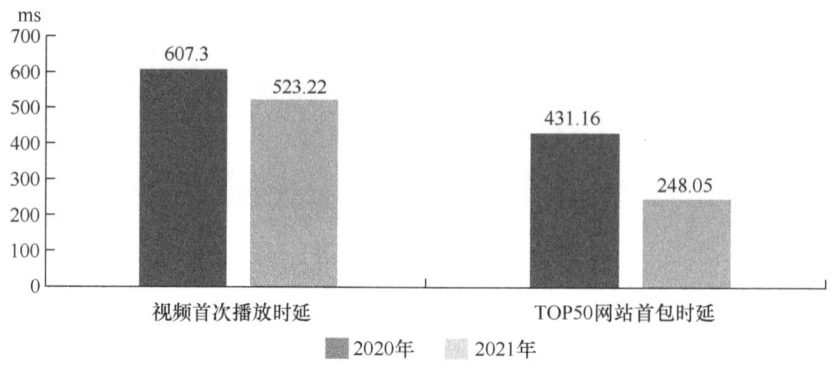

图 4-10 固定宽带用户在线视频和重点网站访问性能
（数据来源：中国信息通信研究院宽带测速平台）

我国骨干网网内时延性能优于国际主流运营商，网内分组丢失率性能趋近国际水平。中国信息通信研究院和国外运营商数据显示，我国 IPv4 骨干网网内平均时延优于 AT&T、Verizon、Sprint、Cogent 和 NTT 等国际运营商的网络性能，分组丢失率性能趋近国际运营商。2019—2022 年我国 IPv4 骨干网网内时延和分组丢失率情况如图 4-11 所示。

我国网间时延性能和分组丢失率性能持续优化。2021 年，基础电信运营商大幅扩容骨干网的网间带宽，不断优化调整路由策略，网间性能持续提升。中国信息通信研究院监测数据显示，2019—2021年，我国IPv4骨干网的网间平均时延和平均分组丢失率均持续降低，网间通信性能明显改善。2019—2021年我国IPv4骨干网网间平均时延和分组丢失率情况如图4-12所示。

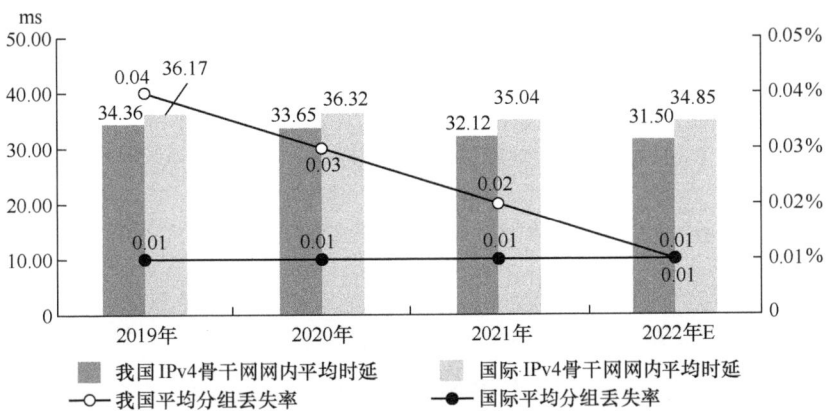

图4-11　2019—2022年我国IPv4骨干网网内平均时延和分组丢失率情况
（数据来源：中国信息通信研究院宽带测速平台，国外运营商网站）

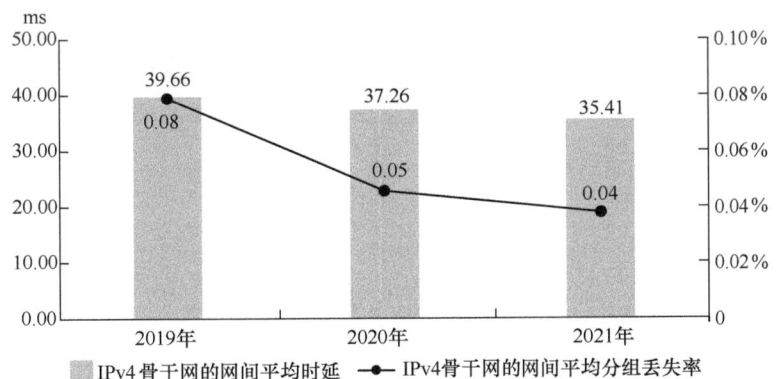

图4-12　2019—2021年我国IPv4骨干网网间平均时延和分组丢失率情况
（数据来源：中国信息通信研究院宽带测速平台）

二、2021年信息网络领域热点分析

（一）多方推动云网加速演进，夯实我国数字经济发展基础

1. 在云计算驱动下，云网呈现快速发展势头

云计算对网络提出弹性、开放、智能的新需求。 随着云计算的发展，传统网络面临难以满足云时代的新需求的挑战，例如，虚拟机自动迁移需求，为确保海量虚拟机在大二层网络中迁移以提高资源利用率，需要保持IP地址不变，并避免广播风暴；网络规模拓展需求，传统网络中交换机MAC（Media Access Control，媒体访问控制）表项受限，约束了主机虚拟化比，同时大量MAC地址和ARP（Address Resolution Protocol，地址解析协议）请求带来了极高的网络负载；用户网络隔离需求，传统网络可采用虚拟局域网（Virtual Local Area Network，VLAN）隔离用户，但其规模上限仅有4 096个，无法满足大规模云数据中心的网络要求；自助网络服务需求，传统网络需要专业网络管理员以命令方式进行配置，且不支持按需购买网络，只能超额购买。为了满足这些新需求，云网需具备弹性、按需、智能、自助、可计量的新特征。

行业内云网加速部署，力度空前。 在运营商方面，中国电信骨干网已全面支持SRv6，城域网正试点部署Spine-Leaf架构，如图4-13所示；中国移动骨干网分为云专网和CMNET（China Mobile Network，中国移动互联网）两个平面，前者基于软件定义网络和段路由实现云网融合，目前已建成全球最大的商用云专网；中国联通骨干网分为产业互联网和169网，前者已全面完成SDN改造，自研云联网平台纳管自有140个数据中心及主流云商。在云服务商方面，国外云服务商侧重于建设云网基础设施和构建云网生态，其中谷歌从硬件到软件全方位投入建设云网基础设施，通过开源方式构建云网生态，亚马逊重视提高全球节点覆盖率，通过与设备商合作来补短板、建生态；国内云服务商重点向全球和边缘两个方向扩展云网，阿里云广泛覆盖亚太地区基础设施与业务，从以云为中心走向连接边缘物联网，腾讯云强调全球化地理区域拓展，海外节点广泛分布，同时重视国内边缘覆盖，目前已部署2 800个边缘节点。

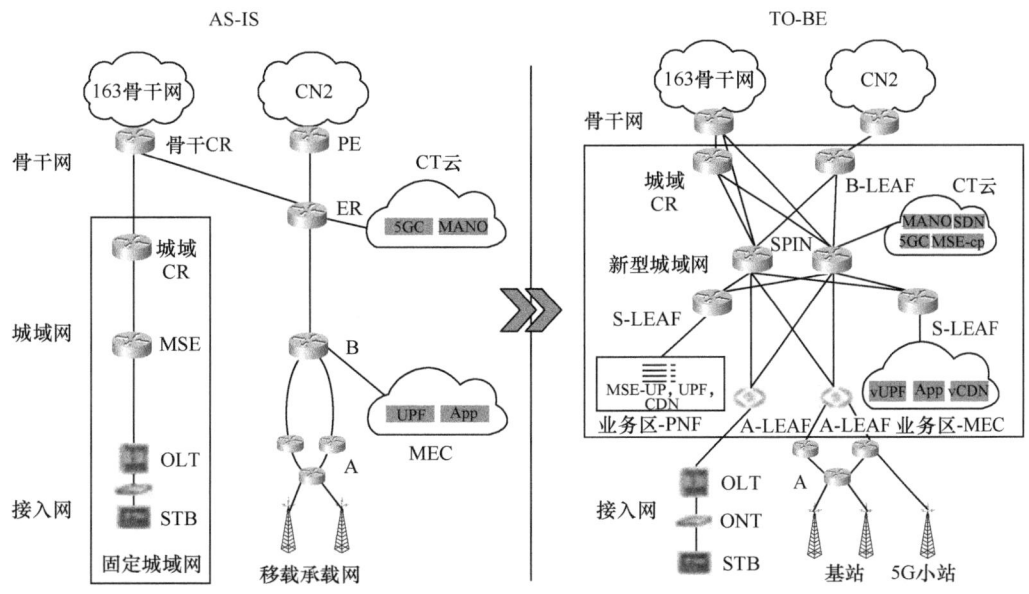

图 4-13　中国电信城域网试点架构

2. 云网本质上是信息技术和通信技术的融合

云网是信息技术和通信技术的融合产物，与传统通信网络相比，具有"三新"特征。

一是云上新的编址体系。 云网的关键理念是利用隧道技术在物理网络上构建虚拟网络。除传统网络地址报文封装外，该编址体系还可以把云上虚拟网络地址封装在传统的 UDP（User Datagram Protocol，用户数据报协议）内部，以便在公网上传输云上内容而不受干扰。云上新的编址体系如图 4-14 所示。

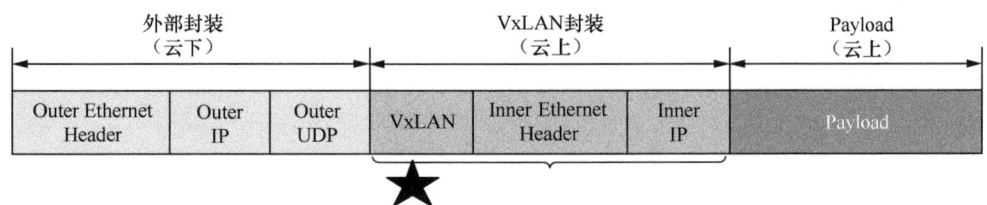

图 4-14　云上新的编址体系

二是云上新的寻址体系。 云上寻址体系本质是云上重现物理网络的运行机制，于它是以虚拟的、软件化的方式实现的，例如，物理网络的传统网络交换机变成虚拟交换机（vSwitch）、传统网络路由器变成虚拟路由器（vRoute）、传统网卡设备变成虚拟网卡等。云上新的寻址体系如图 4-15 所示。

三是云上新的管控体系。 物理网络原先是纯网元组网，被虚拟化后云上变成了控制器和网元组网，云上需要一套新的管控体系，如 SDN 控制器集中管控、网络可编程、容器编排、弹性自助服务等。云上新的管控体系如图 4-16 所示。

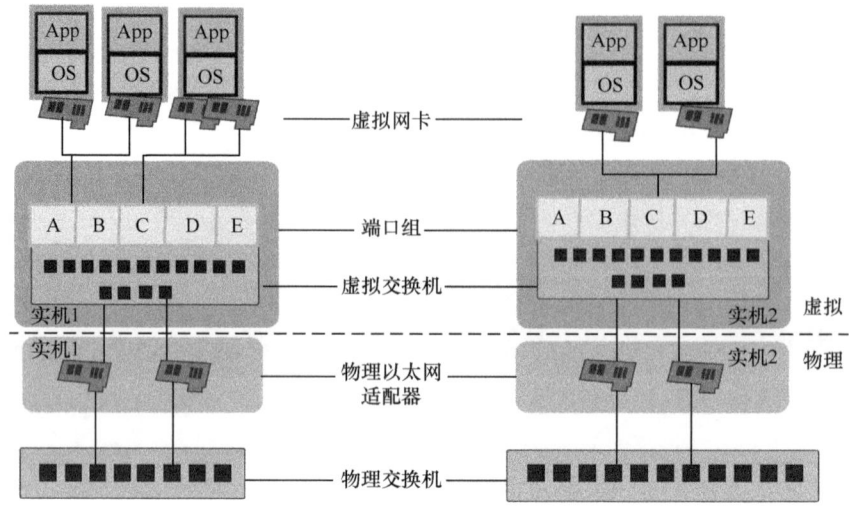

图 4-15 云上新的寻址体系

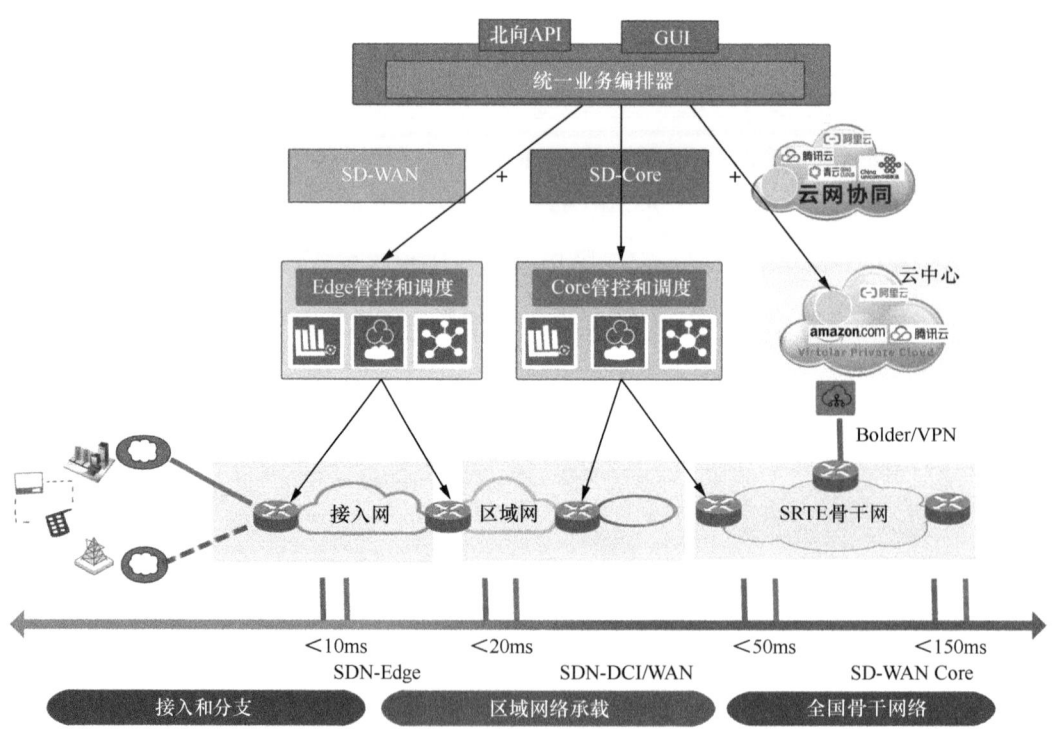

图 4-16 云上新的管控体系

云网本质上是整合信息技术和通信技术，采用虚拟化、信息化技术重构的物理网络。以云网"三新"特征为基础，在物理网上叠加功能完备的虚拟网，实现网络软硬解耦、弹性伸缩，这种方式具有两方面特点：**一是优势明显**，云网资源可实现按需弹性分配与扩容；网络资源开放，以应用编程接口方式面向业务提供功能和资源；业务快速迭代，软件化虚拟方式提供功能的快速开发；租户隔离，物理网元供多租户共用。**二是场景丰富**，针对云内、云间及上云网络，云网体系实现网络控制与自身云管、外围业务系统打通，实现云网资源贯通，其内部重视融合，云商或运营商云网内部资源融合，目标是实现一体化资源供给、一体化运营和一体化服务；多个主体间重视协同，包括多域网络间的协同，如接入网、骨干网、数据中心网、VPC（Virtual Private Cloud，虚拟专用云）网，以及多云平台间的协同，如多云的 VPC、容器间的协同等。

3. 两大阵营采用差异化路径向云网一体化演进

云网发展的最终目标是实现云网一体化，其架构可以抽象为物理网络、虚拟网络、智能管控及上层业务 4 个层次，以实现资源一体、运营一体、服务一体。其中物理网络是指 IP 层及以下的基础网络，包括数据中心网络、广域网络、专线、互联网等；虚拟网络则是构架在物理网络基础上的虚拟转发面，如虚拟路由器（vRoute）、虚拟客户端设备（vCPE）、虚拟交换机（vSwitch）等；智能管控是指基于 SDN 管控系统，实现对虚拟转发面的集中控制；上层业务是最终服务的云业务对象，如弹性计算、存储、数据库、视频服务、人工智能等。电信运营商和云服务商采用差异化路径，最终实现云网一体化。电信运营商和云服务商云网一体化目标如图 4-17 所示。

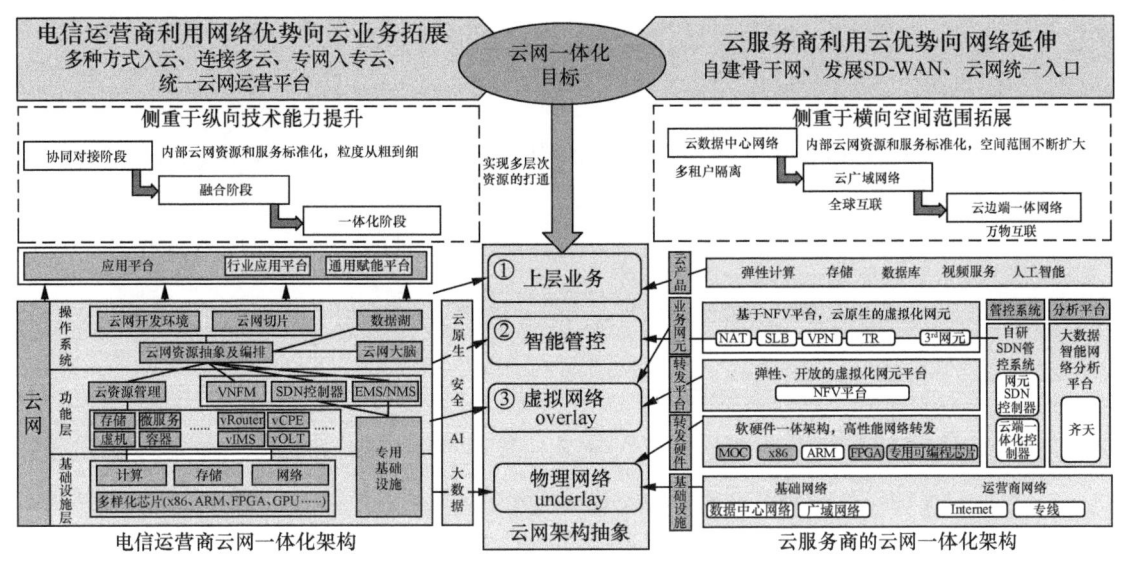

图 4-17 电信运营商和云服务商云网一体化目标

电信运营商侧重于纵向技术能力提升，利用基础网络规模优势向云业务拓展，包括多种方式入云、连接多云、专网入专云、统一云网运营平台等。电信运营商云网一体化路径整体可分为协同对接、融合、一体化 3 个阶段，其实质是电信运营商内部云网资源和服务的标准化，如基础资源、运营管理、业务服务、能力开放，在各阶段，资源、管理、服务和能力打通的颗粒度由粗到细。

云服务商侧重于横向空间范围拓展，利用云优势向网络延伸，包括自建骨干网、发展 SD-WAN、云网统一入口等。云服务商的云网一体化路径整体可分为云数据中心网络、云广域网络及云边端一体网络 3 个发展阶段，内部云网资源和服务不断标准化，空间范围不断扩大。

4. 下一代演进方向是智能、泛在连接

云网用云的技术和理念重构物理网络，突破了云和网之间的刚性边界，形成一体化的资源、智能、运营、服务、安全体系，进而为应用提供灵活敏捷的服务支撑。云网一体化是电信运营商和云服务商云网发展的共同目标，下一阶段的演进方向是智能、泛在连接：**一是**云网服务智能化、一体化，为客户提供一体化云网解决方案，实现电商化业务体验；**二是**云网能够支持用户按需对接多云，实现网络快速开通、带宽自动调整、分层分域网络统一管控，并保证体验一致；**三是**云网提供确定性体验，根据业务需求提供网络切片，按需调优到不同切片，并实现云网业务可视化；**四是**满足加速的云化、边缘化需求，业务位置可灵活调整，由本地数据中心、跨私有云和公有云提供业务；**五是**一体化安全解决方案，形成从网络到业务一体化的安全保障。

（二）千兆光网能力和发展水平全球领先，将进入"建用并举"新阶段

1. 加快推进千兆光网发展，是当前我国网络发展聚焦的热点和工作重点

从固定通信网络的技术发展和演进来看，20 世纪 80 年代，PDH（Plesiochronous Digital Hierarchy，准同步数字系列）仅能支持速率为 64kbit/s 的语音通话；20 世纪 90 年代，基于铜线传输的 ADSL（Asymmetric Digital Subscriber Line，不对称数字用户线）技术可支持速率约为 10Mbit/s 的 Web 网页浏览；2000 年前后，VDSL（Very high-bit-rate Digital Subscriber Line，甚高比特率数字用户线）技术可支持 30～100Mbit/s 的速率传输；2010 年后，以光纤接入为特征的 PON 技术能够实现百兆以上的数据传输，支

持 4K 高清视频等业务；目前，固定通信网络技术已进入千兆光网时代，基于 200Gbit/s 及以上速率的光传送网络通过大容量光交叉交换，利用 10G PON 接入技术，可向单个用户提供固定千兆接入服务，并具备超大带宽、超低时延、可靠等特征。以千兆光网为代表的光纤网络不仅是固定通信网络的连接纽带，同时也是 5G、数据中心、物联网等新型基础设施的"承载底座"，与 5G 网络建设互促、应用优势互补、创新业务互融，共同构成了"双千兆"网络，成为支撑我国社会经济发展、建设新型基础设施的基石，将在拉动有效投资、促进信息消费、赋能千行百业等方面发挥重要作用。

国家高度重视千兆光网的发展，2021 年以来，一系列重要文件和战略规划均将加快推进千兆光网发展列为推进我国宽带网络发展的重点工作。2021 年 3 月 5 日发布的《政府工作报告》提出要"加大 5G 网络和千兆光网建设力度，丰富应用场景"；2021 年 3 月 11 日出台的《中华人民共和国国民经济和社会发展第十四个五年规划和 2035 年远景目标纲要》明确提出，要"推广升级千兆光纤网络"；2021 年 9 月 22 日，国务院常务会议审议通过的"十四五"新型基础设施建设规划提出，要"推动国家骨干网和城域网协同扩容，开展千兆光网提速改造"。可见，加快推进千兆光网和 5G 协同发展是构成制造强国和网络强国建设不可或缺的"两翼"和"双轮"，是当前我国宽带网络发展的重点。

2. 我国多方面开展工作，推动千兆光网快速发展

当前我国千兆光网发展速度位居全球前列，加快推进千兆光网发展，是我国信息网络发展方面全新的探索和挑战。2021 年以来，我国从多方面开展工作，着力推进千兆光网的快速发展。

一是提升网络能力，加强网络承载。加快推进 10G PON 网络部署及全面覆盖，推进 200G/400G 传输骨干网部署，加快推动灵活全光交叉应用，引导 100Gbit/s 及以上超高速光传输系统向城域网下沉，提升骨干传输网络综合承载能力。推动大容量数据中心高速互联的能力，加快推动灵活全光交叉、智能管控等技术发展应用，提升网络调度能力和服务效能。

二是加强技术研发，提升产业水平。加强核心技术研发和标准研制，加大千兆光网国际国内标准化工作力度，形成我国技术核心竞争力。加快关键共性产业短板突破，因为芯片和光模块既是关键产业，又是我国产业发展的短板。加强高速光通信设备芯片、高速光模块与芯片器件的技术攻关，提升制造能力和工艺水平。

三是聚焦业务应用，推进融合创新。丰富业务类型、应用场景和商业模式，助力各地数字经济和信息社会发展。推进行业赋能应用，加快工业 PON、OTN 等协同部署，与边缘计算、网络切片、AI 等技术结合，形成统一高效承载能力。以业务应用创新驱动网络建设升级，形成千兆光网产业良好发展正循环。

四是优化网络结构，提升用户体验。推动多接入边缘计算边缘云建设，加快云边协同、云网融合等新模式、新技术的应用。推进家庭内部布线改造、千兆无线局域网组网优化及引导用户接入终端升级等，提供端到端千兆业务体验。加快用户体验技术监测手段部署，定期发布我国固定宽带、移动宽带网络速率状况。

3. 目前我国千兆光网发展水平已全球领先，网络发展目标超额完成

在国家政策的大力推动下，在通信全行业的共同努力下，我国千兆光网建设和部署正处于明显的"爬坡期"，近两年进入快速发展阶段。2021 年 3 月，工业和信息化部出台了《"双千兆"网络协同发展行动计划（2021—2023 年）》，明确提出了我国千兆光网网络建设的发展目标：到 2021 年年底，千兆光纤网络具备覆盖 2 亿户家庭的能力，10G PON 及以上端口规模超过 500 万个，千兆宽带用户突破 1 000 万户，建成 20 个以上千兆城市，我国千兆光网的发展目标均已提前超额完成。到 2023 年年底，千兆光网将具备覆盖 4 亿户家庭的能力，10G PON 及以上端口规模超过 1 000 万个，千兆宽带用户突破 3 000 万户。在网络部署上，重点推进接入网络的 10G PON 改造，实现千兆光网覆盖，截至 2021 年第三季度，基础电信企业 10G PON 端口规模达到 550 万个，千兆光网已覆盖超过 2.2 亿户家庭，我国千兆光网网络能力全球领先。在用户发展上，截至 2021 年第三季度，我国千兆宽带接入用户数已达到 2 134 万，比 2020 年年末净增 1 494 万户，并持续加速发展。当前我国千兆光网用户规模和发展水平位于全球前列。

（三）数字经济驱动下，国际互联网基础性地位凸显并呈现发展新趋势

全球数字经济加速发展，各国和地区政府及互联网巨头高度关注国际网络能力建设，持续加强区域间网络连通性，国际互联网实现高速发展，成为全球化浪潮的重要基石，其重要性主要体现在以下方面。

国际互联网是提升国家网络空间硬实力的基础。网络空间能力已经成为国家实力

的集中体现。针对基础网络资源、互联网内容、技术标准和产业链的自主力，是网络空间话语权的重要体现，其中海缆、路由、域名等基础网络资源已经成为近期网络空间博弈的焦点。

国际互联网是推动数字产业走向全球的基础。数字产业"走出去"离不开高效畅通的国际网络。国际互联网是引领数字产业发展的根基，通过建立与全球各地区间的高质量连接，为高效安全地存储、共享和处理数据，打造全球数字产业中心提供基础性保障。

国际互联网是赋能千行百业国际化发展的基础。受全球新冠肺炎疫情影响，各国普遍将国家交往、商业活动及民众生活行为由线下转向线上。政治外交、对外商贸、科技合作、文化交流等领域，以及全球规模的在线会议、办公、教育、社交、赛事等活动，对跨国网络基础设施的依赖需求前所未有。国际互联网对维护国家形象、展现国家能力、使能各行业国际化具有重大意义。

当前，国际互联网受到各国政府、互联网巨头高度重视。美国将国际互联网作为其网络空间前沿部署的重要环节，欧盟重视国际互联网建设并提出加强内外部网络连通性。此外，互联网巨头加速推进网络全球化建设，提升国际互联网流量调度的主导权。多重因素共同推动塑造国际网络新架构、产业生态新格局，克服网络安全新挑战。

1. 网络新架构：国际通信海缆大规模更替，国际互联网向太空延伸

作为连接互联网的主动脉，全球国际通信海缆加速建设。凭借容量大、建设运营模式成熟、稳定性高，国际通信海缆成为连通全球的重要基础设施，全球95%以上的国际通信流量由国际通信海缆承载。当前国际通信海缆网络正在大规模更新换代。国际通信海缆的设计使用寿命为20～25年，目前全球40%的国际通信海缆于2000年以前建设，已临近使用寿命。因此近年来国际通信海缆建设提速。如图4-18所示，近5年全球新建国际通信海缆数量创新高，达到104条，远超以往5年同期新建国际通信海缆规模。

特别是发展中国家大力补强国际通信海缆建设，已经成为国际通信海缆建设中的重要力量，如图4-19所示，亚非拉国家参与投资的国际通信海缆数量占比逐年提升，2016—2020年占比已经超过6成，登陆海缆累计数量已高于欧美发达国家，且领先幅

度在持续增强，如图 4-20 所示。

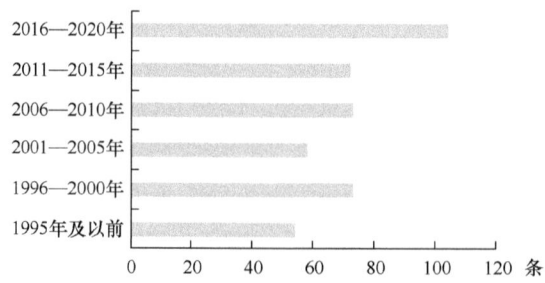

图 4-18　每 5 年全球新建国际通信海缆数量
（数据来源：TeleGeography，中国信息通信研究院整理）

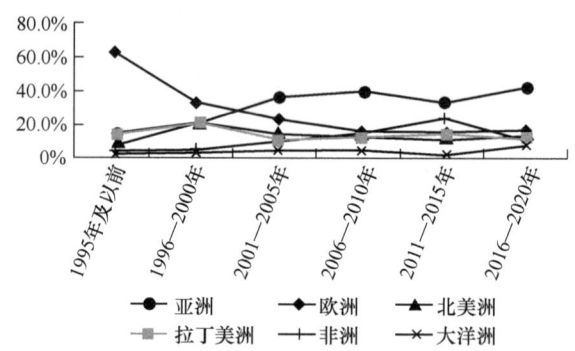

图 4-19　每 5 年各大洲参与投资国际通信海缆数量占比
（数据来源：TeleGeography，中国信息通信研究院整理）

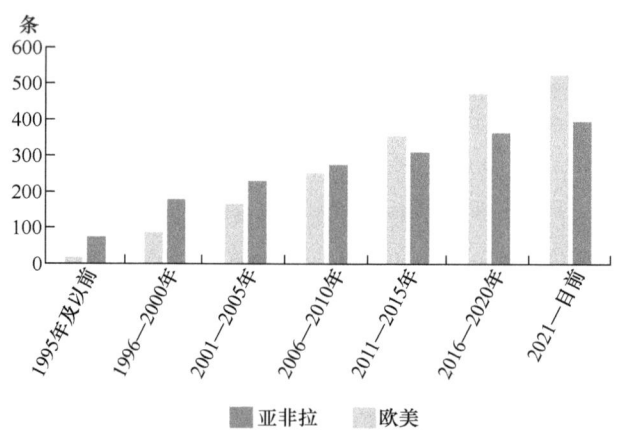

图 4-20　每 5 年发展中国家和发达国家登陆海缆累计数量对比
（数据来源：TeleGeography，中国信息通信研究院整理）

在国际通信海缆建设加速的同时，随着卫星通信技术的快速发展，国际互联网连接体系正在由海陆向外空间拓展。卫星互联网跻身新型基础设施，面向"海陆空"的国际通信新连接体系正在建立。

卫星互联网是卫星通信与互联网结合的新型通信网络，各国予以高度关注，已成为新型互联网基础设施。目前高轨卫星通信系统发展已经相对成熟，业界主要聚焦于低轨卫星星座建设，通过高低轨卫星协同，建立全球卫星互联网，并连通现有海缆、陆缆通信系统，与现有地面通信系统融合，卫星互联网国际互联网通信示意如图 4-21 所示。现阶段卫星互联网定位于填补现有覆盖能力缺口，形成对传统光纤、5G 覆盖能力的补充，主要着眼于光纤无法覆盖的偏远地区，以及海洋、沙漠、极地等特定地区，实现全球的无缝接入，将网络覆盖能力由人口覆盖转向国土覆盖。

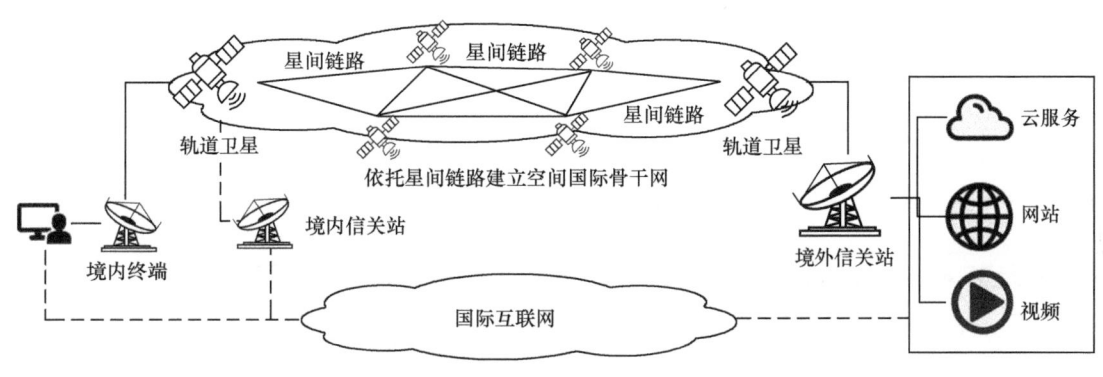

图 4-21　卫星互联网国际互联网通信示意

卫星互联网网络具有跨境覆盖和全球通信的特性，SpaceX、LeoSat、Boeing、O3b 等公司都采用了星间链路技术，通过激光或微波链路建立各自的空间骨干网。卫星通信终端可以通过轨道卫星星座，经历空间骨干网传输或直接通过信关站落地，形成国际互联网通信。

以星链（Starlink）为代表的头部企业已经实现业务落地。星链计划到 2027 年将完成 1.2 万颗卫星部署，后续还将再部署超 3 万颗卫星。相关服务已落地美国、加拿大、英国、德国、波兰、澳大利亚、法国等多个国家，同时在南非、日本及拉美多国提交业务开通申请。根据企业披露信息，目前星链活跃用户数量已近 7 万，2021 年 8 月已覆盖除南极和北极外地球上所有地区，未来 12 个月内用户数量将达到 50 万。

2. 生态新格局：内容服务商掌握网络连接和数据流动主动权

以互联网数据中心为中心，大量内容服务商自建全球骨干网。IDC 是互联网流量的中心，美国、欧洲、亚太区域建设了全球 90% 以上的 IDC，上述地区也成为全球互联网流量中心。IDC 之间的数据流动、内容分发与云服务等本地服务需求带动 IDC 之间互联需求增长。传统 IDC 互联依赖骨干运营商提供互联链路资源，当前内容服务商正在积极自主构建全球骨干网络，通过 SD-WAN（Software Defined Wide Area Network，软件定义广域网）构建自主可控的云广域网，形成全球性的大型虚拟网络。典型代表是谷歌公司建立的 B2/B4 骨干网。

国际 IDC 之间互联离不开国际通信海缆的支撑，国际通信海缆提供信息传输通道、IDC 承担信息存储和处理已经成为当前国际互联网系统发展的主要路线。出于自身发展战略考虑，互联网巨头已经深入国际通信海缆建设领域，成为国际通信海缆的主要的投资者和规划者。谷歌、脸书、亚马逊和微软投资海缆总数量已超过 30 条，集中在跨大西洋、跨太平洋及整个泛东亚地区，推动当地云计算、数据中心业务快速拓展。其中，谷歌自 2008 年第一次参与投资 Unity 海缆以来，已在全球建设 20 条国际通信海缆；脸书累计参与 14 条国际通信海缆建设，其投资的 2Africa 项目总长度已经超过 45 000 千米，是目前规模最大的国际通信海缆工程。

受此影响，内容服务商成为国际互联网带宽主要所有者。如图 4-22 所示，内容服务商国际互联网带宽占比反超骨干运营商，据统计，2011 年内容服务商带宽在国际互联网带宽占比中仅为 10%，到 2017 年首次反超骨干运营商，至今内容服务商带宽在国际互联网带宽中的占比近 2/3，成为国际带宽领跑者。特别是在跨大西洋、跨太平洋和亚洲内部方向，国际互联网巨头通过推动区域内国际通信海缆建设，影响国际互联网流量，上述方向也是其国际互联网流量疏导的主要方向。

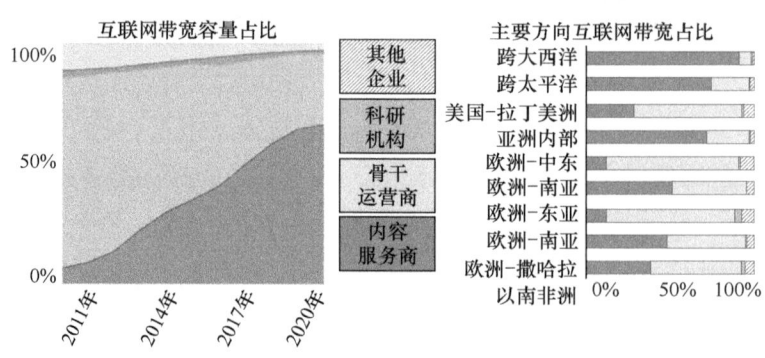

图 4-22　国际互联网带宽占比情况
（数据来源：TeleGeography，中国信息通信研究院整理）

综合来看，互联网巨头积极寻求主动控制流量调度权以建立竞争优势。通过自建全球骨干网使互联网巨头自主控制 IDC 间、IDC 与边缘接入点之间的流量调度，减少对基础骨干运营商的依赖并提升业务访问质量。

3. 安全新挑战：网络集中化弊端显露，需引起相关方持续关注

由"软件定义"带来的集中控制问题暴露出网络基础设施的脆弱性，一旦出现问题将引发全球连锁反应。互联网和应用基础设施巨头企业对流量掌控力不断提升，以软件定义集中控制的方式快速调度流量是通行做法。集中控制带来全局化的流量调度视角，能够实现更优的调度策略，提升网络资源的利用率，但也对软件定义控制器自身鲁棒性提出更高要求，其如果出现问题将导致全网故障，引发关联设施连锁效应。2021年10月，脸书发生了严重的网络中断事故，持续6小时，影响美国、英国等数十个国家超过30亿用户。究其原因是运维过程中向软件定义控制器发布错误指令，导致控制器中断数据中心网络，并进一步引发大量域间路由异常撤销、域名解析服务异常。该事故也反映出当前企业在运维过程中对潜在问题准备不足，操作过程缺乏有效的命令核验机制，应急手段不足。

在"软件定义一切"的当下，企业需要更加重视软件供应链安全问题。2021年，大型内容分发网络服务商阿卡迈、Fastly因自身软件漏洞，均出现大面积网络或业务瘫痪。其中，阿卡迈的软件配置更新触发其边缘域名解析服务错误，导致大量重要的网站和在线服务均无法访问，包括亚马逊、谷歌、微软、Steam、PlayStation Network、Newegg等；Fastly软件更新时引入未知漏洞，在用户正常配置业务时被意外触发，导致CDN缓存系统崩溃引发大规模连锁反应，全球数千家政府、新闻和社交媒体网站无法登录。上述事件均是由更新软件引入未知漏洞导致域名和内容分发基础设施出现意外故障引发的，这类问题事发前不易察觉，事发后难以定位原因。由于全球互联网过半流量通过CDN加速，巨头企业服务全世界85%以上互联网用户，影响遍及全球。

此外，重要网络设施集中掌控所带来的风险已显现。2021年6月，.com/net通用顶级域名管理机构威瑞信修改伊朗36个网站的权威域名注册信息，变相对主权国家网站实施查封，体现了域名解析服务器等重要设施单边管控给国际互联网治理带来挑战。

三、2022 年信息网络领域发展展望

（一）网络云化逐步深入，端到端智能化管控加强

网间架构布局与能力持续优化提升，协同推进产业创新升级。未来一段时期，新型互联网交换中心试点在探索中不断推进。杭州交换中心将持续扩大接入企业范围和数量，网络带宽能力不断提升，SRv6、IPv4/IPv6 互通、云互联等新技术、新业务将逐步展开试验。深圳、中卫、上海等交换中心将推进建设，结合区域特色开展技术、业务和商业模式创新。同时，骨干直联点布局也将持续调整优化。结合地方经济社会发展需求及网络能力提升的需求，我国骨干直联点有望进一步增点扩容，支撑地方经济社会转型升级。此外，网间互联架构有望迎来创新发展。为满足各类产业主体互通需求，互联节点有望逐步下沉，满足各类应用场景，筑牢数字经济网络底座。

网络云化以 5G 网络为突破口逐步向骨干网延伸。一方面，5G 网络将成为网络云化重要突破口。5G 在体系结构和技术标准上为网络功能部件解耦奠定了基础，5G 网络云化将从虚拟化逐步走向容器化，云原生将成为 5G 网络云化的方向。另一方面，骨干网云化将逐步启动。随着骨干网云网协同深入推进，新增网元将利用网络云进行部署，虚拟化功能比重不断提升，并向支持云原生方向演进。骨干网云化部署示意如图 4-23 所示。

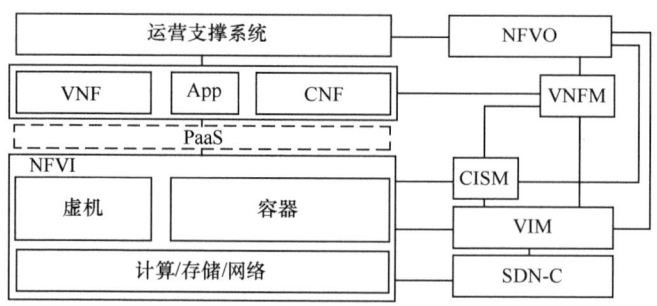

图 4-23 骨干网云化部署示意

网络智能化技术加速部署，实现智能化运营。一方面，网络运营商将应用大数据、人工智能等技术，根据业务需求与网络动态变化进行自适应、自学习，实现对云网统一的资源管理、调度与运营，以达到最优的云网融合运行效能。另一方面，充分利用云网资源数字孪生、云网协同自愈、自适应资源调度、异构云网资源随需配置等技术，构建云网大脑。云网智能化融合技术架构如图 4-24 所示。

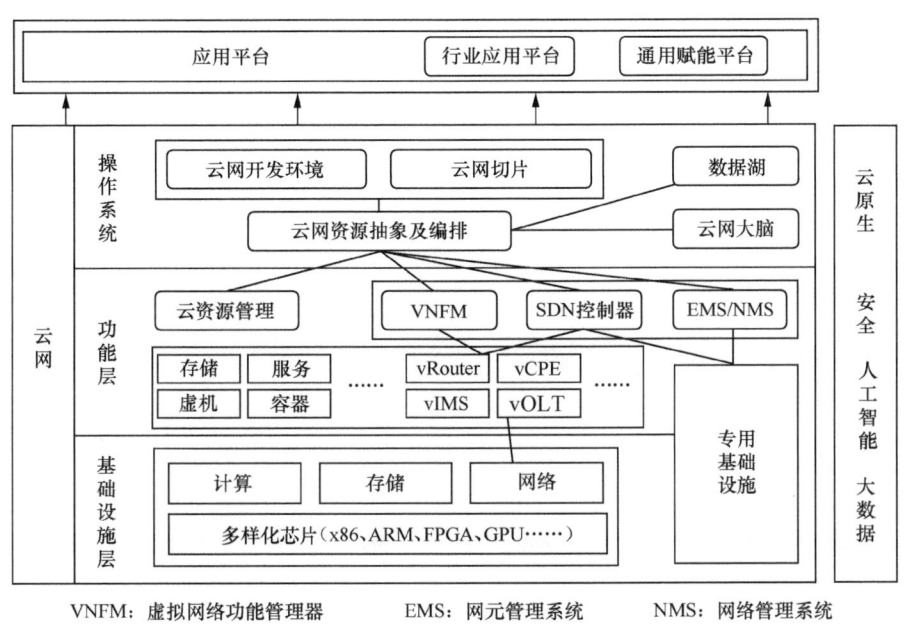

图 4-24　云网智能化融合技术架构

（二）多维技术革新持续演进，协同与智能助力发展

多维扩容提速机制并存优化。在信息化、数字化等发展大潮的驱动下，随着新型基础设施的持续建设和行业数字化转型加速推广，兼顾未来高清全息、元宇宙等潜在超高带宽应用需求，光纤通信网络的传输带宽将持续多维扩容提速。在波段扩展方面，综合考虑技术成熟度、产业发展需求和整体应用成本等，预计 C 波段扩展技术将逐步规模部署，而 C+L 波段扩展及更宽的 S+C+L 波段扩展等需要持续研究，同期 O 波段的大宽带传输潜力亦同步挖掘。在单通路速率提升方面，单通路 400Gbit/s 城域规模部署进一步提速，干线长距也将逐步引入 400Gbit/s 系统，同时启动 800Gbit/s 试验，新型高速传输技术研究的关注点逐步趋向超 800Gbit/s 速率。在复用维度扩展方面，基于多芯复用的海缆通信系统将持续规模部署，而基于少模复用、"模式＋多芯"的复用模式有待持续研究，未来有望取得本质突破。

面向云化需求持续推动协同组网。 随着云网融合、算网融合等技术及应用逐步加速发展，具备超大容量、低时延、低能耗和低成本、以 ROADM 为典型设备节点的全光网络将在骨干网络持续规模部署，同时进一步按需向网络边缘和数据中心内部渗透。面对数据中心流量和多维度云化应用的复杂化承载需求，OTN、SPN 及相应的切片技术、小颗粒传送技术将与众多的云化应用深入融合，进一步提升多层协同组网能力。另外，确定性、小颗粒、低时延等是面向云化应用的传送网的典型优势特性，将持续加速演进，并可能助力探索空芯光纤传输等新型技术。

开放与智能管控能力进一步提升。 受云化应用、成本优化等多种因素驱动，开放光网络技术将在业界争论中有序发展，相关应用模式持续稳步探索，其中面向海缆通信、数据中心互联和城域接入层等场景的开放解耦应用持续部署，而在干线、城域核心等复杂网络层面，受限于物理层信号处理机制、安全故障容限、运维能力等，预计业界将持续审慎评估。另外，在管控深度融合的发展过程中，人工智能（AI）在传送网中的应用逐步增多，基于大数据深度挖掘、数字孪生等技术强化智能化管控水平，逐步提升传送网络运维效率和自智能力的水平。

硅光 + 光电共封装引领光电集成新方向。 考虑到集成度、能耗和成本等关键应用特性，光子集成技术持续发展，硅光集成与 III-V 族集成等将长期并存，其中硅光集成可在一定程度上共享现有硅基集成电路制造工艺，国内外纷纷多渠道布局，业界关注度持续提升。另外，随着交换容量和光接口速率的提升（譬如速率达到 800Gbit/s、1.6Tbit/s 及以上），集成度、能耗和成本对模块和设备形态的制约更为明显。预计基于硅光的 CPO（Co-Packaged Optics，共封装光学）将逐步加速发展，进一步引领光电集成模式的新方向。对不同用途的硅光芯片的发展预测如图 4-25 所示。

（三）端、管、云协同构建智能灵活的固定千兆网

未来在我国宽带接入网络领域，将通过端、管、云协同发展，构建超宽接入能力和差异化业务承载能力，实现业务快速创新。高带宽、低时延和灵活部署三大特性，推动智能、灵活的固定千兆光接入网快速部署，覆盖多种应用场景，加速向千行百业渗透赋能。

在终端方面，千兆光纤接入和 Wi-Fi 6 无线连接可实现真正延伸到终端用户的千兆

接入能力。首先，通过 10G PON 技术上联的千兆智能网关，实现千兆光网接入家庭。然后，在家庭内部，推进 FTTR（Fiber To The Room，光纤到房间）的逐步部署，实现千兆接入延伸到房间。最后，通过 Wi-Fi 6 的无线连接，解决最后几米的接入问题，从而将千兆接入延伸到用户的每一个终端。

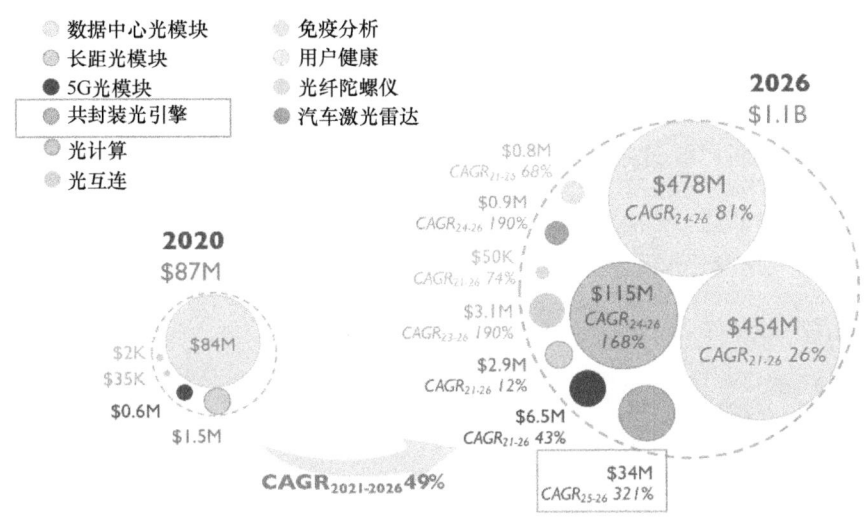

图 4-25　对不同用途的硅光芯片的发展预测
（数据来源：Yole Développement，2021）

在传输管道方面，通过接入网络的带宽升级和网络资源的切片，实现超宽接入能力和差异化业务承载。通过 OTN 向城域网下沉并与接入网协同，为网络接入提供超大带宽的传输管道。当前 10G PON 技术和产业均已成熟，并实现了大规模部署，提供了超宽接入能力，未来，将加快推进 50G PON 技术的研究，实现更高速率、更大容量的宽带接入。在业务承载上，将通过对 OLT（Optical Line Terminal，光线路终端）、ONT（Optical Network Terminal，光网络终端）等设备和接入资源的软硬切片，提供更加灵活和差异化的承载能力。

在云端方面，网络接入设备 OLT 将实现云化集中部署，接入网络的转发平面和控制平面将进一步分离和有效区隔，通过云平台的管理和调度，实现对资源的灵活智能分配。同时，通过 Telemetry（遥测技术）及时获取接入网络运行状况的大数据，并引入人工智能机器学习和处理方法，构建数据模型，实现对接入网络运行的智能化管理和网络故障的快速定位，从而更好地解决复杂网络的运维问题，结合用户实际使用情况和业务资源需求情况，更快速、灵活、智能地提供良好的业务服务体验。

（四）我国将加强顶层规划，优化国际网络布局

互联网巨头持续拓展全球网络，重塑国际互联格局。近年来，谷歌、亚马逊、脸书等互联网巨头积极增加全球对等互联节点、大力拓展国际海缆布局，并自建网络承载大量国际流量。TeleGeography 统计数据显示，互联网巨头部署的国际互联网带宽增幅超过互联网骨干运营商，其国际互联网带宽份额为 66%。这种趋势在跨大西洋和跨太平洋方向最为突出，美国—拉丁美洲方向及亚洲和欧洲范围内也有所体现。随着全球数字经济快速发展，预计互联网企业将继续加大基础网络投资力度，进一步完善全球网络，对等互联节点将由欧美进一步向全球扩展，并将亚非拉国家作为重点，其国际互联网带宽份额将稳步提升。各大洲的内容提供商与其他主体国际互联网流量年复合增长率对比如图 4-26 所示。

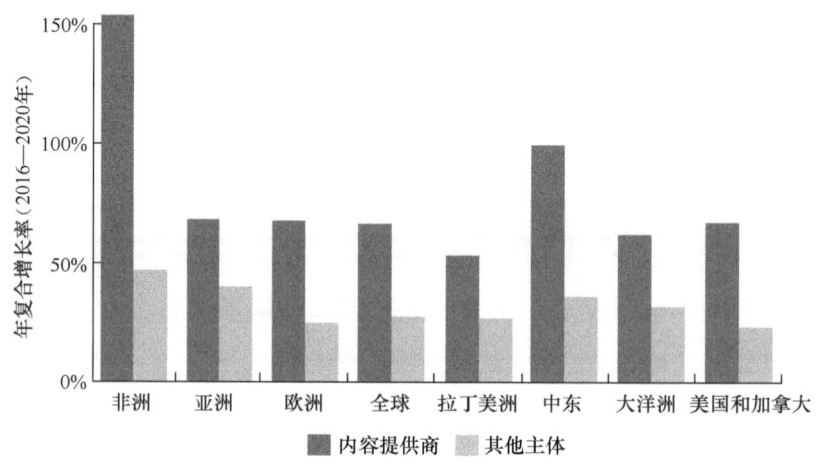

图 4-26 各大洲的内容提供商与其他主体国际互联网流量年复合增长率对比

（数据来源：TeleGeography）

我国将加强顶层规划，统筹推进国际网络整体布局。一是研究出台新时期我国国际通信网络发展规划，明确中长期部署目标和实施路径。二是沿"一带一路"重点布局东南亚和欧洲方向，致力加强全球网络布局。三是推进健全我国国际通信管理法规。四是推进国际通信海缆保护，并注重与海洋产业协调发展，努力提升国际海缆和国际通信安全。

先进计算篇

导 读

2021 年全球先进计算领域面临新的发展态势。发展规模方面，市场全面回暖，半导体呈爆发式增长，以显示、通信、传感和计算为代表的四大支撑产业协同升级、加速融合。技术演进方面，海量数据及多元应用需求加速计算技术向多样算力、泛在集约、智能高效方向演进。产业格局方面，行业巨头加速全能力建设，积极抢占生态主动权。模式创新和生态构建方面，计算固有边界被逐渐破除，跨学科、跨领域融合正在加剧，跨平台应用生态取得实质性进展。

一年以来，先进计算领域涌现三大热点。一是元宇宙引发广泛关注，整体处于早期探索阶段。目前元宇宙吸引科技巨头争相布局，有望成为互联网演进发展中的下一个重点，但是目前元宇宙技术应用仍处于探索期，产业生态尚不完善，发展面临多方面挑战。元宇宙短期将在电子游戏、虚拟现实、区块链领域实现布局，长期有望为生产生活赋能增效。二是芯片短缺现象持续蔓延，全球供应链体系加速重构。目前芯片短缺现象正在向全行业、全产业链持续蔓延，这主要由供给不足、需求爆发及突发事件等因素共同导致。各国试图建立自主供应链，以占据产业发展主导地位，未来 2～3 年随着需求增速稳定、产能大幅提升，缺芯局面将逐步缓解。三是智能汽车产业竞争日趋激烈，核心环节创新变革加剧。2021 年科技巨头加速进场，智能汽车产业竞争愈发激烈，产业生态建设持续推进，计算平台、车载传感和操作系统成为智能汽车的核心，其中，智能座舱、自动驾驶计算平台引领汽车智能化转型，车载传感发展趋向冗余再融合，软件定义汽车正在加速落地。

展望未来，全球先进计算呈现如下发展态势：一是数字化转型驱动市场持续增长，系统整体性能逐渐主导技术演进；二是存储、通信、传感、显示等基础技术产业持续演进，支撑先进计算创新融合、协同发展；三是存算一体、光计算、量子计算等非冯·诺依曼计算逐渐成为新的动能，给AIoT（智能物联网）、智能计算、高性能计算场景带来深远影响。

──────────────────

本篇作者：

黄伟　陈磊　周兰　王骏成　丛瑛瑛　邸绍岩　王昊　黄璜　郑文煜　陈曦
胡可臻　鲁楠　梁林俊

一、2021 年先进计算领域发展综述

（一）发展规模：市场全面回暖，半导体呈爆发式增长

受地缘政治、新冠肺炎疫情和产业数字化等多重要素影响，芯片/元器件产业规模快速扩张，软件、云管端计算设备实现恢复性增长。一是关键组件成本上涨，产业规模增势迅猛。全球缺芯态势持续蔓延，导致关键芯片、存储器等组件价格大幅上涨，市场规模快速扩大。2021 年，全球半导体规模达到 5 508 亿美元，同比增长 25%；存储器规模进一步攀升，同比增幅达到 37%。下游元器件的上涨也带动了上游半导体材料和设备的发展，同比增幅分别达到 16% 和 10%。二是线上经济需求增加，拉动计算机、平板电脑等设备收入规模大幅提升，云管端设备收入恢复疫情之前的水平。计算机和平板电脑市场规模大幅上涨，同比提升 12.7%，智能手机市场规模进一步增长至 4 886 亿美元，同比提高 14%；5G 进入大规模建站阶段，收入增幅同比达到 22.5%，光通信、数据通信增幅分别达到 3.8% 和 4.8%。三是行业数字化、智能化转型升级需求促进算力规模高速发展。2020 年全球算力总规模达到 429EFLOPS（1 个 EFLOPS 等于每秒一百京次的浮点运算），增速达到 39%，其中基础算力规模为 313EFLOPS，智能算力规模为 107EFLOPS，约占总规模的 20%。全球计算相关产业规模如图 5-1 所示。

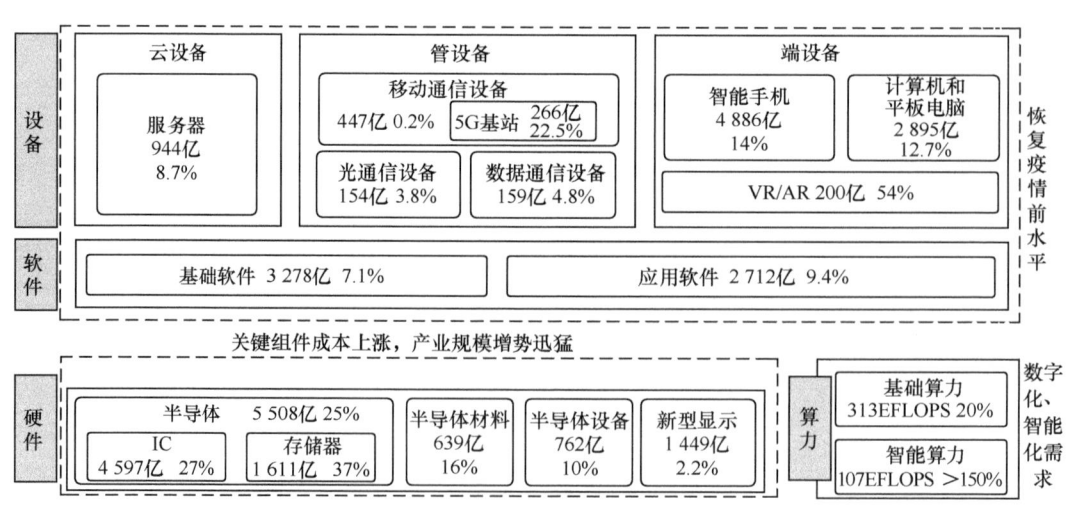

图 5-1 全球计算相关产业规模

（数据来源：Gartner，IC Insights，SEMI，Omdia，Statista，中国信息通信研究院）

（二）大事记：四大支撑产业协同升级、加速融合

以显示、通信、传感和计算为代表的四大支撑产业协同升级、加速融合。

显示方面，OLED（Organic Light Emitting Diode，有机发光二极管）和Micro LED（Micro Light Emitting Diode，微型发光二极管）成为创新重点。一方面，全球先进OLED生产线和Micro LED产品上实现重要突破。JOLED公司投产全球首条印刷OLED生产线，应用于高端显示、医疗显示和汽车显示等领域。三星Display、LGD相继宣布逐步退出LCD（Liquid Crystal Display，液晶显示器）生产线，加快往QLED（Quantum Dot Light Emitting Diodes，量子点发光二极管）、OLED方向转型的步伐。三星Display QD-OLED（量子点有机发光二极管）面板顺利量产，有效解决OLED的烧屏和寿命问题。另一方面，我国显示技术工艺与产品性能不断提升。以京东方、华星光电为代表的国内面板企业先后实现印刷OLED制造工艺、Micro LED巨量转移工艺的重要突破，京东方OLED屏幕首次进入苹果手机供应链，华星光电成为三星Display之外盖世手机OLED屏幕的首家供应商。

通信方面，通信与计算深化融合。一方面，5G加速推动行业数字化转型。5G商用提速的进程超出预期，全球已经部署188个5G网络，5G终端连接数近6.4亿个，5G行业应用蓬勃发展，5G行业数字化项目超过1万个，美国、日本、韩国、中国等国家推进5G在制造、服务、体育、观光等领域应用，3GPP正式将5G演进的名称确定为5G-Advanced，从深度和广度方面提升5G能力，满足行业大规模数字化需求。另一方面，算网融合成为发展趋势，网络的发展让算力更易泛在扩展，让数据更易流动，用户使用更便捷，中国三大电信运营商均提出要加快算网设施建设和服务。

传感方面，传感与AI融合向纵深发展。一方面，AI赋能传感器技术。传感器通过集成AI加速器，实现传感器内运算，将AI算法运行从SoC（System on Chip，单片系统）换到传感器中，SoC无须唤醒，无须运行操作系统，功耗更低，具有个性化、隐私保护、实时反馈等功能。例如索尼发布多款带有传感器内计算功能的智能图像传感器，耗电量降至1/7400。另一方面，传感器技术赋能AI应用。传感器可通过感知场景变化，实现事件驱动型传感，即在检测到相关事件发生时，传感器以高帧率采集数据，而在没有事件发生时，传感器以低帧率采集数据，降低功耗。近期博世推出首款自学习AI传感器，索尼发布堆叠式事件监测视觉传感器，开发动态识别、

自学习等 AI 应用。

计算方面，计算多维度并行发展。摩尔定律持续升级，台积电、三星 5nm 先进工艺量产，3nm 工艺也将于 2022 年进入产业化。存储技术快速演进，美光、三星 3D NAND 堆叠至 176 层，内存向 10nm 工艺极限逼近。系统性能再次提升，日本富岳超级计算机算力达半 E 级水平，排名蝉联全球超算 TOP500 榜首。前沿方向不断突破，清华大学等单位联合研发神威量子模拟器（SWQSIM），该量子模拟器具备目前超算领域最高混合精度浮点计算性能，可为量子计算发展奠定模拟基础。

（三）技术演进：多元化拓展和多要素创新

万物智能、互联时代，海量数据及多元应用需求加速计算技术向多样算力、泛在集约、智能高效方向演进，推进以通用计算为代表的传统计算模式进阶至以多元化创新为特征的先进计算阶段，加速芯片制造、计算硬件、软件平台等多要素、全体系创新变革。具体表现为：算力供给向泛在多样和绿色集约演进，形成云数据中心、智能计算中心、边缘数据中心等多元化算力基础设施；计算类型由单一通用向多样形态转变，从通用化、集中式计算向分布式计算、智能计算、云边端协同等方向拓展；软件平台向跨平台和智能化转型，云原生、跨平台操作系统、人工智能编程框架等新技术、新平台层出不穷；计算硬件向与应用耦合的专用定制方向拓展，通过 CPU（Central Processing Unit，中央处理器）、GPU（Graphics Processing Unit，图形处理器）、DPU（Data Processing Unit，数据处理器）等多类型芯片异构协同实现高能效比、高性价比；芯片制造向深度微型化和立体集成化方向发展，依托围栅器件、2.5D/3D 先进封装等技术延长摩尔定律生命周期。先进计算技术演进趋势如图 5-2 所示。

（四）产业格局：加速全能力建设，抢占生态主导权

行业巨头加速横向多芯片能力拓展和纵向统一软件生态整合，试图重塑生态壁垒和垄断优势。在创新要素和参与企业更加多元化的背景下，对参与竞争企业的能力要求更加全面。目前，英伟达、Intel、AMD 均已形成"CPU+GPU+xPU"多元芯片储备及面向应用的统一异构软件生态方案，试图构建完整的产业闭环，构筑生态壁垒，抢占生态主导权。ARM 基于嵌入式和移动端芯片生态优势，持续向服务器领域渗透，向

x86 垄断市场突围。对于后进入者而言，多元化的硬件体系已成为参与竞争的标准配置，统一的软件平台成为生态竞争的核心点，未来发展是集成软硬件完整计算解决方案的竞争，行业门槛进一步提升，对企业综合实力要求更高、挑战更大。先进计算领域重点企业布局动向如图 5-3 所示。

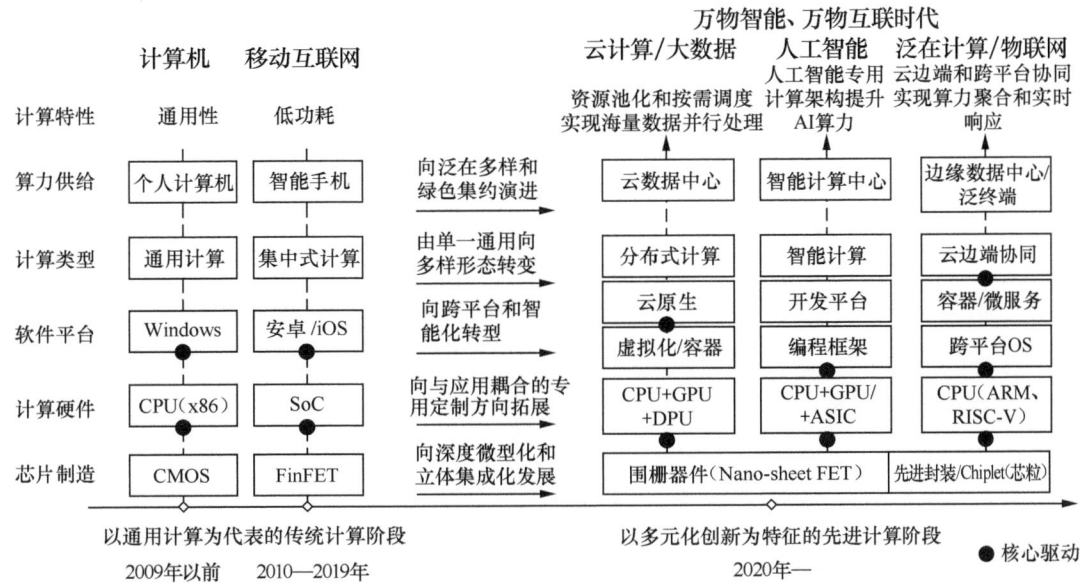

图 5-2　先进计算技术演进趋势

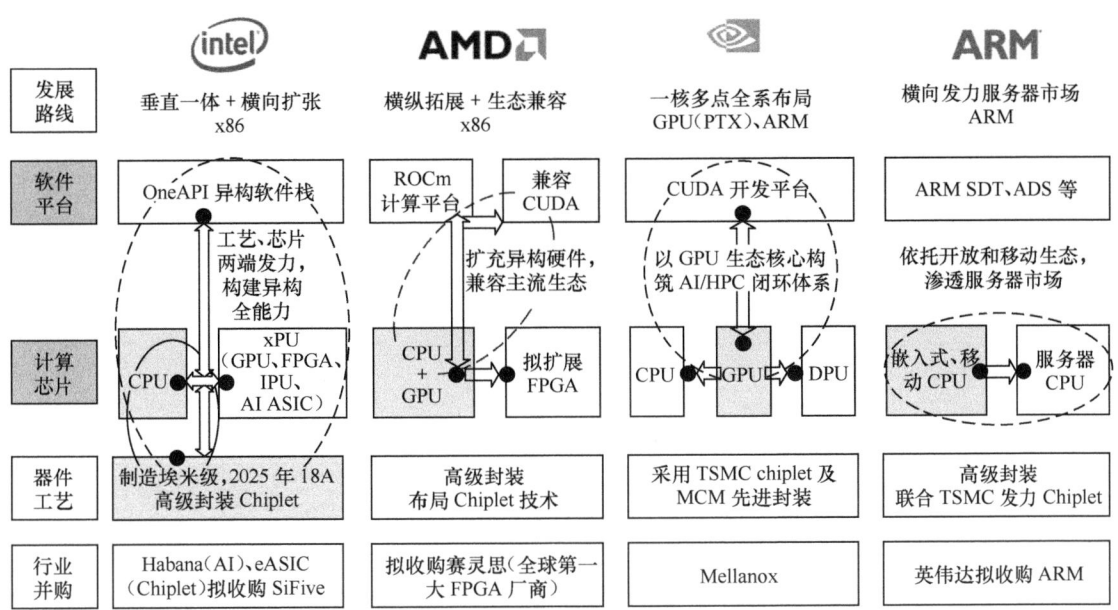

图 5-3　先进计算领域重点企业布局动向

（五）模式创新：由单点创新转向跨界融合

在多元化路径探索过程中，单纯依赖摩尔定律、高主频高并行架构、并行软件等单点技术升级进入瓶颈期，通过打破计算固有层次边界，深化跨学科、跨领域的深度融合，是当前实现先进计算技术创新发展的重要模式之一。从跨学科融合看，计算技术正在与数学、物理、生物等多学科交叉融合，衍生的量子计算、光计算、类脑计算等前沿计算技术正在重塑计算体系。从跨领域融合看，基于Chiplet（芯粒）技术强化设计、制造、封测等多环节协同，实现多芯粒集成，有望进一步提升芯片上的晶体管密度。从多样算力融合看，通过软件与硬件协同、专用与通用芯片互补，实现多样异构算力的协调调度。从IT与CT融合看，存算一体、近存计算等计算架构有望缓解或消除访存瓶颈，提升系统并行度和计算效能；超融合服务器架构通过计算、存储、网络等资源虚拟化部署，实现按需可变、弹性扩展等功能；算力网络通过算力与网络协同，推进分布计算资源全局优化。先进计算创新模式如图5-4所示。

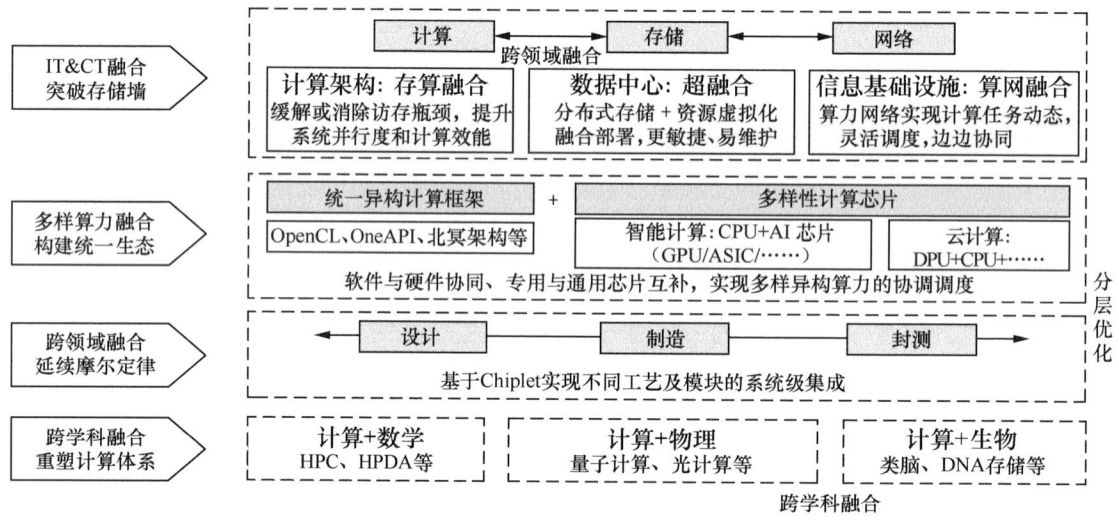

图5-4 先进计算创新模式

（六）生态构建：跨平台应用生态取得实质性进展

企业多通过优化OS内核架构、统一跨平台编译、增强通信能力等方式，持续拓展开放开源深度和跨平台覆盖广度，打造全生态体系。目前完整的IoT网络需要多种类型的操作系统共同实现，物联网终端碎片化的发展趋势促进了操作系统的跨平台"多屏协同",推进了以操作系统为核心的万物互联生态。鸿蒙操作系统使用微内核架构,打破了手机、计算机、平板电脑、电视、汽车和智能穿戴设备生态壁垒,同时对进程间通信进行了高度优化,相比 QNX、Fuchsia 等微内核操作系统效率提升了 3～5 倍。鸿蒙通过开源模式推动生态进展,Hermony OS 2.0 版本上线半年时间搭载量已超过 2.1 亿台。谷歌 Fuchsia 操作系统采用 Zircon 微内核,使用 Flutter 框架和 Dart 语言开发,在系统架构上采用模块化和层级化的方式来弥补 Android 的设计缺陷,更贴近终端需求,旨在物联网领域复制安卓生态,2021 年已正式在消费类设备上推出。苹果推出 M1 芯片,在硬件层面打通了 Mac、iPad 等设备,并在最新版桌面端操作系统 macOS Monterey 中加入通用控制功能,将实现 Mac 与 iPhone、iPad 等设备之间跨屏交互操作。微软 Windows 11 操作系统借助英特尔运行时后期编译器 Bridge 实现了移动应用在基于 x86 的设备上以"原生应用"形态运行,全面支持用户在 Windows 11 平台上直接运行 Android 应用,打通了计算机与移动设备之间的生态隔阂。

二、2021 年先进计算领域热点分析

（一）元宇宙引发广泛关注，整体处于早期探索阶段

1. 概念兴起：科技巨头争相布局元宇宙，存在概念虚火与产业泡沫风险

元宇宙成为 2021 年全球 ICT 产业热点议题。元宇宙起源于科幻文学作品《雪崩》里对下一代互联网的畅想，代表了人以数字化身形式自由参与各类生产生活的数字网络空间，反映出人们沉浸在虚实融合世界中工作和娱乐的美好愿景。2021 年以来，元宇宙概念快速升温，微软、英伟达、腾讯、华为、网易等国内外科技巨头与初创企业积极布局，元宇宙第一股 Roblox 自 2021 年 3 月上市至今市值迅速突破 600 亿美元，社交媒体巨头 Facebook 公司宣布更名为 Meta，并表示未来 5 年力争由传统互联网企业转变为元宇宙企业。

当前市场存在一定概念虚火与泡沫风险。随着元宇宙热度的发酵，市场上出现了元宇宙商标抢注、数字资产及虚拟不动产被热炒等现象。在商标抢注方面，除信息通信产业聚焦元宇宙外，汽车、食品等行业均有相关企业申请数十项元宇宙商标，如"白酒元宇宙""火腿肠元宇宙"等。在数字资产及虚拟不动产方面，以太坊 CryptoPunks 个人头像单枚售价最低约为 10 万美元且曾以 450 万美元的高价售出，Sandbox 等虚拟不动产平台上某一虚拟地块以 430 万美元成交，均存在一定"击鼓传花"风险。全球互联网的元宇宙搜索热度如图 5-5 所示。

2. 发展背景：三大动因助推热潮，四大要素界定内涵

元宇宙的兴起源自大众数字生活需求预期攀升、业界对新一轮互联网浪潮的探究及科技巨头对新兴技术与政府监管的战略布局。在大众数字生活需求方面，相比在移动互联网时代大众隔着计算机、手机上的 2D 屏幕浏览互联网图文内容，人们更期待在未来虚实融合世界中"身临其境"地工作和休闲。在互联网新兴浪潮的探究方面，移动互联网无论是从用户渗透率还是手机出货量来看均呈现增速放缓趋势，业界厂商围绕下一代互联网与新兴智能终端形态积极创新。在应对互联网技术监管的政策方面，

互联网科技巨头在全球各地面临日益增加的反垄断法案压力，布局元宇宙新兴领域有助于品牌重新定位及获取技术战略先发优势。

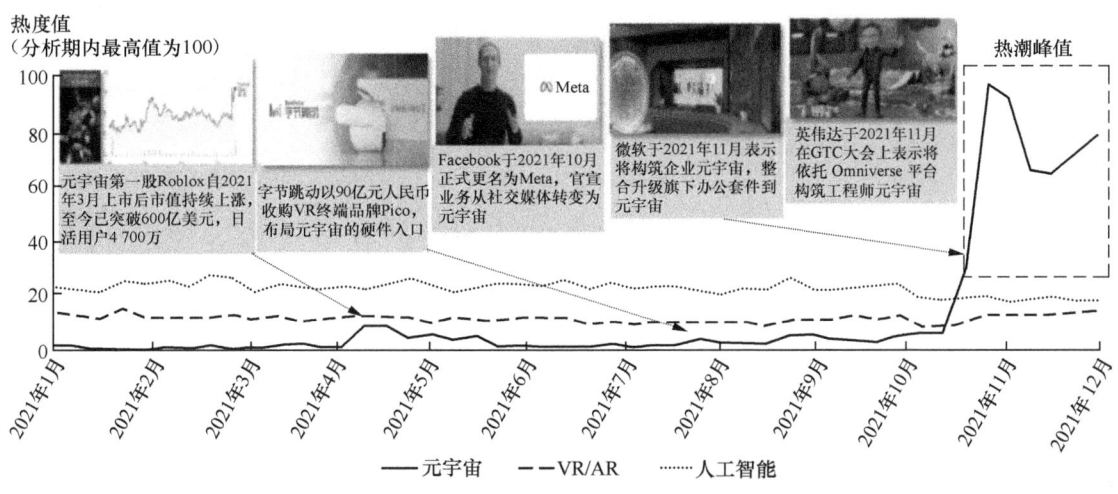

图 5-5 全球互联网的元宇宙搜索热度
（数据来源：Google Trend、互联网）

数字化身、沉浸体验、互联互通与价值系统成为元宇宙四大关键特征。数字化身，即由用户控制、可实时复刻其外貌、行为、神态，且长期存续的个性化 3D 虚拟人像。沉浸体验，用户的数字化身可在网络空间内获得近乎现实世界中身临其境的互动体验。互联互通，可实现跨虚拟场景、跨接入终端、跨业务活动、跨基础设施的无缝联通。价值系统，虚拟物品与场景等数字资产的创造与流通规则去中心化，不再由具备"超级权限"的某一产业主体界定。

3. 发展阶段：当前处于早期探索阶段，发展成熟面临多方面挑战

基于技术成熟度、用户渗透率等方面分析，预计元宇宙距规模化发展还需 5～10 年。元宇宙发展可大致分为起步、成长与繁荣 3 个阶段。在初生起步期，业界概念认知趋于统一，通信网络、算力平台、虚拟交易等数字基础设施与沉浸式智能终端快速发展。在成长培育期，各类应用场景开发商为大众虚拟化身提供娱乐、社交、工作、上学、购物等遍及生产生活领域的诸多服务。在繁荣成熟期，现实生活与数字世界无缝融合，法律监管趋于完备，跨场景互联互通体验趋于流畅。继 2021 年元宇宙发展元年后，预计元宇宙距产业飞速发展至少尚需 5～10 年，在此过程中面临技术、安全、监管、文化等潜在挑战，如接入终端、算力网络、交易机制未完全成熟，全球政府的监管应对措施尚不明朗，相比移动互联网具有更大隐私及安全风险，新背景下的价值

体系、经济制度与文明待形成等。

4. 发展方向：电子游戏、虚拟现实、区块链成为布局重点

根据元宇宙指数基金的企业构成，当前主要参与企业可分为电子游戏、虚拟现实、区块链三大阵营。电子游戏阵营是最早推动元宇宙发展的重要力量，代表企业包括 Roblox、Unity、Epic Games 等。虚拟现实（VR）阵营是当前首要推动力量，旨在布局后移动互联网时代的新型人机交互、智能终端与计算平台，代表企业包括 Facebook（Meta）、英伟达、微软、苹果、高通、华为等。区块链阵营也是元宇宙发展的重要推动力量，聚焦新的商业模式与多方经济价值闭环建设，代表企业包括 Sea、Coinbase、Sandbox、Meta 等。

5. 应用探索：有望为生产生活赋能增效，当前生态尚不健全

元宇宙创新应用将覆盖生产与生活诸多场景，有望延续类似移动互联网 App 的内容繁荣。在社交休闲场景，元宇宙将扩大传统社交网络交互范围，同时增强人际互动的深度与多样性，如 Meta 在 2021 年正式开放元宇宙社交平台 Horizon Worlds。在开放游戏场景，元宇宙赋予游戏创作与体验极大的自由度，使用户不再受传统任务玩法限制，如 EPIC 在《堡垒之夜》游戏中举办虚拟演唱会，吸引了 1 230 万玩家在线体验。在会议、办公场景，元宇宙将解决以往远程办公互动体验受限等问题，增加与会者"临场感"，如微软依托企业数字化办公优势，推出企业办公元宇宙平台 Mesh。在工业仿真场景，元宇宙可提供实时模拟仿真和协作平台，覆盖建筑、工程、影视等传统行业，如英伟达推出工程师元宇宙平台 Omniverse 并与宝马共建虚拟工厂。在全息生活助手场景，元宇宙结合大众在现实世界中的实时位置和周围环境提供新型全息生活助手服务，如华为推出面向大众 AR 平台河图，在敦煌推出游览助手服务，实现 3D 文物复原场景再现等功能。虽然元宇宙应用有望延续移动互联网的内容繁荣，但这个普及过程需花费数十年，当前元宇宙沉浸应用（VR/AR 硬件平台）数量还不到 1 万个，远低于同期移动互联网 300 多万个手机 App 的数量。

（二）芯片短缺现象持续蔓延，全球供应链体系加速重构

1. 缺芯现象：芯片短缺现象正在向全行业、全产业链持续蔓延

一是芯片短缺经历了由汽车行业向移动终端、计算机、工业控制等全行业的扩散

过程。芯片平均交货周期由 2020 年年初的 12 周左右延长至 2021 年年末的 22 周以上，创下 20 年以来的新高。在汽车电子方面，2021 年全球汽车产能有 15% 的订单受到缺芯影响，提车周期普遍从 1～2 周延长至 1～2 个月。在移动终端方面，采用 8 英寸晶圆生产的电源管理芯片、射频器件、驱动芯片、传感器等缺口尤为严重，供货周期从之前的 3 个月延长至 12 个月。二是在产业链层面，缺芯现象由芯片制造环节向封测、材料等产业链上下游蔓延。在芯片制造环节，最为紧缺的是 8 英寸生产线的 65nm 及以上相关成熟工艺代工，涉及产品包括微控制单元（MCU）、射频、电源管理芯片、驱动芯片、摄像头芯片等。与此同时，12 英寸生产线也受 8 英寸生产线长期供应不足的影响而导致一定程度的产能紧缺，全球各代工厂满载率均超过 100%。在上游半导体材料环节，缺芯导致芯片代工厂长期超负荷运转，且严重积压的订单进一步使得掩模版等上游半导体材料供不应求，芯片载板供货周期已经由 1 个月延长至 6 个月左右。在下游芯片封装环节，封装、测试等产业链下游相关环节产能需求同步提升，引线键合等部分封装方式的交货时间由 2～3 个月延长至 10～12 个月。2020 年 1 月至 2021 年 10 月全球芯片平均交货周期如图 5-6 所示。

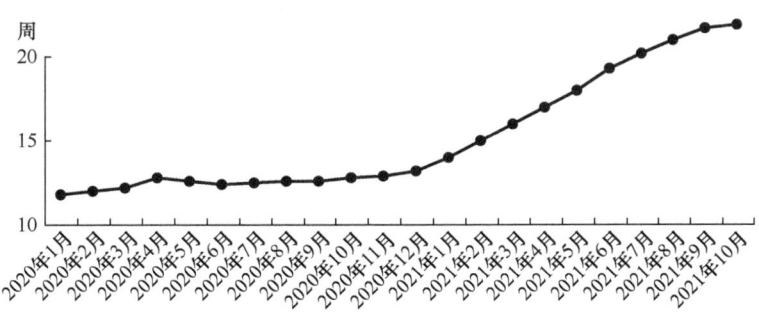

图 5-6　2020 年 1 月至 2021 年 10 月全球芯片平均交货周期

2. 原因分析：供给不足、需求爆发及突发事件共同导致芯片短缺

新冠肺炎疫情的全球蔓延打破芯片原有供需平衡，成为引起全球范围芯片短缺的直接诱因。一是在需求侧，疫情导致芯片整体需求短期爆发。在线办公、在线教育、网络视频等数字化新业态、新模式受疫情影响而快速兴起，工业芯片、存储器、消费电子、手机通信芯片、微控制单元（MCU）、个人计算机等领域芯片需求量增长率均达到 20% 以上。同时，产业链各环节囤货进一步加剧了芯片短缺。台积电数据显示，2021 年 9 月，其库存较 2020 年同期上升了 66%，库存周转天数跃升至 85 天，较 2020 年同期上升 30%。这从侧面说明，制造完成的芯片有部分被厂商囤积，并未用于终端制造。二是在供给侧，成熟工艺供给缺口不断提升。汽车、电源管理、工业控制及

物联网等领域的芯片主要由 8 英寸及以下中低端半导体生产线进行生产。统计数据显示，行业需要 2 000～3 000 台新的或翻新 8 英寸设备来满足 8 英寸晶圆厂的需求，但可用 8 英寸设备不到 500 台。三是疫情蔓延、极端天气等突发事件影响企业正常运转。2020—2021 年各领域芯片需求增长率如图 5-7 所示。

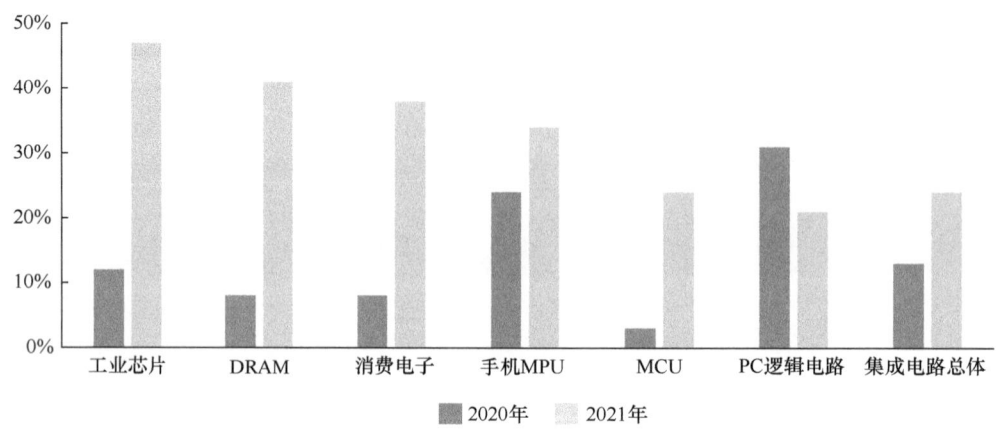

图 5-7　2020—2021 年各领域芯片需求增长率

3. 格局重塑：各国试图建立自主供应链，以占据产业发展主导地位

各半导体强国先后引入台积电等龙头代工企业在本土设厂，以提升自身对芯片供给的控制力。日本以本土建厂为主，台积电将在日本建设芯片工厂，与索尼合作，初期投资 70 亿美元。日本政府提供一半建厂费用，预计在 2022 年启动，2024 年投产，可提供 4.5 万片 / 月 12 英寸晶圆的产能。美光科技将投资 8 000 亿日元在日本建设芯片工厂，用于 DRAM（Dynamic Random Access Memory，动态随机存取存储器）生产，预计在 2024 年投入运营，日本政府将提供部分资金支持。欧盟以建厂和发布鼓励政策为主，晶圆厂建设方面，打造 2 座芯片厂，未来 10 年投资规模达 800 亿欧元，以满足计算机、汽车和各类智能产品源源不绝的芯片需求。政策方面，针对微电子领域"欧洲共同利益重要项目"（IPCEI）降低国家援助和资金的要求，以解决重要领域的市场失灵问题。预计这些措施将触发高达 500 亿欧元的投资。美国则以建厂和强制手段为主，在新建晶圆厂方面，要求台积电赴美建立 5nm 半导体代工厂，整体投入达 120 亿美元，2024 年投产。英特尔在制定 IDM2.0 战略后，投资 200 亿美元，在亚利桑那州新建两座晶圆厂。同时，美国商务部以提高芯片供应链透明度为由，要求台积电、三星、英特尔、格罗方德、美光等半导体公司提交库存量、订单、出货量、产能、良率等商业机密数据。

4. 供需平衡：需求增速稳定、产能大幅提升，缺芯局面将逐步缓解

一是在需求侧，芯片需求在 2020—2021 年已得到充分释放，未来 2～3 年将基本保持稳定，如图 5-8 所示。统计机构预测数据显示，从 2022 年开始，智能手机需求增速将放缓至 5% 以下，计算机需求将出现负增长，芯片整体需求将在未来 2～3 年保持稳定。二是在供给侧，未来 2 年内，随着新建晶圆厂相继实现大规模量产，缺芯局面将逐步得到缓解。2021 年和 2022 年全球开工建设的晶圆厂有 30 余家。从新建晶圆厂到实现量产全程耗时约为 2 年，其中 300mm 晶圆厂将占大多数，预计为 15 个，其余是 100mm、150mm 和 200mm 晶圆厂。预计新建晶圆厂将提供 260 万片/月（8 英寸等效）的产能，带动全球产能提升 13%，有效缓解缺芯问题。

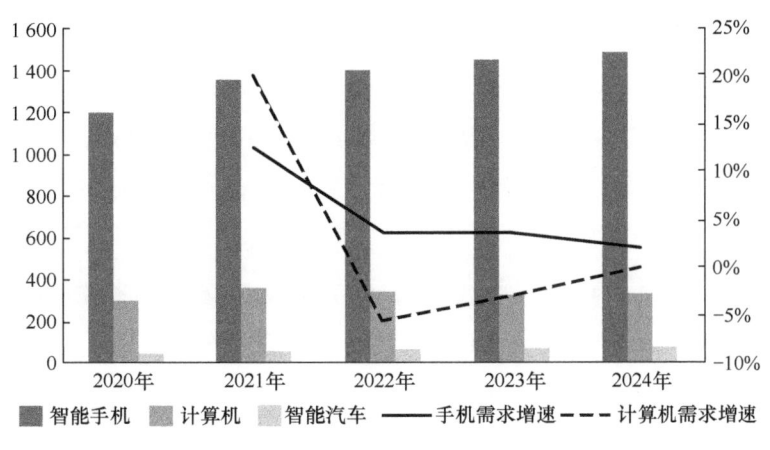

图 5-8　智能终端出货量统计及预测

（三）智能汽车产业竞争日趋激烈，核心环节创新变革加剧

1. 新格局：科技巨头加速进场，智能汽车产业竞争愈发激烈

新造车企业持续涌现并广受资本市场追捧，跃升为全球汽车版图中的重量板块。2021 年 1～11 月全球广义新能源乘用车销量达到 796 万辆，其中插混、纯电动、燃料电池等狭义新能源车全球销量达到 525 万辆，同比增长 124%。受新能源汽车景气度提升的影响，智能电动汽车受到资本市场的热烈追捧，尤其在美股市场，年内迎来了多家电动新造车企业的上市。Rivian 在交付车辆不足千辆的情况下，市值超越戴姆勒、福特、通用等传统车企，甚至一度超过大众汽车跻身前三。Lucid Motors 对标豪华品牌，掌控大部分整车生产流程，市值稳定在全球前十。特斯拉市值首次突破 1 万亿美

元，年内增幅达 52%。在全球车企市值排名 TOP20 企业中，6 家新造车企业合计市值占比超过 50%。

传统车企持续加大智能化投入，积极孵化高端品牌，力图提升产业价值水平，重夺智能汽车话语权。2021 年我国车市逐渐回暖，汽车产销量分别为 2 608.2 万辆和 2 627.5 万辆，分别同比增长 3.4% 和 3.8%，结束了连续 3 年的下降趋势。新能源汽车销量实现快速增长，销售 352.1 万辆，同比增长 1.6 倍，连续 7 年位居全球第一。新造车企业对资本市场和汽车销售市场的冲击，激发传统车企加快电动化、智能化转型布局。"十四五"期间，多家传统车企推出千亿级研发计划，着重发力新能源和智能网联关键技术，一大批高算力、强感知新车型迅速亮相。

科技巨头打破产业边界，投身新一轮造车浪潮，依托智能科技与应用生态定义"第三生活空间"。以蔚来、小鹏、理想为代表的新造车企业在第一轮造车浪潮中脱颖而出，形成引领智能电动车竞争新格局的发展势头。随着公众对智能电动汽车产品认知与接受度的提升，市场发展前景逐渐明晰，2021 年，百度、小米、创维、360 等科技企业先后宣布投身整车制造。其中，百度凭借自身在自动驾驶与车联网领域的先发优势，联合吉利浩瀚架构与整车制造能力，成立集度汽车。小米凭借 AIoT 生态链优势，宣布投资百亿美元入局造车，现已累计投资 62 家汽车产业链企业。华为持续在汽车增量零部件领域发力，推动汽车计算平台、操作系统、激光雷达、V2X、电动系统解决方案落地量产，赋能车企提升智能化水平。从智能化硬件的逐步渗透，到车联应用服务的不断丰富，科技巨头正在将互联网软硬件生态引入汽车，打造新一代的智能移动终端，为用户创造"第三生活空间"。

2. 新生态：产业生态建设持续探索，主要呈现三大路径

以特斯拉为代表的开放垂直一体化生态模式，打造集成整车制造、操作系统、AI 芯片、中间件、核心算法、用户数据等的闭环体系。特斯拉作为全球自动驾驶龙头车企，基于 Linux 内核深度改造 Version 操作系统，支持信息娱乐、交互控制、辅助驾驶、自动驾驶等功能；充分利用 Linux 开源自由、内核紧凑高效等优势，同时避免了生态路径依赖，满足了对汽车性能的要求。此外，特斯拉自主研发自动驾驶功能核心算法、FSD（Full Self-Drive，完全自动驾驶）人工智能芯片，自建数据中心收集用户驾驶数据，不断优化算法软件，自建工厂生产整车及动力电池，已经形成类似苹果公司的闭环开发模式。

以谷歌、Waymo 为代表的互联网开源生态模式，聚焦自动驾驶、智能座舱操作系统平台和应用建设。Alphabet 旗下子公司谷歌、Waymo 坚持走开源路线，分别以车机互联 Android Auto、Android Automotive OS、Waymo Driver 入局智能网联汽车，并开放系统源代码、自动驾驶数据集，意图复制手机安卓生态、抢占自动驾驶发展先机。过去 10 余年间，谷歌凭借安卓开源成为移动互联网时代的霸主。发展初期，谷歌依托开放手机联盟打造免费安卓开源项目，用较短的时间吸引众多软硬件厂商、终端企业和应用开发者共同建立全球范围的生态圈。成长期，谷歌通过商业协议、兼容测试强化对生态的掌控力，先后签订安卓反分裂协议、移动应用分发协议，开展兼容性测试、移动应用测试等黑盒测试。成熟期，谷歌通过灵活调整商业协议确保垄断地位、影响终端市场格局，推出安卓兼容承诺协议，要求所有对安卓原生代码的修订必须经谷歌审核通过，终端厂商必须遵循硬件兼容和软件规范，智能机产品必须通过 API 测试、稳定性测试和性能测试，而协议条款可随时动态调整。目前谷歌、Waymo 组合布局智能座舱、自动驾驶操作系统生态初具雏形，正在全球范围快速扩张势力。

以奔驰、宝马、奥迪、大众为代表的闭源生态模式，当前侧重车载信息娱乐系统及应用服务。传统车企巨头大多自建技术团队基于 QNX 或 Linux 定制开发智能座舱操作系统，打造封闭的自主应用生态，如奔驰、宝马、奥迪、大众分别自研 MBUX、iDrive、MMI、VW.OS 独立操作系统。此外，闭源生态下的强强联合成为传统车企渐进式转型的方式。为加快技术共享、降低研发成本、提升业务规模和运营效率，传统车企积极组建联盟，共同推进前瞻技术研发及生态建设，如通用与本田组建汽车业务联盟，合作领域涉及电子架构、高级驾驶辅助系统、车载信息娱乐、车联网等。

3. 核心环节：计算平台成为转型关键，竞争格局面临重塑

自动驾驶计算芯片和智能座舱主控芯片进入集中爆发阶段，引领汽车智能化转型。架构方面，按照分布式 - 域集中式 - 中央计算式逐渐演化，当前处于分布式向域集中式过渡阶段。短期内，自动驾驶高性能芯片和智能座舱主控芯片将分别演进，高通、英伟达、英特尔、地平线等新进企业和恩智浦、瑞萨等传统大厂按照各自技术路线分别演进。长期看，自动驾驶高性能芯片的成熟，将融合座舱域芯片，向中央计算平台进化。技术方面，座舱、自动驾驶芯片在信息技术渗透程度、附加价值等方面优势明显，全面跃入 7nm 节点。英特尔、英伟达、华为、地平线、特斯拉、高通等主要企业均计划在 2022 年前后推出新一代高性能自动驾驶芯片，单芯片算力普遍达到

100TOPS（1TOPS 代表处理器每秒可进行一万亿次操作），能耗比达到 3TOPS/W。产业方面，芯片企业提供一体式和开放式供应方案，软硬结合形成计算平台，进而进入 Tier1 行列。初期车企多采用一体化方案以降低门槛，长期来看则需形成差异化竞争力。传统 Tier1 厂商不具备芯片设计能力，智能计算解决方案得到车企重视。北汽、上汽、长城、吉利、理想、蔚来、长安等主要国产汽车厂商积极与芯片企业加强合作，计划在新一代车型中采用相关芯片及解决方案。汽车域芯片发展演进路线如图 5-9 所示。

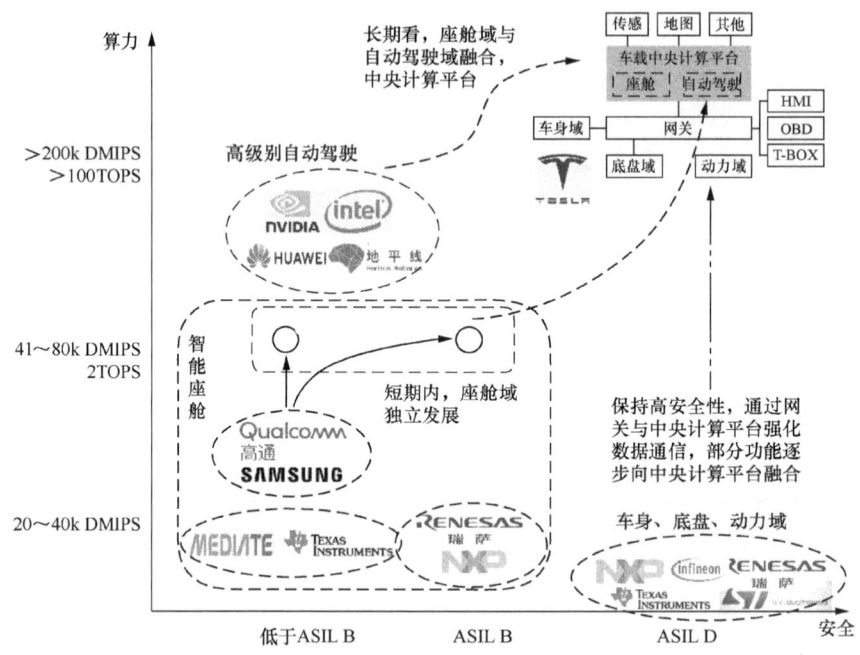

图 5-9　汽车域芯片发展演进路线

4. 核心环节：车载传感融合加剧，自动驾驶安全性不断提高

"强感知"将是 L4 级以上自动驾驶发展方向。从技术和成本在车侧和路侧的分配角度出发，未来自动驾驶的发展演化出 3 条技术路线，分别是以激光雷达和高精地图为代表的"谷歌派"单车智能路线，以视觉感知和影子模式为代表的"特斯拉派"单车智能路线，以及在网联化方面率先发力与突破的车路协同路线。国内车企目前多采用单车多传感器融合的"强感知"路线。随着"新基建"政策落地，5G 网络、大数据、人工智能等技术的逐渐成熟以及智能交通基础设施、智慧能源基础设施的建设力度加大，车路协同将在 10 年内进入实用化阶段。

传感器前融合是未来趋势，车载传感发展趋向冗余再融合。后融合算法下，每个传感器独立处理生成目标数据，再由主处理器进行数据融合；而前融合只有一个感知算法，在原始层融合各种传感器的数据，实现原始数据的同步。相较于后融合，前融合具备低复杂度、低系统时延、信息完整度高等优点，大大提高了感知系统的鲁棒性。多传感器前融合是长期目标，目前还属于智能驾驶发展初期，传感器本身硬件升级还有长足空间。多传感器发展路径会趋向冗余再融合，在传感器搭载数量和性能升级的基础上，逐渐实现多传感器融合。

车企硬件竞赛已开启，自动驾驶安全性和冗余性不断提高，激光雷达将成为 L4 级自动驾驶的标配。主要车企重点车型感知层硬件配置持续推高。以特斯拉 Model 3 为例，配置 7 个前置摄像头、12 个超声波雷达以及 1 个毫米波雷达。其他智能化程度较高的车企，其车型摄像头配置在 10 个以上，超声波雷达普遍配置 8～12 个，毫米波雷达配置 3～5 个的情况居多，另外还有车型领先配置了激光雷达。进入 L4 级自动驾驶后，谷歌 Waymo 四代/五代、Uber ATG、百度 Apollo、通用 Cruise Origin 等自动驾驶车型开始采用激光雷达，并逐渐取消超声波雷达。

5. 核心环节：软件定义汽车时代来临，架构走向 SOA 与车云协同

当前汽车电子电气架构与软件架构协同演进，SOA（Service-Oriented Architecture，面向服务的体系架构）与车云一体化成为中长期发展方向。广泛的电气化和不断增长的车辆智能化导致汽车中电子电气系统的重要性和复杂性显著增加。一辆普通汽车具有大约 1.5 亿行软件代码和 20 000 个网络信号，这给电子电器系统设计和车辆开发控制逻辑带来了巨大的挑战。为促进智能网联汽车的发展，行业逐渐形成由分布式电子电气架构向域集中/中央集中式过渡、由面向信号的软件架构向面向服务的软件架构演进的共识，最终实现车云一体化系统架构。为推动这一趋势的发展，在 Adaptive AUTOSAR 软件框架基础上，中国汽车基础软件生态委员会提出具有中国特色的 AUTOSEMO 软件框架，指导产业界形成标准的软件架构，基于软件定义汽车持续推动车云协同发展。

软硬件分层解耦与接口统一是软件灵活开发的前提。2021 年 10 月，中国汽车工业协会软件定义汽车工作组携 60 多家成员单位定义并正式联合发布业界首版整车级软件定义汽车 API 参考规范——《SDV 服务 API 参考》。通过构建原子服务层和设备抽象层，实现应用、基础平台和硬件的分层解耦，降低智能汽车软硬件开发的复杂度。在设备抽象层，实现设备与端口的解耦，屏蔽硬件功能差异和厂家差异，实现标准化；

在基础平台层，实现基础软件与硬件解耦，屏蔽设备与驱动差异，由基础平台供应商主导；在原子服务层，实现服务与平台解耦，提升软件复用性，实现标准化；在应用/组合服务层，实现应用与服务解耦，应用跨车型复用，聚焦体验，由原厂委托制造（Original Equipment Manufacture，OEM）主导。

基于 Linux 内核的操作系统深度开发成为当前创新重点。车用操作系统主要分为安全车控操作系统、智能驾驶操作系统、智能座舱操作系统三大部分。安全车控操作系统领域，产品格局稳定，面向各电子系统 ECU（Electronic Control Unit，电子控制单元），符合 Classic AUTOSAR、OSEK/VDX 标准的 VxWorks、QNX、OSEKTurbo 及 Linux 为主要应用产品。智能驾驶操作系统领域，QNX 微内核、RT-Linux、VxWorks 为 ADAS（Advanced Driving Assistance System，高级驾驶辅助系统）和自动驾驶域控制器的主要内核形态，是业界研发布局的热点。当前该领域正处于发展初期，中间件、硬件抽象和功能软件是其创新突破的重点。以华为、特斯拉为代表的科技企业致力于基于 Linux 微内核实现车控、智驾和座舱的灵活开发和集成调度，大众、奥迪等传统车企倾向多操作系统协同应用，不断强化自身的软件开发能力。智能座舱操作系统领域，QNX、Linux、Android 占据 80% 以上的市场份额，呈现 App 映射、基于 Android 定制化改造、基于 Linux 内核深度开发三大主流产品路径，集成丰富的中间件和应用软件的二次开发成为业内主要选择。

三、2022 年先进计算领域发展展望

（一）展望 - 规模：数字化转型驱动市场持续增长

新冠肺炎疫情的影响助推企业数字化转型浪潮，将持续带动计算相关领域市场增长。一是算力需求大幅增长，预计 2025 年，全球基础算力规模将提升至 850EFLOPS，年均增速达到 22%，智能算力以超过年均 80% 的高速率持续增长，规模将进一步提升，超过 2 400EFLOPS。二是受数字化需求的持续牵引，半导体行业仍将保持高速增长态势，全球半导体市场规模将超过 8 000 亿美元，未来 5 年年均增速将超过 10%，半导体材料和设备领域也将保持 4% 以上的稳定增长。三是伴随 5G 大规模建网结束，5G 带动效应逐渐趋缓。移动通信设备整体规模达到 354 亿美元，年均增速降低至 -3.5%；5G 基站预期规模达到 295 亿美元，年均增速达到 7%。全球计算相关产业规模展望如图 5-10 所示。

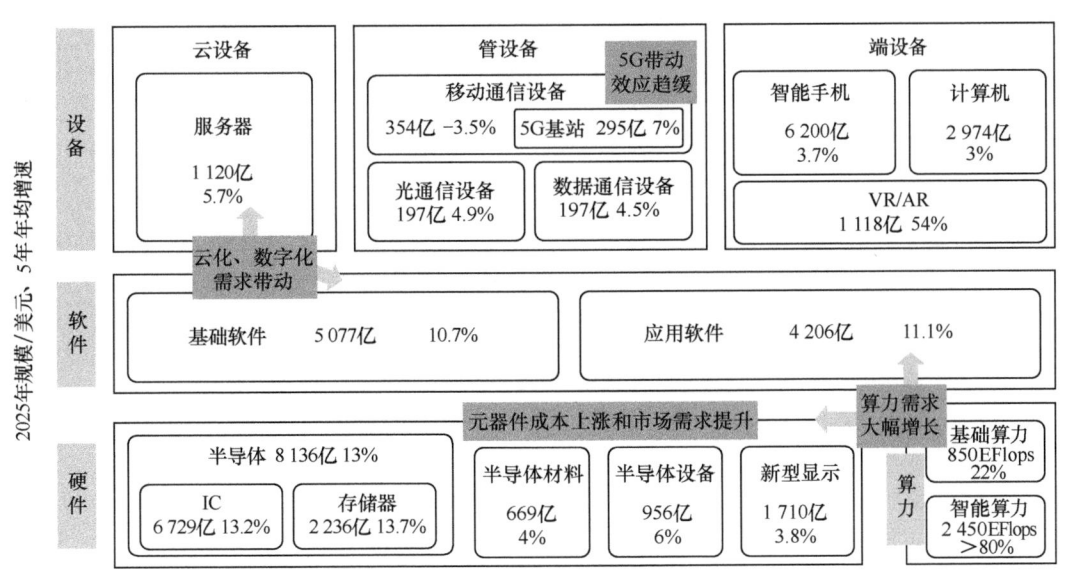

图 5-10　全球计算相关产业规模展望

（数据来源：Gartner，Omdia，IC Insights，中国信息通信研究院）

(二)展望 - 计算:系统性能主导技术演进

单点能力升级遭遇瓶颈,以全体系协同、多路径互补提升系统整体能力,成为主导下一阶段技术演进的主流趋势。从近期看,计算技术创新主要模式是以系统性能为核心,借助专用架构和先进封装等技术持续提升计算效能。计算方面,专用芯片、异构架构和 Chiplet 提供更低成本和更高性能的专用服务;互联方面,异构互联技术发展进入快车道,硅光网络将引发业内关注;存储方面,新型非易失性存储器持续推进产业化进程,存算融合等新型架构成为发展趋势;软件方面,基于软件定义等模式能够提供更加灵活、智能的计算服务。从中期看,通过研发 CFET(Complementary Field Effect Transistor,互补场效应晶体管)、碳纳米管、Ⅲ - V 材料、石墨烯等新器件和新材料,可以进一步提升计算整体性能。从远期看,量子计算、类脑计算等前沿计算体系逐渐成熟,有望解决现有体系难以攻克的问题。未来重点计算技术展望如图 5-11 所示。

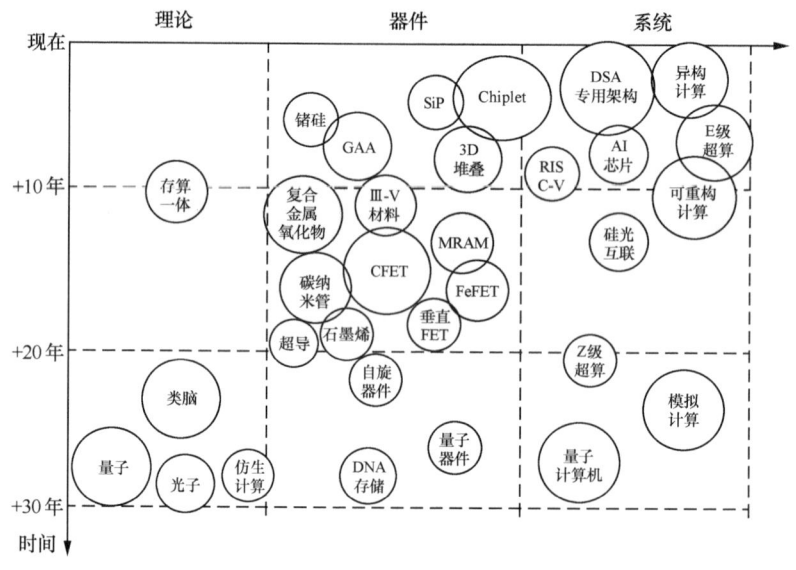

图 5-11　未来重点计算技术展望

(三)展望 - 存算一体:AIoT 应用落地,向通用 AI 芯片演进

存算一体芯片逐渐走向成熟,在 AIoT 领域率先实现应用。存算一体芯片具有低功耗和适用于低精度 AI 的特性,能够作为协处理器应用于智能终端等 AIoT 场景。基于 NOR Flash 的存算一体芯片已进入市场化阶段,国内知存科技存算一体芯片产品已应用在健康监测、极低功耗(毫安级)视觉识别等嵌入式领域中,未来 5 年将快速渗

透到 AIoT 多种场景，实现快速增长。随着高性能忆阻器的不断突破，基于新型 NVM（Non-Volatile Memory，非易失性存储器件）的存算一体芯片将从实验室走向商用，其中，RRAM（Resistive Random Access Memory，阻变存储器）工艺可以与 CMOS（Complementary Metal Oxide Semiconductor，互补金属氧化物半导体器件）兼容，具有高速读出、寿命长、功耗低、可 3D 集成等优点，初具产业化潜力；台积电正开展 STT-MRAM（Spin Transfer Torque-Based Magnetoresistive RAM，自旋转移矩磁性随机存储器）攻关，未来 2～5 年将实现突破。

存算一体芯片将从低功耗协处理器向通用存算一体 AI 芯片演进。存算一体芯片性能、集成工艺、设计工具将在 3～5 年取得进展。器件方面，将从基于 NOR Flash 的存算一体芯片向基于多种非易失存储器件的存算一体芯片演进；工艺方面，将从平面设计向 3D 堆叠开展探索；设计工具方面，将从通用 EDA 向专用工具链发展。随着存算一体芯片设计、制造技术的不断成熟，应用领域将从 AIoT 低功耗场景向高性能 AI 训练领域发展，并逐渐形成相应的算力布局。

（四）展望 - 光计算：专用光计算将在高性能计算场景规模化应用

目前光计算技术总体处于从实验室开发阶段逐步转向产品落地阶段。光计算是以光作为信息传输载体，基于光学单元构建光学系统，通过必要操作实现信息处理或数据运算的新型计算体系。光计算在实现矩阵乘法、卷积运算、傅里叶变换等特定计算过程具有运算效率高且能耗低的优势，在人工智能、信号处理、图像处理等计算领域具有广阔的应用前景。目前光计算企业主要为基于大学研究成果孵化的初创公司，已经有面向服务器 AI 推理计算应用场景的加速板卡等产品进入试用阶段，预计未来 3 年，光计算将会在 AI 云端计算领域落地应用，从中长期来看，随着技术成熟和产业生态丰富，光计算有望向元宇宙、自动驾驶等应用场景渗透。

展望未来，光计算重点发展趋势包括三方面。一是通过硅光技术进一步提升光器件集成度。光计算核心器件向集成化、小型化、轻便化方向发展，当前硅光技术成熟度稳步提升，工艺可与传统 CMOS 工艺兼容，相关器件种类逐渐丰富且集成度不断提高，是光计算技术成熟化的重要支撑。二是硬件支持算法多样化。当前业界展示的光计算系统主要用于算法推理阶段，训练阶段仍需传统计算方式配合，基于光计算的片上训练技术正成为企业、研究机构重点攻克的难题，此外，产业界主要突破方向还包括完善光计算相关软件开发工具、建立完备的计算架构等。三是光计算芯片与CPU等电子芯片协同组成功能更加完备的异构计算架构。为了满足光计算的普适性发展需求和适用更多的计算模式，光计算可作为加速器与图形处理器（GPU）和中央处理器（CPU）等电芯片协同作用，形成"超级计算单元"。

（五）展望-量子计算：NISQ是未来5~10年主要形态

量子计算技术已跨越"量子优越性"发展阈值，迈入NISQ（Noisy Intermediate-Scale Quantum，含噪中型量子）技术发展阶段。谷歌Sycamore量子芯片和中国科学技术大学"九章"光量子计算原型机分别通过随机量子线路采样和量子玻色采样验证量子优越性，标志着量子计算正式迈入NISQ阶段。但目前尚无一种路线完全满足通用量子计算要求。NISQ阶段，量子计算主要有两类潜在应用。第一类是量子模拟，即在药物研究、材料科学、量子化学等领域需通过计算机来模拟量子系统。2020年8月，谷歌在量子计算机上实现了最大规模的化学模拟。第二类是非精确、非全局最优型计算加速，包括量子AI、组合优化等，目前在金融、航空、交通领域探索较为活跃。量子金融方面，AlgoDynamix使用量子退火技术提供用于财务分析的行为预测服务；量子机器学习方面，Google推出TensorFlow Quantum量子机器学习开源框架；量子交通方面，D-wave对交通流向数据进行组合优化求解，解决交通堵塞问题。

量子纠错是突破NISQ系统、实现大规模可容错通用量子计算的重要技术，预计5~10年内取得突破。由于单量子比特保真度不是100%，随着比特数的增加，错误的积累将使得量子计算完全不可用。错误阈值和物理比特数相互制约，需要冗余量子比特组合成逻辑量子比特进行纠错。目前量子纠错码仍处于研究探索阶段，预计至2030年将取得突破。

（六）展望-存储：工艺迭代与路线之争将长期共存

存储器制造工艺将维持快速迭代之势，3D堆叠层数、单元存储密度、结构线宽、存取速率等关键指标将持续提升。各厂商主导的不同制造路线将长期共存，中外厂商之间的竞争将更加激烈。在3D NAND Flash方面，3D堆叠层数将呈指数型增长，当前各厂商先后进入176层结构研发与产业化阶段，预计到2025年，3D NAND Flash存储器堆叠层数将达到256层。与此同时，单元存储密度将呈线性提升，预计到2025年，每单元可存储5bit数据的PLC技术将得以应用。在制造路线方面，东芝、SK海力士、三星及长江存储分别提出P-BICS（Pipe-shaped Bit Cost Scalable）、DC-SF（Dual Control gate with Surrounding Floating gate）、TCAT（Terabit Cell Array Transistor）及Xtacking技术路线，预计未来国内外厂商之间的路线之争将更加激烈。在DRAM方面，存储器及连线结构的线宽将持续缩小，预计到2022年年底，各厂商将先后突破第四代10nm工艺，即1a节点工艺，到2025年，DRAM制造工艺将迈进10nm以下工艺节点，同时存储器的存取速率将呈指数增加，预计到2025年，存取速率可达到12 800次/秒，DDR6标准将得以普及。在制造路线方面，我国的合肥长鑫选择了与三星、美光、海力士等国际主流厂商不同的沟槽式制造路线，绕过了主流厂商的专利壁垒，实现了DRAM的量产与产业化。

（七）展望-通信：算网深度融合推动算力泛在化、算力服务化

"云网边端"协同需求日益旺盛，加速了算网融合发展。随着新一轮科技革命和产业变革的深入发展，算力逐渐成为信息社会的核心生产力，影响数字经济和社会发展，而5G网络为万物互联奠定了坚实可行的基础，云、网、边、端的距离被拉得更近，极大地促进了通信网络与计算能力的结合与应用发展。网络融合互通是基础，通过实现算力、网络、云平台等多方面资源的交互和管理，以网络控制面分发服务节点的算力、存储、算法等资源信息，实现网络和算力可感知、可调用、可使用。算力泛在是核心，通过自动化、智能化调度，协调网络算力资源适配多场景的算力需求，让人们可在任何时间、任何地点无感知地将计算（算力、存储、网络等）需求与云边端多级计算服务能力连接适配，并成为算力的使用者和贡献者。算力服务是未来，通过搭建算力交易平台，打通算力贡献与消耗壁垒，推动形成算力生产、调度、交易、使用全链条可信算力服务，最终实现算力促进技术产业发展和价值提升的目标。

（八）展望-传感：呈现智能网联、微型集成、柔性化、多模态发展趋势

传感器将呈现智能网联、微型集成、柔性化、多模态发展趋势。AI、5G、物联网、自动驾驶等新应用场景的兴起推动智能传感器市场规模快速增长，预计2025年MEMS（Micro Electro Mechanical System，微机电系统）市场将达到180亿美元，复合

增长率约为 7%。智能传感器将从理论（多模态）、材料（柔性化）、器件（集成化）、系统（智能网联）等多维度实现创新，突破后摩尔时代功耗和速度瓶颈，实现人 - 信息 - 物理系统的高效融合。理论层面，传感器的功能不断提升，将实现多种类（如情绪、生物等）传感器的研发和产业化，多模态传感器加速融合。材料层面，加快与生物仿生技术融合，例如柔性仿生的电子皮肤、指纹结构传感器、电子耳膜等，可以实现高灵敏检测。器件层面，异构集成、3D 集成加速应用，涉及电、磁、热、应力多物理，有源 / 无源、数字 / 模拟等多功能协同设计。系统层面，与 AI、5G、物联网技术深度融合，感存算一体技术有望解决数据搬运的"功耗墙"问题。

（九）展望 - 新型显示：多路径并存，Micro LED 拓展新"视界"

LCD 向 QLED、Mini LED 演进，与 OLED 长期并行发展。从产品路线来看，当前，LCD 面板已成为中大屏显示器的主流产品。OLED 面板在智能手机、智能穿戴设备等小屏领域持续渗透，已成为中高端手机的标配，在智能手机市场占比接近 40%。Mini LED 面板芯片尺寸在 50～200μm，亮度、对比度相较 LCD 面板均有所提升，短期内有望延长 LCD 应用生命周期，与 OLED 形成竞争态势，2021 年苹果公司首次将其应用于 iPad Pro。QLED 可在不折减亮度的同时拓宽色域，具有高演色性，达到接近连续光谱的显示效果，可适用于多种面板，三星、TCL、海信等均推出 QLED 的成熟产品。在显示器件形态上，由于超薄玻璃盖板等技术的成熟，柔性化和可折叠成为重要应用趋势，可集成指纹识别、屏下摄像等更多功能，将进一步提升手机等设备的屏占比。

Micro LED 有望成为下一代显示技术。Micro LED 面板具有自发光、高效率、高对比度、高亮度、高可靠及响应速度快等特点，较传统面板在各参数上均有显著提升，成为业界期待的新一代显示技术。在企业布局方面，索尼、三星分别推出 Crystal LED、The Wall 商用 Micro LED 大屏电视，国内京东方、华星光电、康佳等企业正在加快工程样机向商用产品的转化。在市场渗透率方面，Micro LED 高分辨率、低时延、低功耗等特性契合 VR/AR 头戴显示设备，可模块化扩展的特性满足了大型商业数字标牌的需求，预计到 2025 年将在高级头戴显示设备与大型商业数字标牌市场取得 30%～50% 的渗透率。在生产工艺上，Micro LED 多个工艺段需定制开发，尚待攻克巨量转移、微组装、电流驱动控制、全彩化等技术痛点与量产成本瓶颈，将吸引更多企业加速技术卡位与战略布局。

大数据与人工智能篇

导　　读

"十四五"时期是我国战略性新兴产业发展的关键时期，越来越多的高新技术将进入大规模产业化、商业化应用阶段。以"云数智"技术为代表的新一代信息通信技术正在成为驱动产业变革和带动经济社会发展的重要力量。随着人工智能、大数据、云计算、数据中心等技术引擎的不断升级，我国数字化转型进程不断加速，推动了数字经济蓬勃发展。

人工智能是产业发展热点，人工智能大模型规模再创新高，不断拓展 AI 能力边界。训练端，预训练大模型研究热度居高不下，在大参数、大数据、大集群的赋能下不断攀升性能极致；推理端，模型轻量化备受关注，知识蒸馏使能大小模型协同进化。但随着大模型应用范式初显，安全、有效、可持续等瓶颈问题已经成为制约发展的新挑战。

数据要素市场建设不断提速，隐私计算技术成为重要力量。2021 年，隐私计算行业应用多点开花，在金融、电信、互联网、政务等众多领域开始发挥作用。在数据融合需求不断增强、数据保护要求不断提高的大背景下，各级政府密集出台政策鼓励隐私计算的研发和应用。随着隐私计算技术能力的不断突破升级，性能瓶颈、安全合规、互联互通等成为未来发展的重要挑战。

云原生正在成为全面释放数字能力的核心引擎。技术层面，云原生以新布局、新模式、新架构，颠覆传统用云方式，激发高速、高质量的发展活力，已成为不可逆趋势，而其技术自身不断创新演进，不断扩大影响领域，持续为软件、硬件领域创造价值。应用层面，垂直行业云原生应用持续深化，行业用户持续拓展，金融、制造、电信等垂直行业用户占比攀升；行业应用成效凸显，以新制造、新零售、新金融为代表的云原生应用案例层出不穷，收益明显。

算力基础设施筑基数字经济发展基础。面向算力供需矛盾，我国启动实施"东数西算"工程，统筹全国算力基础设施建设，提高跨区域算力调度水平，构建全国算力网络体系。电信企业率先开启算力网络研究，旨在汇聚算力能力，提供泛在服务。算力基础设施创新日趋活跃，已经形成了新架构、新调度、新度量的技术创新新格局。

展望未来，科技治理与技术发展将成为相辅相成的两股发展主旋律。数据要素驱动技术不断创新，分布式云将加速推动计算服务实现全域覆盖，新兴数据基础设施技术发展将持续提速。"技管结合"将加速推动科技风险治理落地进程，尤其是以可信人工智能为代表的治理理念及实施将激发巨大的技术产业创新空间，成为为数字经济健康发展保驾护航的重要力量。

本篇作者：

魏凯　王蕴韬　刘硕　吕艾临　周丹颖　李昂　王少鹏　邱奔　董昊　颜媚　仵姣姣
田稼丰　王阳　曹峰　闫树　马飞　王月　牛晓玲

一、2021 年大数据与人工智能领域发展综述

（一）"云数智"产业规模持续扩大

2021 年，我国人工智能、大数据、云计算、数据中心产业规模继续保持增长态势，产业基数持续扩大。根据中国信息通信研究院的测算，截至 2021 年年底，我国"云数智"产业规模达到 9 318.7 亿元，其中人工智能市场规模预计达到 4 101 亿元，年增速放缓至 23%，大数据市场规模预计达到 687.7 亿元，年增速放缓至 22%，云计算市场规模预计达到 3 030 亿元，年增速放缓至 45%，数据中心市场规模达到 1 500 亿元，年增速放缓至 30%。总体来看，随着"云数智"产业规模基数不断扩大，技术日趋成熟，赋能不断深入，产业经济正从高速发展向高质量发展转型。人工智能、大数据、云计算及数据中心市场规模及增速如图 6-1 所示。

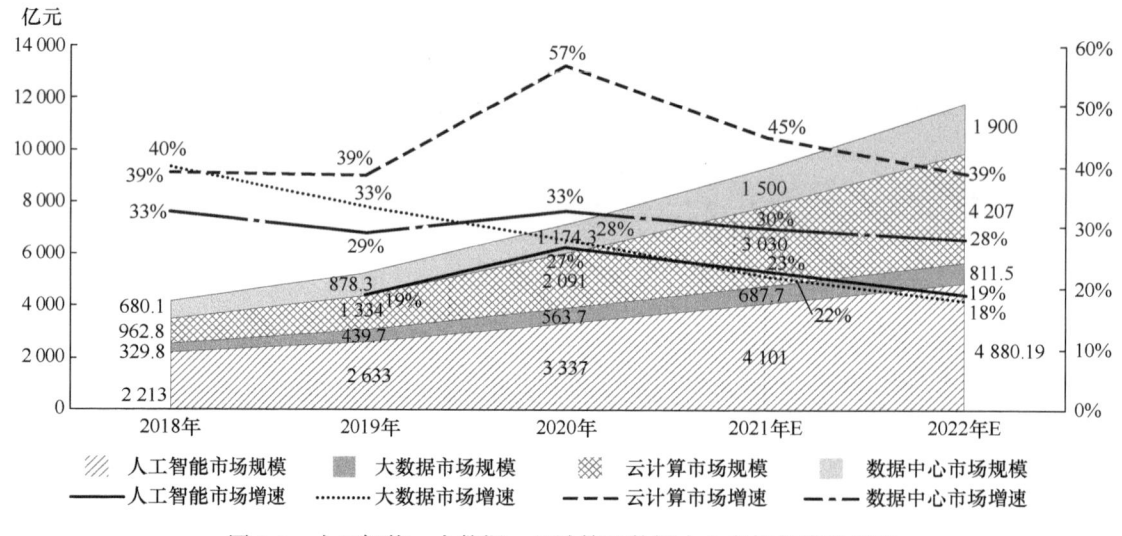

图 6-1　人工智能、大数据、云计算及数据中心市场规模及增速

（二）云计算进入云原生时代，重塑用云新模式

传统云计算发展进入成熟期，已成为数字化时代的重要基础设施。云计算 1.0 以资源为中心，主要解决算力集约化问题，但对于如何合理高效运用云上资源并没有给出标准答案。数字化转型浪潮席卷，云上业务优化转型需求爆发，亟须一个新引擎来

充分发挥云计算效能,指导云上业务走上提质增效的创新路线。

云计算 2.0 以应用为中心,将实现全面云原生化,为云上应用的建设提供切实可行的方法论。如图 6-2 所示,云计算 1.0 到云计算 2.0 的演变主要体现在 6 个方面:一是由于宏观环境与市场竞争需求变化,用云目标从资源优化转变为价值创新;二是全面数字化转型及指数级爆发的终端连接引爆算力供给需求,算力承载从小规模单中心的有限算力转变为全域连接的海量算力;三是云计算红利显现,加速核心系统上云进程,应用类型从简单的外围应用转变为核心业务应用;四是技术架构从传统静态转变为原生动态,满足灵活敏捷、高度自动化的需求;五是部署方式从单一集中转变为混合泛在,从单中心调度转变为全域算力分发,满足高可用、灾备、网络性能等要求;六是由于数据驱动与人工智能理念的普及,业务特性从传统固化转变为用数赋智。

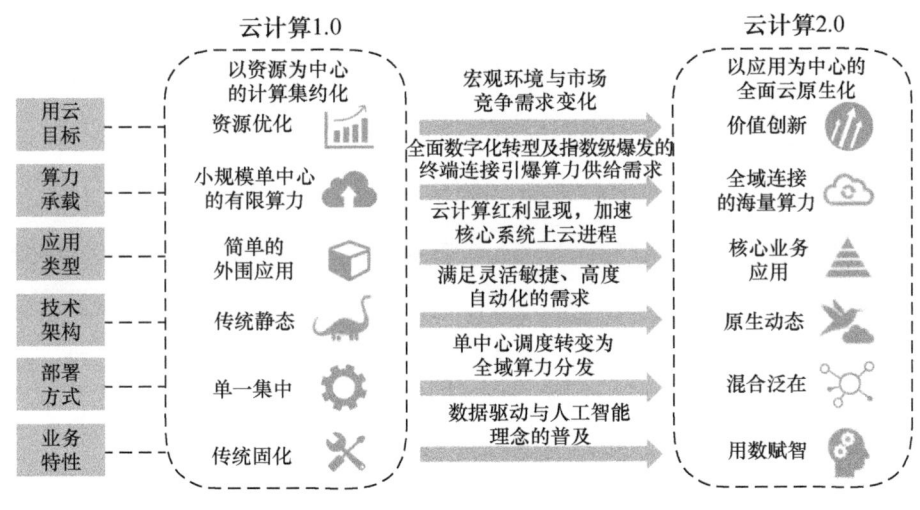

图 6-2 云计算进入云原生时代

从搬运"上云"到"云上"原生,云原生通过重塑基础架构、重塑应用模式、重塑算力连接,为应用提供最优用云路径,驱动云计算迈入新时代。云原生价值日益凸显,在 2021 年实现了从民用到高精尖领域的突破,搭载"天算星座"计算平台的试验卫星在轨稳定运行,云原生边缘计算方案首次在太空得到验证,卫星可在太空同时调用边缘和中心云的资源。

(三)治理新规加速落地,为大数据技术产业指出新方向

2021 年我国数据立法取得突飞猛进的进展,在《中华人民共和国网络安全法》《中

华人民共和国数据安全法》和《中华人民共和国个人信息保护法》的基本框架下，关注热点问题、创新技术的法规快速出台，为技术和产业的发展提出新要求，指引新方向。

1. 新法规：提出数据合规新要求

《中华人民共和国数据安全法》与《中华人民共和国个人信息保护法》的出台直面数字经济时代产业和社会发展的迫切需求，为数据要素市场化发展、数据安全保障和个人权益保护提供了坚实的法律基础。

《中华人民共和国数据安全法》围绕保障数据安全和促进数据开发利用两大核心，从数据安全与发展、数据安全制度、数据安全保护义务、政务数据安全与开放的角度进行了详细的规制。《中华人民共和国个人信息保护法》则立足于数据产业发展和个人信息保护的迫切需求，聚焦于个人信息的利用和保护，建立了一整套个人信息合法处理的规则，进一步完善了我国数据合规领域的法律体系。

针对"数字化卡特尔"，《中华人民共和国反垄断法（修正草案）》明确将具有市场支配地位的经营者利用数据和算法、技术优势及平台规则设置障碍，对其他经营者进行不合理限制的行为定性为滥用市场支配地位，以防止企业在技术优势的加持下，运用数据、用户流量和算法算力为数字经济的健康发展带来隐患。

随着自动化决策技术的飞速发展，算法逐步对产业发展和人民生活产生深远的影响。《互联网信息服务算法推荐管理规定（征求意见稿）》着力于解决算法推荐领域的乱象，建立了由网信部门、行业自律和社会监督相配合的全面监督管理体系，并要求对算法实施建立分类分级制度，对特殊算法推荐服务的提供者实施备案管理和安全评估。表6-1为2021年新出台的数据合规法律法规。

表6-1　2021年新出台的数据合规法律法规

名称	发布主体	发布日期
中华人民共和国数据安全法	全国人大常委会	2021-6-10
中华人民共和国个人信息保护法	全国人大常委会	2021-8-20
工业和信息化领域数据安全管理办法（试行）（征求意见稿）	工业和信息化部	2021-9-30
征信业务管理办法	中国人民银行	2021-9-27

续表

名称	发布主体	发布日期
汽车数据安全管理若干规定（试行）	国家互联网信息办公室、国家发展和改革委员会、工业和信息化部、公安部、交通运输部	2021-8-16
关于加强智能网联汽车生产企业及产品准入管理的意见	工业和信息化部	2021-8-12
关键信息基础设施安全保护条例	国务院	2021-7-30
数据出境安全评估办法（征求意见稿）	国家互联网信息办公室	2021-10-29
中华人民共和国反垄断法（修正草案）	全国人大常委会	2021-10-23
关于审理使用人脸识别技术处理个人信息相关民事案件适用法律若干问题的规定	最高人民法院	2021-7-28
互联网信息服务算法推荐管理规定	国家互联网信息办公室	2021-11-16
深圳经济特区数据条例	深圳市人大常委会	2021-6-29
上海市数据条例	上海市人大常委会	2021-11-25
广东省公共数据管理办法	广东省人民政府	2021-9-22

2. 新方向：安全基础上求发展

随着数据合规立法和数字经济的发展逐渐进入深水区，在确保数据安全的基础上促进数据价值的挖掘成为产业和监管机构的共识。隐私计算技术等数据安全技术应运而生，在各行业、各场景的应用逐渐深入。

隐私计算因其变革数据流通模式，平衡数据的价值挖掘和安全保护而得到广泛关注。中国联通着力探索隐私计算在保险客户评级中的应用，北京国际大数据交易所基于隐私计算打造的IDeX数据交易平台已上线，山东省也将隐私计算应用于政府数据的开放共享中。

此外，涉及总体安全战略、数据全生命周期与基础安全的数据安全技术逐步落地。例如，中原银行开发了基于用户行为的数据安全智能感知平台，广东省中山市政务大数据中心在数据安全管理平台上构建了政务数据安全总体解决方案。

（四）人工智能迈入创新驱动、应用深化、规范发展的新阶段

近10年，得益于深度学习等算法的突破、算力的不断提升及海量数据的持续积累，人工智能才得以真正大范围地从实验室研究走向产业实践。在产业发展与赋能的过程中，大量的实践场景探求从"可用"到"好用"的发展路径，这离不开技术自身的持续迭代、工程实现的不断优化，以及管理体系的支撑保障。此外，随着人工应用暴露出各种风险和挑战，以及人们对人工智能认识不断深入，人工智能治理已经成为全球各界高度关注的议题，对可信安全的呼声日益高涨。未来人工智能除了重视技术创新以外，还更加关注工程实践和可信安全，这也构成了新的"三维"发展坐标，牵引人工智能技术产业迈向新的阶段，如图6-3所示。

技术创新、工程实践、可信安全成为人工智能"三维"发展新坐标

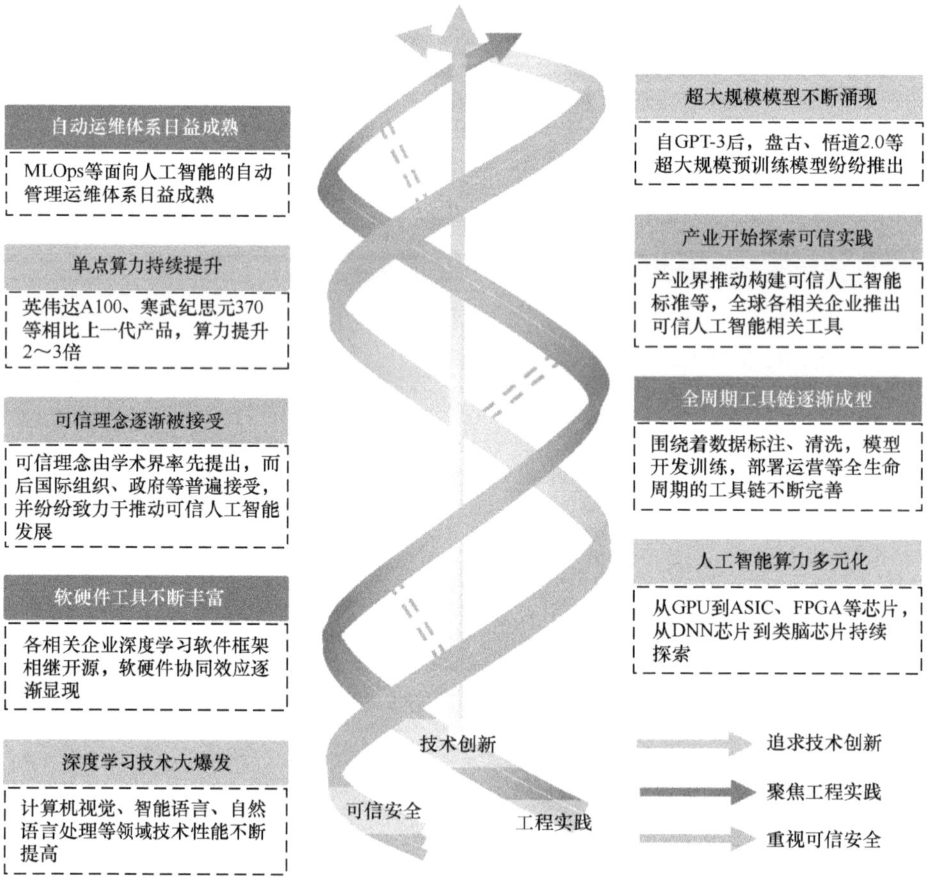

自动运维体系日益成熟
MLOps等面向人工智能的自动管理运维体系日益成熟

单点算力持续提升
英伟达A100、寒武纪思元370等相比上一代产品，算力提升2～3倍

可信理念逐渐被接受
可信理念由学术界率先提出，而后国际组织、政府等普遍接受，并纷纷致力于推动可信人工智能发展

软硬件工具不断丰富
各相关企业深度学习软件框架相继开源，软硬件协同效应逐渐显现

深度学习技术大爆发
计算机视觉、智能语言、自然语言处理等领域技术性能不断提高

超大规模模型不断涌现
自GPT-3后，盘古、悟道2.0等超大规模预训练模型纷纷推出

产业开始探索可信实践
产业界推动构建可信人工智能标准等，全球各相关企业推出可信人工智能相关工具

全周期工具链逐渐成型
围绕着数据标注、清洗，模型开发训练，部署运营等全生命周期的工具链不断完善

人工智能算力多元化
从GPU到ASIC、FPGA等芯片，从DNN芯片到类脑芯片持续探索

技术创新 → 追求技术创新
可信安全 → 聚焦工程实践
工程实践 → 重视可信安全

MLOps: Machine Learning Operations，机器学习操作
GPU: Graphics Processing Unit，图形处理器
ASIC: Application Specific IC，专用集成电路
DNN: Deep Neural Networks，深度神经网络

图6-3 人工智能演进的3个维度示意
（数据来源：中国信息通信研究院）

追求特定场景下的技术创新是人工智能发展的重要目标和驱动力之一。以深度学习为代表的算法爆发拉开了人工智能浪潮的序幕，在计算机视觉、智能语音、自然语言处理等领域广泛应用。人工智能算力的多元化及单点算力的不断提升，有力支撑了人工智能的发展。近期，国内外超大规模预训练模型频繁涌现，不断刷新各个应用领域的榜单。未来，在算法、算力等方面仍将持续变革，为迈向更加智能化的时代奠定基础。

工程实践能力日益成为释放人工智能技术红利的重要支撑。人工智能开发平台正在成为企业 AI 基础设施，百度 BML/EasyDL、阿里云 PAI、腾讯智能钛 TI-ML、华为 ModelArts 等平台持续快速迭代，服务人工智能业务。围绕着数据处理、模型训练、部署运营和安全监测等各环节的工具链不断丰富。人工智能研发管理体系日益完善，以 MLOps 为代表的自动运维技术受到越来越多的关注。随着工程实践能力的不断提升，"小作坊、项目制"的赋能方式正在成为历史，未来将会更加便捷、高效地实现人工智能落地应用和产品交付。

可信安全正在从抽象原则走向产业实践。全球围绕着人工智能治理已形成超过 150 份相关文件，2021 年 9 月我国发布《新一代人工智能伦理规范》，2021 年 11 月联合国教育、科学及文化组织发布《人工智能伦理问题建议书》，引起各界广泛关注。2021 年人工智能治理落地框架不断深化，德国于 2 月发布了《人工智能云服务一致性评价目录》；NIST（National Institute of Standards and Technology，美国国家标准与技术研究院）于 5 月发布《人工智能和用户信任》草案，用于评估 AI 信任度；7 月，中国信息通信研究院等发布国内首本《可信人工智能白皮书》，提出将可信人工智能的理念融入人工智能实际研发管理的全生命周期。

总的来看，人工智能正在迈入**"创新驱动、应用深化、规范发展"**的新阶段。从人工智能自身产业化的角度来看，技术迭代升级是发展的原动力，目前人工智能尚不完善，还在加快探索智能化路径，这将有助于拓展新的发展空间。从人工智能赋能传统产业的角度来看，数字化、智能化转型不断提速，推动了人工智能应用迈入加速轨道，相关应用也在不断深化。从治理角度来看，技术和产业发展要领先于监管和制度，治理问题日益严峻，规范人工智能成为全球共同选择。这里面既有渐进的变化，也有结构性甚至方向性的调整，需要全面、系统地提升各方面能力，从而推动人工智能持续且健康地发展。

（五）算力基础设施呈现三大变化

算力基础设施是承载云计算、大数据、人工智能等数字应用的重要载体，是促进传统生产制造与数字应用深度融合，进而推动全产业链数字化转型升级的数字赋能底座。随着新型基础设施建设的发展、数字化转型的深入推进，我国算力基础设施需求持续扩大，产业迎来发展机遇。当前，我国算力基础设施在算力需求和规模、算力结构及算力布局方面呈现三大变化，具体情况如下。

算力需求场景丰富，算力规模不断扩大。 我国算力基础设施早期主要受互联网发展的驱动，互联网公司对算力设施进行了大力投入。而随着我国数字化进程的不断加快，"上云用数赋智"已经成为各行业企业开展数字化转型，实现生产运营自动化、智能化的基本途径。算力需求逐渐从互联网、通信进一步扩大到民生、科技及工业生产的各个领域。在民生领域，美国IBM Summit、日本富岳及中国天河超算通过高性能算力开展分子建模计算，加速药物研发，对抗新冠肺炎疫情；在科技领域，以5G+AI为代表的无人车应用场景，对边缘算力及AI算力提出了更高的要求，随着我国新能源无人驾驶汽车市场的扩展，边缘算力及AI算力需求将会进一步扩大；在工业生产领域，智能传感终端及5G技术的大量使用为工业机器人的普及与智能工厂的建设建立了基础，对云边端算力提出了更大的需求。如图6-4所示，与算力需求扩大相适应的，我国算力总体规模也在逐年增长，2020年我国算力总体规模达到135EFLOPS，全球占比约31%[1]。

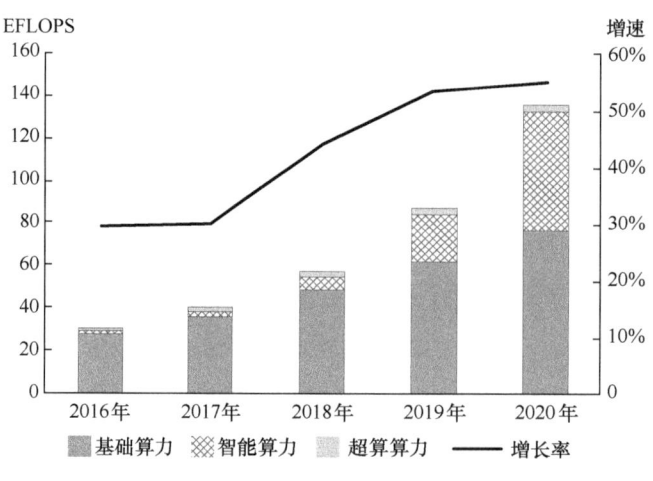

图6-4 我国数据中心算力规模

---

[1] IDC、Gartner、TOP500、HPC TOP100，中国信息通信研究院整理。

算力结构多样化，智能算力进一步增长。不同应用服务，如 Web、云计算、大数据、人工智能及物联网的算力需求有所不同，针对不同应用服务提供不同的算力，能够进一步提高算力服务效率。与应用服务多样化相匹配，我国算力结构也呈现多样化发展趋势，从之前的通用算力占据主导地位逐步发展到基础算力、智能算力及超算算力并行发展的新局面。在算力结构多样化格局中，人工智能应用加速落地对智能算力增长的促进作用更为明显，智能算力占比从 2016 年的 3% 提升至 2020 年的 41%，如图 6-5 所示。

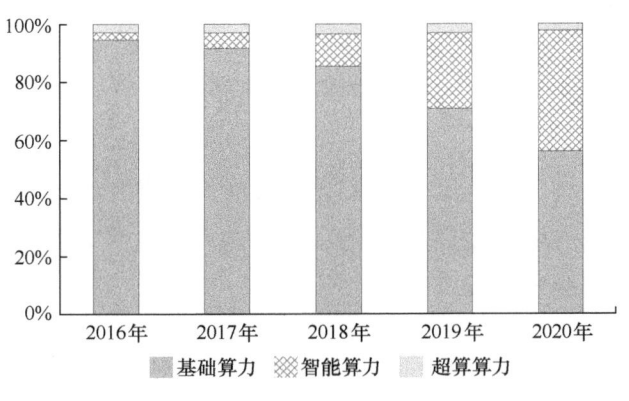

图 6-5 我国数据中心算力结构

算力布局一体化，算力协同效应增强。我国数据中心算力设施的早期发展主要由市场需求引导，北京、上海、广州地区通信基础设施建设完备，算力需求旺盛，为数据中心产业聚集提供了良好的外部环境，这一时期我国数据中心布局以北京、上海、广州聚集及东南沿海地区协同发展为主。近年来，我国政府对数据中心布局进行引导，内蒙古、贵州等资源优势明显的地区得到更多支持。

二、2021 年大数据与人工智能领域热点分析

（一）大模型规模再创新高，拓展 AI 能力边界

1. 内外因素双重驱动，大模型研究热度居高不下

政策引导与社会关注为大模型营造良好的外部发展环境。政策方面，"十四五"规划纲要明确提到了推动互联网、大数据、人工智能等技术同各产业深度融合；要充分发挥海量数据和丰富应用场景优势，促进数字技术与实体经济深度融合，赋能传统产业转型升级。作为人工智能模型算法的源头创新热点，大模型将促进海量数据发挥效能，加速人工智能与行业深度融合。**社会方面**，用大算力、大数据、大参数训练出的大模型为实现通用化、普惠化、标准化的人工智能提供了坚实基础，引领和加速人工智能发展落地。

科技发展与行业需求激发了大模型内部发展潜力和动力。科技方面，头部企业争相开展大模型"军备竞赛"，借此展现技术实力，不具竞争优势的中小企业也试图通过应用大模型提升自身的技术实力和服务能力。当前，大模型发展已初步形成技术、算力、场景、用户等优势巨头企业强强联合的局面，如盘古大模型由华为、循环智能和鹏程实验室共同训练，MT-NLG 模型由微软和 NVIDIA 联合发布。**行业方面**，大模型作为凝练海量数据精华的"隐式知识库"，是连接人工智能技术链条和产业生态的桥梁，向下带动基础软硬件发展，向上支撑智能应用百花齐放。大模型作为技术平台为行业提供智力能源，同一模型适用于多种场景任务，盘古、M6 等大模型已被广泛应用于金融、电力等多个领域。

内外多重因素加持，大模型如雨后春笋般涌现。 大规模预训练模型研究工作自启动以来，迅速掀起研究热潮，并于 2021 年呈现爆发态势。国外方面，OpenAI、谷歌、微软和 DeepMind 等陆续发布 DALL·E、Switch Transformer、MT-NLP 和 Gopher 等；国内方面，百度、华为、智源研究院、中国科学院自动化研究所等接连推出 ERNIE3.0、盘古、悟道 2.0、紫东太初等。总体而言，大模型参数规模保持快速增长趋势，并呈现多模态、多领域、多语言等发展趋势。

2. 调大参数、吃大数据、用大集群，促成大模型极致性能

大模型借助多数据、大算力、强算法显著提升性能。 随着数据、算力和算法的进一步发展，国内外相关企业、研究机构正在加大力度研究和开发更大规模、更强性能的大模型以抢占市场。参数规模、训练数据等的增加是大模型增强泛化性、通用性的重要手段。目前，大模型在规模上呈现爆发增长态势，Switch Transformer、悟道等模型参数规模突破万亿。通过对近年发布的大模型公开数据进行统计对比可以发现，大模型的参数规模、数据规模大约保持每年 300% 的增长速率，如图 6-6 所示。

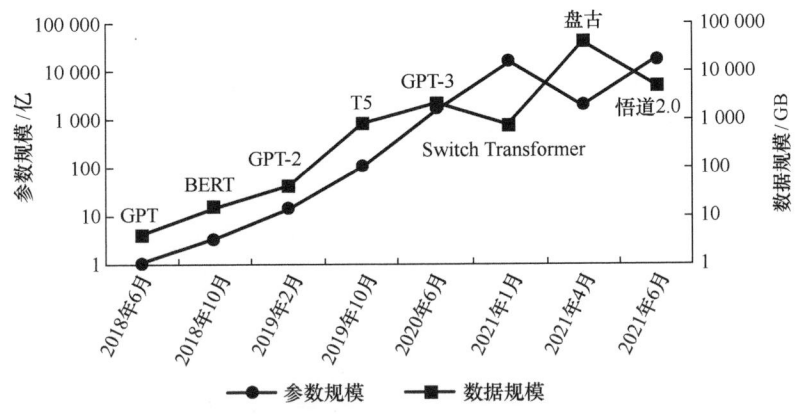

图 6-6　大模型的参数规模、数据规模快速增长

在实验室理想环境下，大模型在 AI 三大领域呈现极致效果。 在应用范围方面，大模型拓展出图文生成、看图问答、视觉-文本推理等应用方式，突破自然语言处理、计算机视觉界限，实现多模态人工智能系统。在表现效果方面，大模型持续刷新文本、图像、语音 AI 三大领域技术榜单。多项榜单数据显示，大模型在文本 SuperGLUE 评分上提升了 21.6%，超越人类水平，在图像和语音的 RUC-CAS-wenlan 和 CIDEr-D 评分上分别提升了 37% 和 11.74%，如图 6-7 所示。

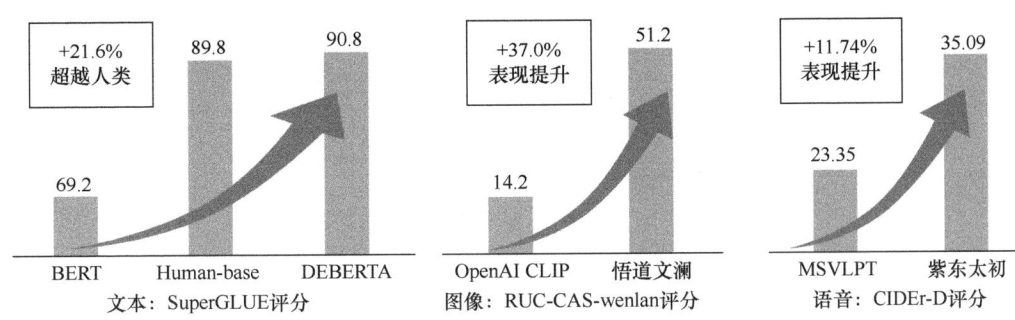

图 6-7　大模型持续刷新 AI 三大领域技术榜单

在垂直行业真实环境下，大模型在众多业务场景中的应用也取得亮眼成果。国外方面，以 BERT、GPT 为代表的大模型研究工作起步较早，在产业应用探索方面率先取得阶段性成果。截至 2021 年 11 月，全球基于 GPT-3 开发出的应用产品已涵盖搜索、翻译、对话、营销和广告等领域。国内方面，尽管大模型研究及应用工作起步稍晚，但国内大模型商业落地过程大多结合企业应用场景优势，可以快速封装大模型能力形成领域产品和行业解决方案。公开数据显示，华为盘古在电力行业巡检场景可分别提升 30 倍和 5 倍巡检数据筛选的效率和质量，可总体提升 18% 以上的巡检精度。

3. 轻量化备受关注，知识蒸馏使能大小模型协同进化

大模型在性能和规模之间不断探索"最优解"。大模型是从弱人工智能向通用人工智能发展的重要探索，解决了传统深度学习的应用碎片化难题，吸引科研机构和企业倾力投入。近年来，在多数据、大参数和强算力的驱动下，大模型性能获得显著提升，但最新研究表明，大模型性能的提升开始减轻对参数规模的依赖。以图 6-8 所示的 SuperGLUE 榜单为例，居于榜首的 DeBERTa 模型参数量仅为 15 亿，参数量远小于百亿级模型，创新模型架构、优化训练策略可有效在大模型性能和规模之间取得最佳平衡点。

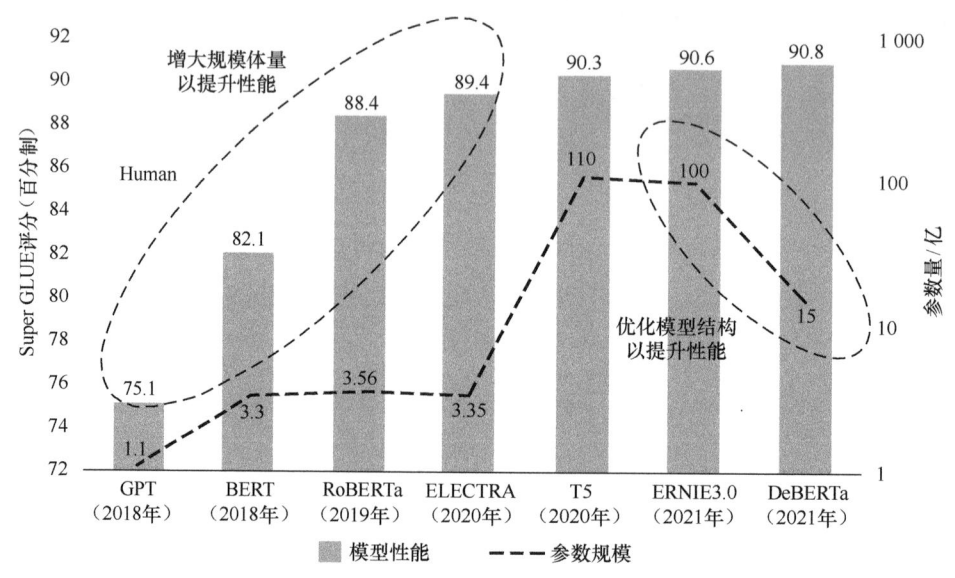

图 6-8　大模型参数规模与模型性能趋势

（数据来源：SuperGLUE 榜单，截至 2021 年 12 月）

大模型成为产、学界研究热点，但双方研究方向尚未统一。产业界信奉"大力出奇迹"，总体通过增加模型规模达到提升性能的目的，如 ERNIE 模型参数量为 100 亿，

紫东太初模型参数量已达千亿。学术界对大模型的研究热情同样居高不下，根据2022年ACL（The Association for Computational Linguistics，国际计算语言学协会）会议论文投稿数据的统计，大模型相关论文投稿数量占据前14个热点方向中的6席，但研究聚焦于BERT、GPT等经典轻量模型，重点通过模型结构优化、训练方式改进、数据清洗优化等方法提升大模型性能，如图6-9所示。

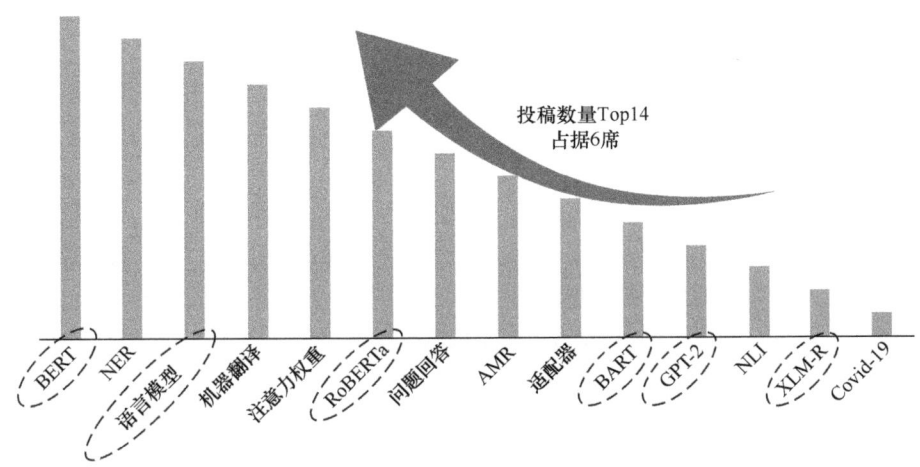

图6-9 2022年ACL会议论文投稿方向数量统计

知识蒸馏等技术助力大、小模型协同进化。对大模型训练和应用的成本投入和性能提升难成正比，从而限制了模型参数规模的进一步扩张，大模型"军备竞赛"或将进入冷静期。利用大模型的性能优势、泛化能力训练小模型，实现轻量化部署和应用成为当下的研究热点，大、小模型有望在云边端协同进化[2]。作为模型压缩的有效算法，知识蒸馏是通过构建一个轻量化的小模型，利用性能更好的大模型的监督信息来训练这个小模型，以达到更好的性能和精度。

4. 大模型应用初显范式，仍须突破安全、有效、可持续瓶颈

高效率、易使用的应用模式助力大模型迅速落地。受限于大规模预训练模型算力要求高、模型体量大和开发难度大等工程实践问题，目前应用模式主要表现在两个方面：**一是通过API按时按次收费的方式实现对外开放的能力**。API应用模式指的是由大模型的研发主体（如科研机构、技术厂商）将训练完成的模型文件封装成统一的应用程序接口，对外提供服务的模式。应用方可以按照自身的业务需求，将接口植入已有的应用和服务中，让大模型的API直接赋能各业务领域。以OpenAI GPT-3为

---

2 资料来源：《2022年十大科技趋势》。

例，截至 2021 年 11 月，全球基于其 API 开发出的应用产品共计 430 个，包括 200 多个 App、示例和资源。**二是通过将工具产品和解决方案打包对外提供服务**。这种应用模式是将训练完备的大模型直接封装至成熟的平台上，通过提供基于平台的解决方案，协助用户以较低成本进行模型的开发和部署工作。例如，华为盘古以华为云服务方式封装语言、视觉、多模态和科学计算 4 类能力，面向电力巡检、病例识别、金融投顾等 100 余项解决方案。

多重因素制约，大模型可持续发展受限。安全性方面，大模型自带深度学习"黑盒"属性，削弱了基于其开发的 AI 产品的可信性、可控性和可解释性。由于大模型训练所用的数据通常来自互联网，容易引入"灰色知识"导致大模型应用频繁"爆雷"。**有效性方面**，大模型仍未克服传统机器学习的机械性和形式性缺陷，无法真正理解语义信息。一味以量变追求质变，过度依赖以堆砌算力和数据来提升模型性能的方式，不仅造成资源浪费，还限制了大模型的应用场景。**可持续性方面**，当前大模型产业标准化体系尚不健全，盲目发展不仅抬高了创新门槛，也削弱了产业活力。此外，若大模型仍过分依赖"堆量"式发展，势必面临算力不足和高质量训练数据匮乏的问题，不利于大模型可持续发展。

政产学研用多元共治，协同加快大模型发展步伐。 面对大模型发展待协调的现状，应协同构建政产学研用共商、共建、共治、共赢的发展格局。**一是加强顶层布局和政策引导**，将大规模预训练模型纳入数字经济整体产业政策宏观调控，充分挖掘和发挥技术的溢出效应优势，将大规模预训练模型的发展应用到数字经济建设中。**二是加快建设健全标准体系**。要有序推进可信 AI 工作，超前布局标准化和评测体系，聚焦产品的创新性、有效性、安全性和易用性，形成包括技术标准、行业规范、业内共识在内的齐抓共管"软环境"。**三是推动政产学研用互促融合发展**，坚持整体治理、整体解决的系统化发展理念，协调推动政策扶持、行业创新、人才培养、理论研究、产品落地等各方合力互促，打通大模型发展全链路。

（二）隐私计算技术推动数据要素市场建设

1. 隐私计算行业应用多点开花

在我国加快培育发展数据要素市场、数据安全流通需求快速迸发的推动下，2021 年，隐私计算迎来市场爆发期，国内隐私计算行业快速发展。

从 2018 年仅有部分互联网企业和少数创业团队开始探索、2019 年产品雏形落地开始大规模的技术科普教育，到 2020 年代表性行业客户开始愿意进行 POC（Proof of Concept，概念验证），再到 2021 年规模化的产品招标与应用开始出现。虽然国内对于隐私计算的理论和技术研究启动较晚，但短短几年间，国内隐私计算商业化应用飞速发展，截至 2021 年年底，进入实施部署阶段的隐私计算产品比例已提升至 48%，行业整体迅速进入规模化商用的前期阶段，隐私计算产品成熟度变化态势如图 6-10 所示。

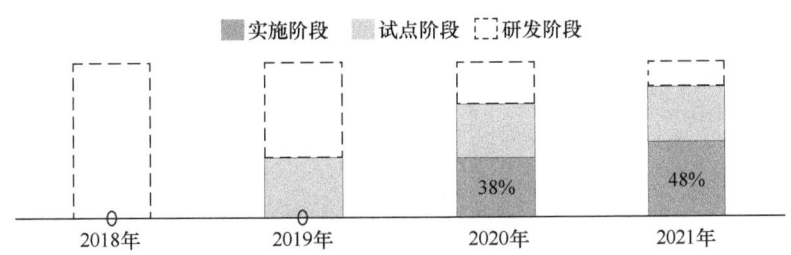

图 6-10　隐私计算产品成熟度变化态势
（数据来源：中国信息通信研究院）

在政府多部门发文鼓励使用隐私计算技术的背景之下，2021 年，隐私计算在金融风控、互联网精准营销、智慧医疗、政务数据共享与开放等数据规模大、数据流通需求强烈的场景中纷纷孵化出典型应用，并在智慧能源、智慧城市、工业互联网等领域持续探索。**大型金融机构陆续在信贷风控等场景中启用隐私计算**，工商银行发布《隐私计算推动金融业数据生态建设白皮书》，交通银行发布《隐私计算金融应用蓝皮书》，同时也有多个隐私计算项目入选资本市场金融科技创新试点。**三大电信运营商利用隐私计算创新通信数据融合应用**，中国联通开始探索隐私计算在保险客户评级中的创新实践，中国移动联合四川国网打造跨行业的电力数据融合应用，中国电信协助苏州人民银行搭建隐私计算金融反诈系统。**互联网领域隐私计算应用进一步深入**，百度、阿里巴巴、腾讯、京东等互联网企业作为最早一批投入隐私计算产品研发应用的企业在赋能自身业务的同时进一步强化对外提供技术服务的能力，例如京东利用联邦学习提升广告投放效果和用户体验、腾讯辅助佛山政府打造普惠金融平台等。**政务领域隐私计算应用快速突破**，如山东省应用隐私计算打造政府数据开放共享与统一渠道，珠海市应用多方安全计算打造驾培资金监管新模式，厦门市基于隐私计算搭建城市医疗数据应用与开放平台。

根据 IDC 的最新预测，2022 年隐私计算将成为企业刚需。例如，在数据交易场景中，北京国际大数据交易所基于隐私计算打造的新型数据交易平台 IDeX 系统成功上线，致力于打造创新"数商"生态的上海数据交易所也将隐私计算技术服务商作为首批签约数商中的重要一部分。在科学研究场景中，中科院微生物研究所联合百度安全打造生物数据共享科研平台，致力于突破跨机构科研数据共享的困境。在物流场景中，顺丰利用联邦学习探索先寄后付场景的风控建模，优化服务流程，提升服务效率和用户体验。

2. 多重需求推动隐私计算成为数据要素市场化关键技术

从基础原理上看，隐私计算是指在保护数据本身不对外泄露的前提下实现数据分析计算的一类技术集合。从20世纪70年代一直到近几年，隐私计算交叉融合了密码学、人工智能、计算机硬件等众多学科，逐渐形成**以多方安全计算、联邦学习、可信执行环境为代表**，以混淆电路、秘密分享、不经意传输等作为底层密码学技术，以同态加密、零知识证明、差分隐私等作为辅助技术的相对成熟的技术体系，为数据安全合规流通提供了技术保障。

作为平衡数据利用与安全的重要路径，三大需求激发隐私计算热潮。一方面，机构间数据流通成为促使数据要素市场化配置、充分释放数据要素价值的重要环节。从数据生产要素的内涵出发，当前时代下大规模、快速产生的数据只有经过整合加工、提升质量才能成为具有价值的数据资源；而只有经过"流通"使数据脱离了原有使用场景，变更了使用目的，从数据产生端转移至其他数据应用端并参与到社会经营活动中产生经济效益，才能真正释放数据作为生产要素的市场价值。另一方面，数据安全事件频发、安全威胁加剧，而数据流通中涉及的资源可流通类型与范围、流通对象合法性、流通过程的安全保障、使用授权等一系列合规问题的监管"红线"未明，再加上数据流通在数据质量、数据定价、数据权属等方面的市场机制的缺失，使得企业和机构间没有动力或者无法实现数据的合规流通。虽然需求强烈，但是要真正实现数据流通仍然困难重重。与此同时，在工业和信息化部、国家发展和改革委员会、中国人民银行等多部门发文鼓励使用隐私计算技术的背景下，隐私计算的技术研发和应用正在加速推进。

工业和信息化部先后在2016年发布的《大数据产业发展规划（2016—2020年）》和2019年发布的《工业大数据发展指导意见（征求意见稿）》中提出支持企业加强多方安全计算等数据流通关键技术攻关和测试验证，并在工业领域积极推广与应用，促进工业数据安全流通。中国人民银行也在2019年8月印发的《金融科技（FinTech）发展规划（2019—2021年）》中提出要利用多方安全计算技术提升金融服务安全性。

可以说，政策的提前布局为我国抢占隐私计算技术高地奠定了重要基础。2021年，隐私计算进一步得到了政府部门和监管层面的认可。2021年5月，国家发展和改革委员会、中共中央网络安全和信息化委员会办公室、工业和信息化部、国家能源局联合印发了《全国一体化大数据中心协同创新体系算力枢纽实施方案》，明确提出构建国家算力网络体系。而在构建一体化算力网络中，数据流通必然是重要一环。在上述实施方案提出的一系列重要任务中，就包含"试验多方安全计算、区块链、隐私计算、数据沙箱等技术模式，构建数据可信流通环境，提高数据流通效率。"同月，中国人民银行在北京、江苏、浙江等14个省（自治区、直辖市）组织商业银行、清算机构、非银行支付机构等开展金融数据综合应用试点。试点内容包括促进数据规范共享，即"充分发挥全国一体化政务服务平台的数据共享枢纽作用，运用多方安全计算、联邦学习、联盟链等技术实现多主体间数据规范共享，确保'数据可用不可见''数据不动价值动'"。2021年7月，工业和信息化部先后发布两份文件均提及隐私计算。在正式发布的《新型数据中心发展三年行动计划（2021—2023年）》中提出"加强多方安全计算等数据安全关键技术创新突破与推广应用"。在《网络安全产业高质量发展三年行动计划（2021—2023年）（征求意见稿）》中也提出"大力推进安全多方计算、联邦学习、可信计算等技术的研究攻关和部署应用，促进数据要素安全有序流动"。此外，地方政府也开始推动隐私计算的应用。在《广东省数据要素市场化配置改革行动方案》中提出构建包含隐私计算在内的数据新型基础设施。《山东省"十四五"数字强省建设规划》在"实施数字政府强基工程"中提出"打造数据应用总门户，搭建集数据建模、隐私计算、数据分析与可视化于一体的若干服务中台"。上海市在开展2021年网络安全产业创新攻关中，将隐私计算列为基础技术创新的攻关方向之一，也将在应用技术创新中利用"包括（但不限于）安全多方计算、区块链、联邦学习、可信执行环境、开源代码供应链安全等技术"确保数据流通安全。2021年9月，珠海市正式发布《珠海市关于加强隐私计算在城市数字化转型中应用的指导意见》，明确指出要充分发挥隐私计算在城市数字化转型中的优势，推动数据要素有序流通及应用。

3. 隐私计算技术研发不断突破，为加速落地提供基础

如图6-11所示，截至目前，国内已有88家企业陆续发布隐私计算技术产品105款（不完全统计），产品数量快速增长，相关技术研究日益成为产业热点。自2017年起，国内已公开的隐私计算相关专利数量激增，众多企业加入技术产品提供者的竞争赛道，如图6-12所示。

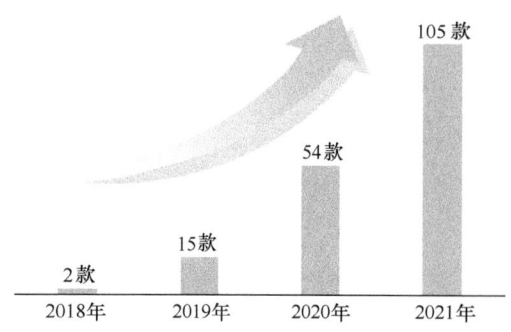

图 6-11　隐私计算技术产品数量变化
（数据来源：中国信息通信研究院）

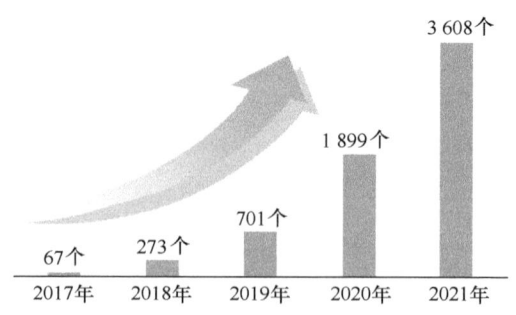

图 6-12　隐私计算领域专利数量变化
（数据来源：中国信息通信研究院）

隐私计算技术产业化步伐的明显加快有赖于技术研发的不断突破，近两年来，隐私计算技术研究围绕以下方向加速突破，为应用场景快速升级、产业生态加速成熟提供了重要支撑：**一是理论研究，加强算法安全性**。2021 年，在各大安全、密码学、机器学习顶级期刊、顶级会议中均有大量优秀隐私计算理论研究论文发表，例如支持恶意模型的多方安全计算协议、去中心的联邦学习算法及架构、抗成员推理、投毒攻击的联邦学习算法、联邦学习系统的监管，公平性与问责机制等。**二是算法优化，提升可用性**。以开源框架 FATE 为例，从 2019 年 2 月开源至今，FATE 已迭代了 10 余个版本，在金融、医疗等众多领域有了落地应用，汇聚了上千家企业、高校等科研机构的开发者，2021 年 11 月正式发布的 FATE v1.7 宣布计算性能得到了大幅提升，如横纵向联邦 SecureBoost 性能提升 5 倍以上，支持千万级别样本训练；PSI（Private Set Intersection，隐私集合求交）算法性能提升 3 倍以上，在不平衡场景下 PSI 性能提升 10 倍以上。**三是软硬件协同，进一步提升性能**。2021 年 4 月开始，星云 Clustar、蚂蚁集团、洞见科技等企业先后发布软硬件一体机，将复杂运算转移至各硬件设备执行，从而大幅提升并行处理效率，同时高并发、低时延的特性还带来计算性能的大幅提升。**四是国产化方案，加速应用落地**。2021 年 7 月，冲量在线发布首批信创隐私计算一体机，全部采用国产化硬件并可完整运行自研隐私计算软件，为隐私计算领域的关键技术自主可控打下重要基础。

目前隐私计算技术正处于快速迭代和发展的阶段，可解决企业和机构当前面临的数据合规难题，为数据安全制度落地提供有力的技术支撑。但在隐私计算安全、性能和数据的互联互通等方面仍存在挑战，这些难题在一定程度上限制了隐私计算的推广和应用。**一是性能瓶颈阻碍隐私计算规模化应用**。根据测试结果，国内隐私计算产品在特定场景下已基本具备可用性，但在面临更多数据方、更大数据量、更复杂场景时，性能等指标仍须继续优化加强。**二是安全合规挑战影响市场信任**。任何信息技术产品都没有绝对的安全，算法协议安全和开发应用安全是隐私计算产品安全性面临的两大挑战。而法律法规不会对技术细节作背书，使用隐私计算无法完全规避法律合规风险，仍须注意应用细节。**三是互联互通壁垒或使"数据孤岛"变"数据群岛"**。由于隐私计算底层技术和上层开发设计多样复杂，不同技术产品间无法互认、互用，因而可能将"数据孤岛"催生转化为"数据群岛"。现阶段，各技术厂商均在探索异构隐私计算互联互通的实现，但尚未出现完全成熟的案例。

（三）云原生正成为全面释放数字能力的核心引擎

1. 颠覆式革新云上构建模式，云原生化已成必然趋势

云原生重塑算力连接，算力加速向边缘侧扩展。在万物互联时代，传统产业积极求变，工业互联网、车联网、物联网等新模式、新业态层出不穷。工业互联网在2021年第4次被写入《政府工作报告》，智能网联汽车已获批在政策先行区开展试运行，智慧城市作为物联网发展的重要抓手被纳入"十四五"规划。在实际生产中，万物互联场景对时延、可靠性、数据隔离的要求极高，边缘侧的算力需求凸显。分布式云原生方案基于云原生基础设施实现统一的业务治理，突破跨地域、跨云限制，将算力从中心侧下沉至边缘侧，实现对全域资源的统一连接，将一致性服务延伸到任何环境。云原生让算力无处不在，为新一轮产业升级变革提供强力支撑。

云原生重塑应用模式，应用现代化改造持续推进。数字化浪潮席卷全球，企业数字化转型是从根本上提升生产力、推动国民经济持续稳定增长的关键战略。在数字化大背景下，传统应用亟须转型升级，积极与数字技术全面融合，实现产品快速更新、业务灵活迭代，适应多变的市场与用户需求。应用现代化以云原生为核心，以敏捷为导向，逐步引导应用演进为微服务、Severless架构，夯实底层基础设施能力，提高开发、迭代、运维过程的效率，将价值密度聚焦于与业务直接相关的部分，加速技术创新步伐，从而有效提升产业链现代化水平。

云原生重塑基础架构，高新技术深度融合基础设施。算力多样化、节点高密化、载体细粒度化的需求对基础设施提出适配要求。随着数字应用场景的扩展，图像处理、机器学习等高阶需求涌现，通用CPU力不从心，须GPU（Graphics Processing

Unit，图形处理器)、FPGA（Field Programmable Gate Array，现场可编程门阵列）、RISC（Reduced Instruction Set Computer，精简指令集计算机）、ARM（Advanced RISC Machine，高级精简指令集计算机）等多元算力的配合辅助。随着业务架构的转型，应用被拆分细化、生命周期缩短、弹性要求提高，多核已无法满足应用负载的运行需求，须通过众核加大服务器密度，降低功耗。随着应用形态的演进，基础设施需要支持虚拟机、容器、函数等多粒度的混合负载。云原生化正驱动传统基础设施加速转型，夯实数字新型基础设施建设的底座。

2. 技术创新内生外化，云原生持续突破影响域

关注点上移，云原生简化应用构建模式。在传统应用构建模式下，上线一个应用不仅需要编写业务逻辑，还需要理解复杂的底层技术细节，并承担应用发布后烦琐的运维工作，存在"重复造轮子"、技术壁垒厚、生产效率低等问题。以函数即服务、Serverless 微服务应用、Serverless 容器为代表的新一代云原生应用构建模式兴起，旨在屏蔽底层技术细节，由云原生平台负责底层资源的维护，用户仅需要聚焦于价值密度更高的业务逻辑。应用构建与云服务实现深度融合，彻底改变了研发人员的工作模式。头部云服务厂商已敏锐感知到爆发的 Serverless 微服务需求，相继发力，2021 年腾讯云发布弹性微服务，华为云发布云应用引擎，此前阿里云已于 2019 年发布 Serverless 应用引擎。

需求驱动，云原生重新定义底层架构。云原生技术的普及对云计算上下游技术也产生了革命性影响，其影响域主要表现为：一是芯片，应用负载的精细化要求芯片内核提供更细粒度的线程处理分割，且提高了对 CPU 的部署密度与能耗的要求，基于 ARM 架构的云原生芯片是主流发展方向，2021 年 AWS（Amazon Web Services）发布 Graviton3、阿里云发布倚天 710。二是操作系统，功能解耦是云原生架构设计的核心要素，业务逻辑与服务功能分离，用户可感知的技术栈分层显著上移，要求操作系统的服务边界也同步上移，当前主要的云原生操作系统产品包括阿里云的"袋鼠"、腾讯云的"遨驰"。三是服务器，云原生服务器为云原生场景定制化适配，搭载云原生芯片、云原生操作系统、异构处理器、智能加速卡等关键组件，满足云原生创新开发对性能、稳定性等的要求，建设全新的软硬协同体系，2021 年阿里云发布自主研发云原生服务器"磐久"。

加速赋能，云原生技术与各领域融合发展。云数融合，改变数据存储、流通方式。传统数据库存在计算存储紧耦合、扩容难度大、数据来源广、分散管理难统一，搭建、

部署、运维复杂且成本高等问题，结合云原生技术的湖仓一体化方案运用存算分离理念赋予算力与存储极致弹性，提升对结构化、半结构化、非结构化等异构数据的价值挖掘能力。云算融合，改变超高速算力的获取、分配方式。传统架构下，海量算力、异构算力的调度效率显著不足，且资源闲置率高，无法适配波峰、波谷明显的 HPC（High Performance Computing，高性能计算）任务，成本高昂，云原生 HPC 能够实现对混合资源、异构算力的高效调度，根据负载情况动态调整云上资源，满足对弹性和资源利用率的要求。云智融合，改变人工智能应用和算法的开发、优化方式。传统人工智能开发难度大、技术门槛高，难以实现应用场景下沉，云原生简化了人工智能的开发全链路，将标注、推理、调优等通用能力以服务形式提供给用户，大幅降低了落地难度。

3. 云原生加速垂直行业渗透，新业态绽放全新活力

云原生行业用户持续扩展。根据中国信息通信研究院发布的《中国云原生用户调查报告（2021 年）》数据，2020—2021 年，互联网行业的云原生用户占比同比下降 14.11%，垂直行业用户占比攀升。其中金融、制造行业对新技术的支持与接受程度较高，云原生用户占比持续居于前列，2021 年金融行业用户占比同比增加 5.54%。同时从中国信息通信研究院 2020 年和 2021 年的云原生应用十佳案例参评情况可以窥见，云原生技术已从行业头部企业逐步下沉到中小规模企业，从领先企业尝鲜转变为普惠广大企业，成为支撑业务创新的最佳实践方案，行业带动效应初步显现，如图 6-13 所示。

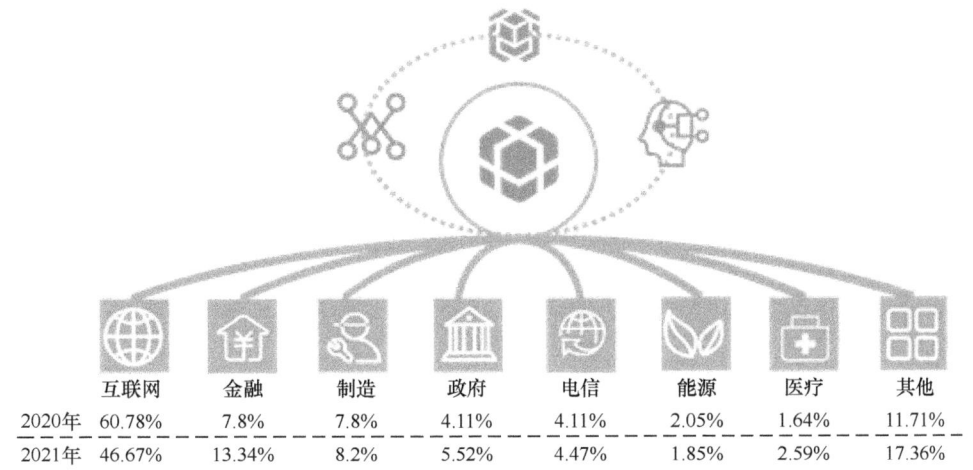

图 6-13　云原生用户行业分布情况

［数据来源：《中国云原生用户调查报告（2021 年）》，中国信息通信研究院］

云原生应用程度显著加深。如图 6-14 所示，从建设投入角度看，用于云原生技术领

域建设的投资规模稳步提升，越来越多的企业正将 IT 建设的重心转向云原生，云原生相关建设投入占 IT 总投入超 10% 的企业已达到四成。如图 6-15 所示，从技术应用角度看，云原生三大代表技术容器、微服务、Serverless 的采纳率均稳步提升。容器技术受众广泛，接受度高，在生产环境的使用率已接近 70%。如图 6-16 所示，54.81% 的企业已使用微服务架构，其中超半数企业已具备 3 年以上微服务开发经验。如图 6-17 所示，Serverless 技术持续升温，从试验阶段走向落地，超三成企业已于生产环境应用 Serverless。随着云原生技术的深度应用，也暴露出新的安全问题，对云原生安全的关注度持续攀高，近七成企业计划在未来一年内提升自身云原生环境的安全能力，如图 6-18 所示。

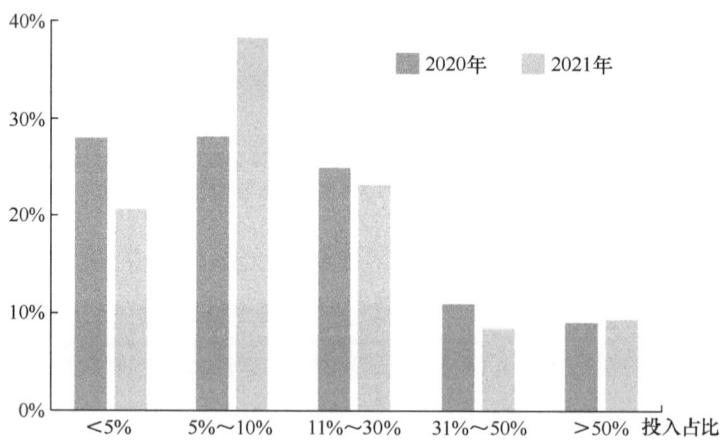

图 6-14　云原生技术建设费用占总 IT 投入的比例

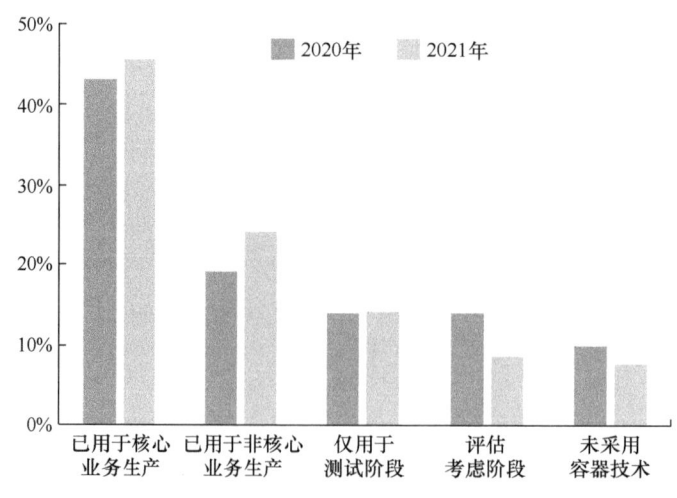

图 6-15　容器技术采纳情况

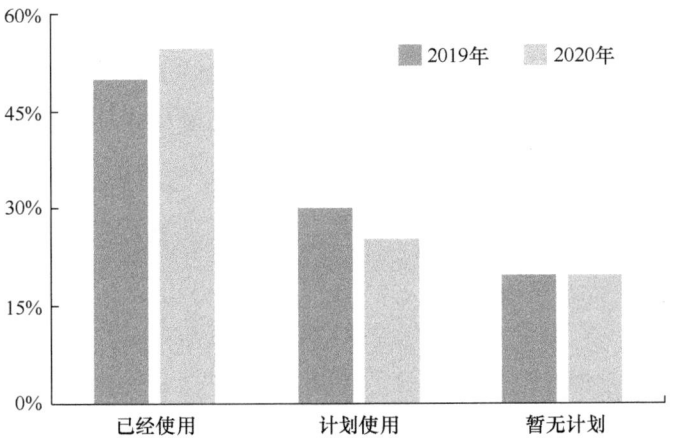

图 6-16　微服务架构使用情况

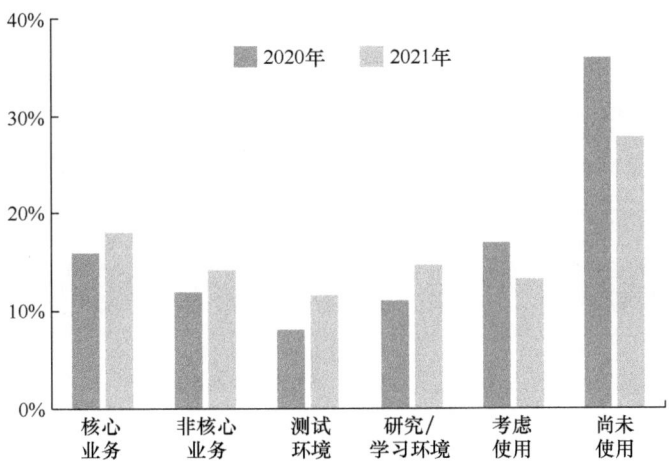

图 6-17　Serverless 技术采纳情况

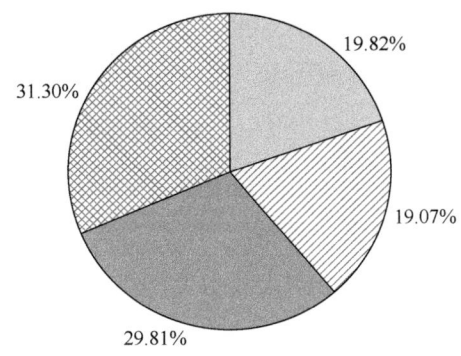

图 6-18　云原生安全建设计划

[数据来源：《中国云原生用户调查报告（2021 年）》，中国信息通信研究院]

云原生行业应用成效凸显。垂直行业云原生建设通常分为四个阶段，呈现点线面体发展规律：阶段一，局部功能云原生化，实行小规模云原生化试点改造；阶段二，云原生能力平台化，抽象通用的云原生能力并建设云原生平台，加快应用创新；阶段三，规模化应用，扩大云原生技术赋能范围，加深智能化程度；阶段四，统筹运营，汇集全量数据、日志等，统筹规划智能决策，全面提高运营水平。当前垂直行业的云原生建设水平不一，需结合实际生产情况"对症下药"。新制造实现了从"以产定销"模式到"以销定产"模式的革新，新零售将业务范围从定点销售拓展到全球触达，新金融将用户业务办理方式从取号排队转变为掌上营业。云原生催生的新业态正在绽放全新活力。随着云原生技术在垂直行业体系化应用的加深，行业应用成效将更加显著。

（四）算力基础设施筑基数字经济发展基础

随着我国各行业数字化转型进程加快，算力基础设施在数字经济发展中的基础性地位进一步彰显。算力调度、算力网络的研究及落地有助于推动我国形成算力泛在、即需即取、一体服务的算力供需环境，促进我国数字经济高质量发展。

1. 国家实施"东数西算"工程，统筹全国算力基础设施建设

在 20 多年的发展历程中，我国数据中心算力设施经历了从小规模聚集到大规模发展，再到高质量发展的根本性转变。全国范围内算力资源紧缺状况基本得到缓解，但是各区域间算力结构失衡问题仍然凸显。东部一线城市企业数字技术应用度较高，数字化转型进程加快，用户算力资源需求较高，旺盛的算力需求会明显拉动数据中心经营效益提升。数据显示，北京、上海、河北数据中心平均上架率近 70%，远高于全国平均水平，数据中心服务商可获得更高的投资回报率。随着我国一线城市用能指标、用地审批政策限制的加强，数据中心项目落地难度陡然增大，数据中心建设运营成本也会大幅提升，在这种情况下，东部地区数据中心算力资源的增长将难以满足千行百业日益旺盛的算力需求，数据中心算力资源供不应求的局面逐步显现。中西部地区数字经济的发展需要数据中心的拉动，不少地方政府针对数据中心项目落地提供优惠政策，如内蒙古自治区政府提出了建立大数据中心用电价格与服务器租赁价格联动机制，向大数据中心提供优惠电价；贵州省对大型及以上数据中心实行 0.35 元/（kW·h）的电价政策。中西部地区政策及资源优势为数据中心建设提供了有力保障，但是，中西部地区网络时延长、运维不便、算力需求较少等问题同样不容忽视。

东西部算力发展不均衡及算力资源供需失衡会给我国数字经济发展带来不利影响。以数据中心算力资源调度为基础的算力网络建设是平衡我国东西部算力供需、推进我国各地区实现算力调度和融通、形成泛在普惠算力供应环境、改善算力供需矛盾的重要举措。我国政府高度重视算力网络建设，2021年5月24日，国家发展和改革委员会、中央网络安全和信息化委员会办公室、工业和信息化部、国家能源局等部门联合对外发布了《全国一体化大数据中心协同创新体系算力枢纽实施方案》，明确提出布局全国算力网络国家枢纽节点，加快实施"东数西算"工程，构建数据中心、云计算、大数据一体化的新型算力网络体系。2021年12月22日，在主题为"新基建 新动力 新未来"的2021贵州"东数西算"产业招商暨发展研讨会上，贵州"东数西算"产业项目正式启动，该项目将构建与粤港澳、长三角及京津冀等地区大数据中心集群的算力资源输送通道，承接东部算力需求。

2. 业界对算力网络研究实践不断深入

近年来，金融、交通、教育、工业等行业对泛在算力场景的需求不断增长，用户需要随时随地可接入的、更加优惠的、拥有更高质量的算力服务，基于算力泛在使用和交易需求衍生的算力网络成为下一代算力基础设施发展的重点。运营商自身具备的全光网络、5G/6G网络、IP网络的运营及资源优势使其能够快速切入算力网络建设及竞争的赛道。

当前，我国运营商及通信设备服务厂商正在积极开展算力网络的研究和产业布局。在算力网络研究方面，2019年中国联通率先发布《中国联通算力网络白皮书》，明确提出算力网络是云化网络发展演进的下一阶段，在云化网络阶段，网络设备已经基本实现云化，控制转发分离，同时以SRv6协议为基础实现了极简转发。在算力网络时代，AI将为网络智能运维管理提供保障，联网元素、云网元素及算网元素技术演进将推动算力网络发展，未来算力网络的基本特性包括稳定、无损、智能、云化、可信、高效、随需。除此之外，中国联通还提出了包含服务提供层、服务编排层、算力管理层、算力资源层等功能模块的算力网络架构，为算力网络建设提供了重要参考，如图6-19所示。

中国电信对算力网络的研究主要从云网关系展开，在2020年发布的《云网融合2030技术白皮书》中明确提出，云网融合的发展历程围绕云网的基础资源层，从云内、云间和入云到多云协同、云边端协同，在不断推进和深化。云网融合的最终目标则是云网一体。在其云网融合架构体系中，云网操作系统将借助于数据湖和云网大脑实现对各类云资源的抽象管理、统一编排。中国电信云网融合目标技术架构如图6-20所示。

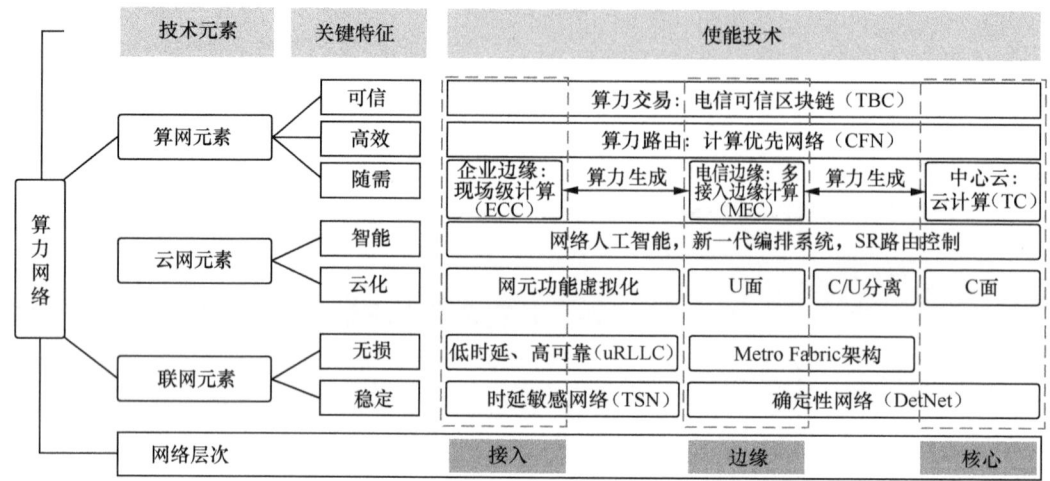

图 6-19　算力网络关键技术元素

[数据来源：《中国联通算力网络白皮书》（2019）]

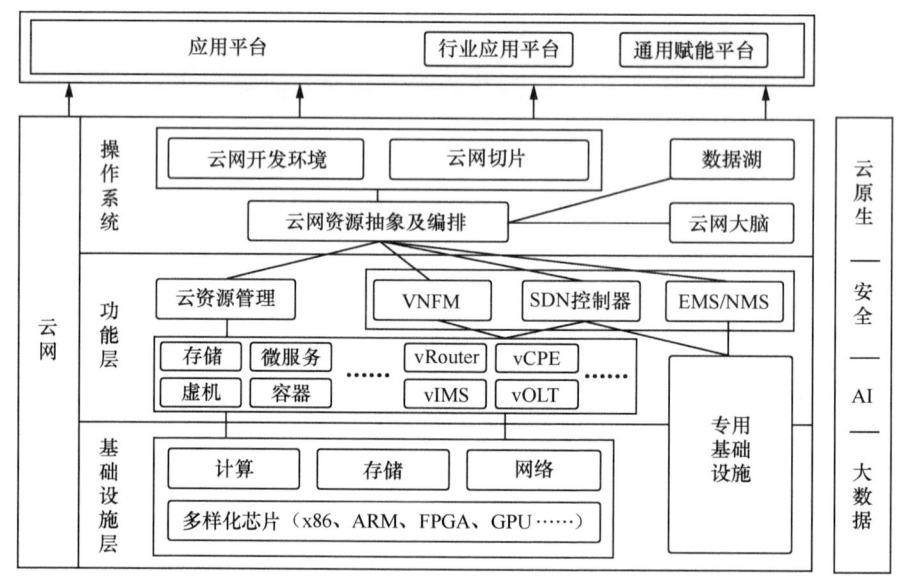

图 6-20　中国电信云网融合目标技术架构

（数据来源：中国电信《云网融合 2030 技术白皮书》）

2021年中国移动发布了《算力网络白皮书》，该白皮书对算力网络的定义是"以算为中心、网为根基，网、云、数、智、安、边、端、链等深度融合，提供一体化服务的新型信息基础设施"。中国移动算力网络建设目标是实现"算力泛在、算网共生、智能编排、一体服务",使算力服务像水电一样即取即用。中国移动算力网络架构主要由算网基础设施层、编排管理层和运营服务层构成。在运营服务层,中国移动进一步强化了算力交易的概念,力图打造算网服务统一交易和售卖平台,实现"算力电商"等新的交易模式,如图 6-21 所示。

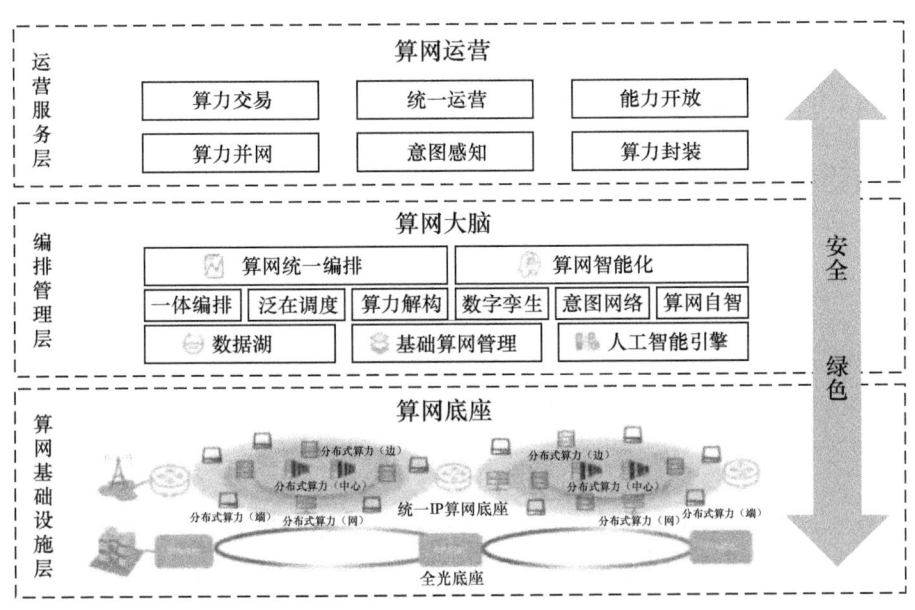

图 6-21 中国移动算力网络架构
(数据来源:中国移动《算力网络白皮书》)

2021 年,华为和中兴也发布了算力网络研究成果。华为在《人工智能计算中心发展白皮书》中提出构建区域内可感知、可分配、可调度的 AI 算力资源。中兴则在《IPv6 新技术创新孵化平台助力 IPv6 新技术研究和部署》中提出了以 IPv6 技术推动算力网络发展,并给出现有网络向 IPv6 算力网络的平滑迁移方案。

除了基础研究外,运营商也在积极开展算力网络项目的落地实施。中国联通在全国多地开展算力网络建设试点,北京联通、河北联通、广东联通、山东联通通过算力网络业务链、网络切片、资源感知实现算力资源调度和感知,形成云网安一体服务,算网一体是中国联通 CUBE-Net3.0 重点方向之一。中国电信在算力网络建设过程中重点强调以"云"为核心,侧重网络、算力和存储三大资源相互融合,推进天翼云持续升级,实现天翼云节点和天翼边缘节点统一管理调度。中国移动重点改造底层算力设施,基于 x86 和 ARM 架构打造通用算力网络,同时丰富基于 GPU、ASIC 的智能算力,形成不同类型的算力网络。

3. 算力网络技术创新日趋活跃

作为下一代算力基础设施发展的重要形态，算力网络领域技术创新日趋活跃，主要体现在算力架构、算力调度技术及算力度量方式 3 个方面，具体表现如下。

在算力架构方面，算力与网络融合需求不断提升，传统计算与网络分离模式逐渐向计算与网络融合方向演进，算力基础设施融合架构创新技术向前发展。传统算力基础设施中计算和网络相互分离，服务器和通信设备按照各自的部署方式进行部署。随着用户对网络可控和网络传输质量要求的提升，数据中心网络云化趋势不断增强。在网络云化发展过程中，SDN 和 NFV（Network Function Virtualization，网络功能虚拟化）技术的应用是至关重要的。

在算力调度技术方面，算力调度由之前仅支持对网络的调度发展到算力与网络匹配的调度模式，算力调度技术不断创新。早期的云化网络时代，算力调度技术发展不完善，网络可支持对自身性能的调优，例如利用流量控制、拥塞控制和负载均衡等，网络性能优化能够在很大限度上减少网络丢包、时延和吞吐损失，提高用户服务满意度，但是这种网络调度机制无法为用户提供灵活的算力调度，算力基础设施服务能力难以进一步提升。算力网络时代，算力调度技术既需要实现对网络自身性能的优化，同时还需要使网络具备资源编排和智能调度能力。

在算力度量方式方面，算力与网络度量内涵不断延伸，算力度量方式由单一节点度量转变为一体化协同度量，从而促进算力度量方式创新。通常情况下，算力服务是采用点对点方式实现的，用户从单一算力设施处获得算力服务，随着算力网络的形成，用户算力获取来源变得更加多样，度量方式也将更为多样。

三、2022年大数据与人工智能领域发展展望

（一）分布式云将加速推动计算服务实现全域覆盖

分布式云是未来云计算形态的重要发展趋势。随着物联网、5G、边缘计算等技术的快速发展，超高清视频、工业互联网等新兴业态催生更广连接、更低时延、更好控制等计算需求，云计算在向一种更加全局化的分布式组合模式进阶。分布式云是云计算从单一集中式算力部署模式向分布式、多层级算力部署转换的新模式，通过构建云边端多级算力资源架构，使算力处理能力深入传统集中式计算处理模式无法覆盖到的区域和边缘业务场景，并通过多种算力基础设施的协同，为各种计算场景提供有针对性的算力。分布式云一般根据部署位置、基础设施规模、服务能力强弱，分为中心云、区域云和边缘云等形态。区域云位于中心云和边缘云之间，一般按照需求部署在省会级数据中心之中，主要作用是为中心云和边缘云之间进行有效配置。边缘云聚焦大流量、低时延、本地化的业务。Gartner最新发布的2021年核心战略技术趋势列出了分布式云（Distributed Cloud），并预测到2025年超过50%的组织将在其选择的地点使用分布式云，从而实现转型业务模式。

分布式云提供了一种更加全局化的弹性算力资源。分布式云通过统一基础架构、分布式云原生应用治理、统一全局管理平台、一体化安全防护等关键技术，构建统一用户体验、统一管理运维、统一算力调度，实现数据的全域高速互联、应用整合调度分发以及计算力全覆盖。在企业数字化转型过程中，分布式云将赋能数字基础设施突破传统云计算边界，实现以分布式应用为中心，满足企业内部多元化、多样性的产业应用需求，有效解决企业长期以来存量数字化基础设施异构分布、孤岛隔离、数据难集中等难题。

（二）数据要素将推动新兴数据基础设施技术创新发展

在数字社会，数据具有基础性战略资源和关键性生产要素的双重角色。数据要素将推动新兴数据基础设施技术创新发展，解放和发展数字化生产力，推动数字经济

与实体经济深度融合，实现高质量发展。2022年度，数据基础设施技术将会持续降低使用门槛，帮助企业和用户无障碍地处理海量数据的存储和计算需求，具体表现如下。

一是海量数据高效存储及计算。随着移动互联网不断发展，企业的数据规模呈现爆发式增长。《IDC：2025年中国将拥有全球最大的数据圈》白皮书指出，2018年中国新增数据量为7.6ZB，成为世界第一数据生产国；2025年中国新增数据量将达到48.6ZB，年平均增长率为30%。如何高效存储数据并进行计算已成为大数据产业亟须解决的一大问题。随着数据分布优化、数据自动分层等技术的进一步成熟和落地，未来数据基础设施中的资源可调度粒度越来越细、管理越来越便捷、效能越来越高。

二是强化信任促进共享。利用区块链技术多方共识、数据一致、难以篡改、全程留痕的特点，缓解产业界中存在的不愿共享、不敢共享的问题，促进数据的充分共享。区块链技术经过多年发展已逐步形成一套稳定的基础功能架构，其技术路线将沿"高效、安全、互通、便捷"四个方向持续演进。"高效"要求通过异步共识与结构化网络等优化手段实现更高吞吐、更快响应；"安全"指进一步提升应对网络、密码、共识、隐私、合规、风险控制等方面的防护能力；"互通"需要铺开更为广泛互联的区块链生态体系，加速数据汇聚与规模效应的释放；"便捷"需要进一步简化上链操作，提供一体化解决方案，进一步降低使用门槛。

三是数据分析平民化。从云服务到一站式数据开发平台，再到可视化低代码IDE（Integrated Development Environment，集成开发环境）的出现，数据分析平民化一直是大数据技术发展的重点。未来数据基础设施将构建更加便捷的大数据服务体系，使得数据分析能力平民化，所有的员工都可以从数据分析中获得收益。通过数据可视化、低代码开发等技术实现数据分析能力向所有企业用户赋能。

四是多源数据统一调度。电商、游戏、直播、短视频等一系列新兴移动端应用的普及，产生了大量存储在不同系统中的半结构化、非结构化数据，多源数据统一调度的需求日益突出。数据湖、多模数据库、数据编制等技术逐步落地，使得一套系统存储海量不同数据成为可能。这种融合的架构可以避免频繁的数据搬运操作给系统带来的额外负担，减少数据重复存储带来的成本，从而及时高效地对最新业务操作产生的数据进行分析。

（三）可信人工智能将激发巨大的技术产业创新空间

随着人工智能治理重要性的凸显，**人工智能发展范式向数据驱动、知识赋能、道德约束相互结合的方向转变**。人工智能自 1956 年诞生以来，相关理论和技术持续演进。直到近 10 年，得益于深度学习等数据驱动方法的突破，人工智能才得以真正大范围地从实验室研究走向产业实践。然而，这类方法在理论特性分析上往往存在困难，其典型的"黑箱"特性也带来了可解释性差等问题。知识赋能的方法有助于解决信息不完全、不确定和动态环境下的推理决策问题，可以提高人工智能系统的智能化水平。与此同时，随着人工智能应用的广度和深度不断拓展，相关的风险隐患不断暴露，引发全球信任焦虑，通过道德约束人工智能成为全球共识。

人工智能可信支撑技术及产业实践将是重要趋势。 可信支撑技术层面，围绕人工智能的稳定性、可解释性、隐私保护、公平性等方面的技术将成为未来实现可信人工智能的基石。**人工智能系统稳定性技术**可用于抵抗恶意攻击，面向逐步从数字世界向物理世界蔓延的攻击形式，例如通过打印对抗样本等手段能够直接对自动驾驶和人脸识别系统造成物理层面的干扰，其发展重点也将相应发生转变。**人工智能可解释性增强技术**可用于增强决策的可解释性，该技术当前还处于初期阶段，包括可视化机制、影响函数分析、局部近似研究等路径均是未来探索的方向。**隐私保护技术**可用于防止隐私信息被泄露，涉及多种技术，包括安全多方计算、联邦学习、差分隐私、可信执行环境等，每个技术在各自领域独立发展的过程中，也逐渐呈现融合统一的趋势。**人工智能公平性技术**未来将聚焦于提升精度和公平性的平衡、不同场景的泛化性和有效性等，并将在人脸识别等最广泛的人工智能应用领域取得突破。此外，针对可信人工智能构建一体化研究框架，保持不同特征要素之间的最优动态平衡也将是未来发展方向。产业可信实践层面，围绕企业及行业的可信实践将成为实现可信人工智能的主要保障。可信人工智能将不再仅仅局限于对人工智能技术、产品和服务本身状态的界定，而是逐步扩展至一套体系化的方法论，涉及如何构造"可信"人工智能的方方面面。企业方面，可信文化培育、可信管理制度及人工智能系统全生命周期的可信能力建设将成为落实人工智能技术、产品和服务的可信要求的重要抓手。行业方面，可信人工智能标准体系的建设、可信人工智能评估测试及市场化的保险机制等将是打造人工智能可信生态的重要手段。

（四）"技管结合"将加速推动科技风险治理落地

人工智能、区块链、大数据、云计算等新技术与产业深度融合不断创造新价值的同时，也带来相较于信息系统时代更为严峻的技术风险挑战。"技管结合"的治理思路和手段将加速推动对诸如个人信息合规、数据安全、算法偏见、基础设施安全等科技风险的有效治理，促进新技术良性发展。

管理层面，科技风险治理架构及管理流程持续完善。随着监管环境不断严格以及公众对企业社会责任的关注度不断提升，众多先进技术企业开始积极构建科技风险治理的顶层架构。如旷世、商汤科技等企业建立 AI 伦理道德委员会；华为、蚂蚁集团、小米等企业建立安全隐私委员会；阿里巴巴、美团等企业建立数据安全与治理委员会。未来，在加强监管和促进企业履行社会责任的推动下，越来越多面向社会提供服务的企业和机构将加强其科技风险顶层架构设计。顶层治理架构的完善将促进企业不断优化和新增技术风险管理机制和流程，建立覆盖新技术应用全生命周期的风险管理体系，诸如技术供应链风险评估、云安全责任共担模型、联盟链多方协作、算法安全开发生命周期、新技术应用审计等机制和流程将有效协同内外部各利益相关方共同治理科技风险。

技术层面，"云、数、智"赋能科技风险管控平台化、精细化、智能化。治理技术带来的风险，本质是防范新技术应用带来的隐私、数据安全、算法偏见等风险。"云、数、智"技术作为被治理对象的同时，其自身又可赋能技术风险治理。企业通过建设承载管理流程并深度融合云计算、大数据、机器学习、知识图谱等技术的风险管控平台，实现对基础设施安全、数据安全、隐私风险、算法风险等各类风险的智能监控及分析、精准定位、自动决策、快速止损及效果追踪，如具备流量精细化调拨、秒级压测熔断、智能日志分析等功能的技术风险智能管理平台；深度使用自然语言处理、知识图谱的隐私合规风险管理平台；融合云原生及人工智能算法生命周期的模型风险管理平台。技术管控平台及管理流程的有机结合，可使技术风险治理平台化、精细化、智能化。

数字经济与治理篇

导　　读

2021年，我国数字经济开始经历一场深度的发展转型，注重把握数字经济发展趋势和规律，推动数字经济创新发展、健康发展成为重要的政策导向。在这一思想的指导下，我国数字经济发展呈现许多新的特点和态势。数字化发展加快从体系部署到政策落地。"十四五"规划系统构建了推动数字化发展的政策体系框架，数字经济发展的顶层规划基本清晰。同时，各地纷纷出台数字经济相关规划，加大数字经济布局力度。数字经济发展动能持续强劲。我国数字经济规模、占比持续攀升，2021年有望超过40万亿元，数字经济成为国民经济持续快速发展的强大支撑。实体经济数字化转型不断深入和加速。从全球看，数字化转型迅速从疫情冲击下恢复，将跃上加速轨道。从我国看，服务数字化在高水平上稳步增长，工业数字化加快推进，政策支持进一步升级。平台经济进入发展与规范并重的轨道。我国平台经济发展的总体态势良好，但同时发展不规范、不充分问题也较为突出。对此，国家从坚持发展和规范并重出发，在反垄断、平台数据和算法监管、互联网金融规范等方面采取了一系列监管举措，以推动数字经济规范健康持续发展。数字经济法治建设取得突破性进展。《中华人民共和国数据安全法》《中华人民共和国个人信息保护法》等数字经济关键立法密集出台，围绕网络数据保护、关键设施安全、网络空间治理、数字市场竞争等领域加快补齐制度短板，以法治护航数字经济高质量发展。

与此同时，全球数字经济继续逆势蓬勃发展。测算的47个国家2020年数字经济增加值规模达到32.9万亿美元，同比名义增长3.0%，占GDP比重达44.1%，数字经济成为疫情冲击下世界主要国家推动经济稳定复苏的重要动力。全球数字治理规则加速构建。在数字经济高速发展的同时，各国间围绕跨境数据流动、数字税、人工智能、数字货币等核心议题的讨论逐步加深，在RCEP（区域全面经济伙伴关系协定）、DEPA（数字经济伙伴关系协定）、联合国、G20、OECD（经济合作与发展组织）等合作机制或框架下，全球数字治理取得积极进展。

2021年，数字经济与治理领域热点主要体现在四个方面：一是数字时代的产业创新生态加速构建。在主体方面，大中小企业、中间组织等联动，强化企业创新主体地位。在要素方面，以技术和资本要素为重点，激发技术供给活力，为产业创新生态发展提供普惠化、精准化、市场化的资金支持。在布局方面，区域特色化、协同化创新网络加快构建。二是App综合治理纵深推进。面对部分App随意收集、违法获取、过度使用个人信息等情况，国家持续加强App综合治理，逐步完善相关法律法规建设。加强技术与管理结合，全面推进全国App技术检测平台及标准化建设工作。开展专项整治，重点对"App、SDK违规处理用户个人信息""欺骗误导用户"等10类问题深入开展整治，用户权益保护明显改善。三是大型数字平台监管更趋严格。大型数字平台影响力与日俱增，数字市场呈现高度集中的垄断格局。全球主要经济体几乎同时对大型数字平台掀起以反垄断为代表的严格监管浪潮，加大平台反垄断执法力度，加速平台竞争政策与监管机制创新步伐。四是全球数字治理在区域层面取得积极进展。各国在部分关键数字贸易规则上，核心诉求及基本立场存在较大差异。在WTO（世界贸易组织）等诸边机制下，各国关键议题谈判进展缓慢，但区域协定取得积极进展，尤其是以亚太地区为核心的RCEP和CPTPP（全面与进步跨太平洋伙伴关系协定），分别体现不同国家对数字贸易规则诉求的差异。2021年11月，我国正式申请加入DEPA，这对我国融入全球数字治理框架、争取数字治理话语权具有重要意义。

在中央系统布局数字经济健康发展的背景下，我国数字经济将迎来黄金发展期，数字经济对经济增长的贡献将进一步突显，产业数字化将迎来爆发式增长。数字经济创新范式将持续演进，组合式创新、应用场景驱动型创新、网络化开放式创新将快速发展。数字经济领域法治建设将持续深化，理论体系、制定工具、实施机制、制度框架等不断完善，共同推动构建更为完备的法律制度体系。数字经济监管进入深度重塑期，一系列规范平台、数据、算法等的制度规则将陆续出台或落地，数字平台企业市场行为的违法边界将逐步清晰，监管将逐渐步入常态化。数字领域国际规则和标准制定进入关键期，数字治理新规则加速融合，在跨境数据流动、数字税、人工智能伦理及数字货币等重点领域的治理规则将加速整合，全球数字治理机制协同的复杂性不断上升。

本篇作者：
何伟　李强治　毕春丽　石中金　马凝芳　牛丹阳　孙克　方禹　汪明珠　王超贤
王甜甜　杨婕　李雅文　邱晨曦　孙鑫　王锐　岳云嵩　张子淇　杨媛　姜颖

一、2021年数字经济与治理领域发展综述

（一）数字化发展加快从体系部署到政策落地

党的十八大以来，党中央高度重视发展数字经济，实施网络强国战略和国家大数据战略，拓展网络经济空间，支持基于互联网的各类创新，推动互联网、大数据、人工智能和实体经济深度融合，建设数字中国、智慧社会，推进数字产业化和产业数字化，打造具有国际竞争力的数字产业集群。我国数字经济发展较快、成就显著，特别是新冠肺炎疫情暴发以来，数字技术、数字经济在抗击新冠肺炎疫情、恢复生产生活方面发挥了重要作用。

数字经济发展政策框架更加清晰。一方面，国家"十四五"规划纲要构建了推动数字化发展的系统性框架，将"加快数字化发展 建设数字中国"单独成篇，从技术、基础、应用、环境等方面全面指导数字经济发展。在技术方面，国家"十四五"规划纲要提出要加强原创性、引领性科技攻关，瞄准人工智能、量子信息、集成电路等前沿领域，实施一批具有前瞻性、战略性的国家重大科技项目。在基础方面，国家"十四五"规划纲要提出要加快建设新型基础设施，围绕强化数字转型、智能升级、融合创新支撑，布局建设信息基础设施、融合基础设施、创新基础设施等新型基础设施。在应用方面，国家"十四五"规划纲要提出要促进数字技术与实体经济深度融合，打造数字经济新优势，要适应数字技术全面融入社会交往和日常生活新趋势，加快数字社会建设步伐，要将数字技术广泛应用于政府管理服务，提高数字政府建设水平。在环境方面，国家"十四五"规划纲要提出要坚持放管并重，促进发展与规范管理相统一，构建数字规则体系，营造开放、健康、安全的数字生态。另一方面，《数字经济及其核心产业统计分类（2021）》科学界定了数字经济及其核心产业统计范围，将数字经济产业范围确定为：01 数字产品制造业、02 数字产品服务业、03 数字技术应用业、04 数字要素驱动业、05 数字化效率提升业等5个大类。01～04 大类为数字产业化部分，即数字经济核心产业，主要包括计算机通信和其他电子设备制造业、电信广播电视和卫星传输服务、互联网和相关服务、软件和信息技术服务业等，是数字经济发展的基础；05 大类为产业数字化部分，即应用数字技术和数据资源为传统产业带来的产

出增加和效率提升，是数字技术与实体经济的融合。《数字经济及其核心产业统计分类（2021）》为全面统计数字经济发展规模、速度、结构，满足各级政府和社会各界对数字经济的统计需求提供了基础保障。

各地纷纷加大数字经济布局力度。目前，我国已有21个省（自治区，直辖市）出台了数字经济相关规划，涵盖"数字经济""数字城市""数字政府"等领域。2021年各省共出台216个数字经济政策，包括32个顶层设计政策、6个数据价值化政策、35个数字产业化政策、54个产业数字化政策、89个数字化治理政策。北京、上海、广州等一线城市，一直都处于数字经济发展的第一梯队，也是综合引领数字经济发展的代表城市。2021年《北京市关于加快建设全球数字经济标杆城市的实施方案》正式印发，明确表示北京市加快发展数字经济的战略规划，打造引领全球数字经济发展的"六个高地"。《方案》提出，阶段性目标之一为到2025年，数字经济增加值达到地区生产总值的50%左右，北京进入国际先进数字经济城市行列。立足粤港澳大湾区，广东省人民政府印发了《广东省制造业数字化转型实施方案（2021—2025年）》和《广东省制造业数字化转型若干政策措施》，明确提出，到2025年，广东省要推动超过5万家规模以上工业企业运用新一代信息技术实施数字化转型，带动100万家企业上云、用云、降本、提质、增效。为实现这一目标，广东省将实施四条转型路径，包括推动行业龙头骨干企业集成应用创新、推动中小型制造企业数字化普及应用、推动产业园和产业集聚区数字化转型、推动产业链供应链数字化升级。上海市人民政府办公厅印发《上海市全面推进城市数字化转型"十四五"规划》，明确了"十四五"时期上海市数字化转型的"1+4"目标体系。一个主要目标是到2025年，上海全面推进城市数字化转型取得显著成效，对标打造国际一流、国内领先的数字化标杆城市，为2035年建成具有世界影响力的国际数字之都奠定坚实基础。

（二）数字经济构筑起强大发展引擎

当前世界局势复杂演变，给经济平稳运行带来更大不确定性和挑战。在复杂严峻的国际经济环境中，我国数字经济依然保持强劲增长势头，整体实现稳步增长。

1. 数字经济构筑经济增长关键支撑

2020年，我国数字经济保持蓬勃发展态势，规模由2005年的2.6万亿元增长到

2020 年的 39.2 万亿元。伴随着新一轮科技革命和产业变革持续推进，数字经济已成为当前最具活力、最具创新力、辐射最广泛的经济形态，是国民经济的核心增长极之一。我国数字经济规模如图 7-1 所示。

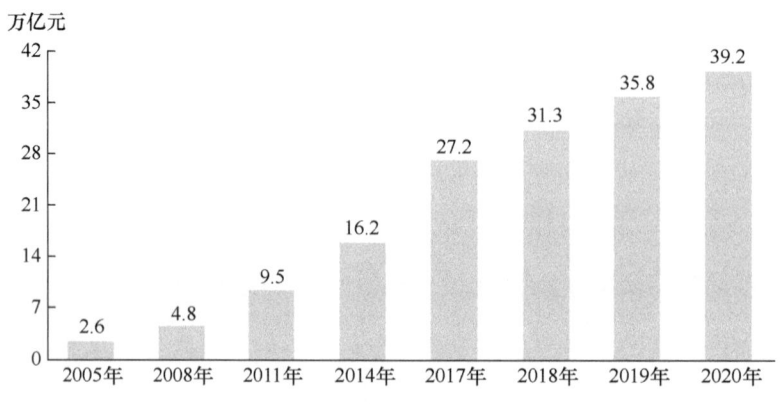

图 7-1　我国数字经济规模

（数据来源：中国信息通信研究院《中国数字经济发展白皮书》）

在全球经济增长乏力的背景下，数字经济继续保持高速增长。2020 年，我国数字经济依然保持 9.7% 的高位增长，远高于同期 GDP 名义增速约 6.7 个百分点，如图 7-2 所示。数字经济成为推动国民经济持续稳定增长的关键动力，对支持疫情防控和经济社会发展发挥了重要作用。

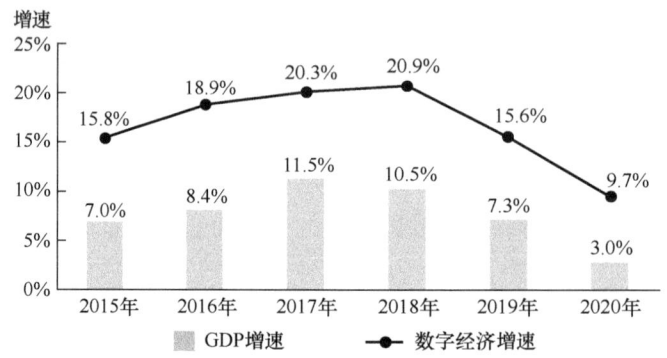

图 7-2　我国数字经济增速与 GDP 增速

（数据来源：中国信息通信研究院《中国数字经济发展白皮书》）

2. 数字经济贡献水平显著提升

数字经济在国民经济中的地位更加突出。如图 7-3 所示，数字经济占 GDP 比重逐年提升，在国民经济中的地位进一步凸显。2015—2020 年，我国数字经济占 GDP 比重由 27.0% 提升至 38.6%，2020 年占比同比 2019 年提升 2.3 个百分点。

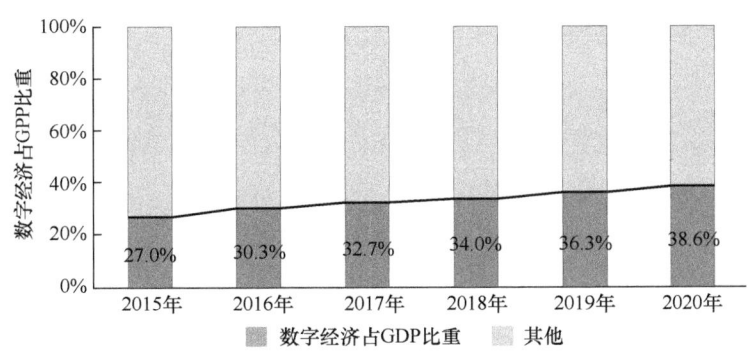

图 7-3 我国数字经济占 GDP 比重
（数据来源：中国信息通信研究院《中国数字经济发展白皮书》）

三次产业数字化发展深入推进。受新冠肺炎疫情影响，在线办公、在线教育、网络视频等数字化新业态、新模式快速发展，大量企业利用大数据、工业互联网等加强供需精准对接、高效生产和统筹调配。2020 年，我国服务业、工业、农业数字经济占行业增加值比重分别为 40.7%、21.0% 和 8.9%，产业数字化转型提速，融合发展向深层次演进，如图 7-4 所示。

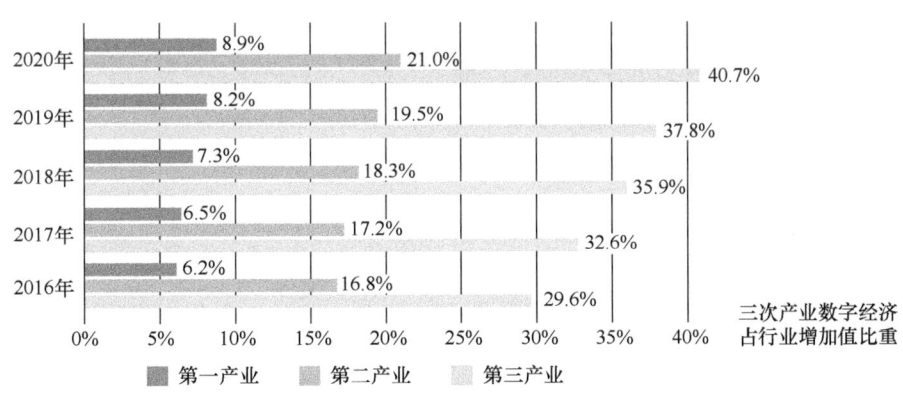

图 7-4 我国数字经济渗透率
（数据来源：中国信息通信研究院《中国数字经济发展白皮书》）

3. 数字经济结构持续优化升级

如图 7-5 所示，在我国数字经济内部结构中，产业数字化的主导地位得到进一步巩固。受新冠肺炎疫情影响，数字经济"补位"作用凸显。一方面，数字产业化实力进一步增强，数字技术新业态层出不穷，一批大数据、云计算、人工智能企业创新发展，产业生产体系更加完备，正向全球产业链中高端跃进。2020 年，数字产业化规模达到 7.5 万亿元，占 GDP 比重为 7.3%，同比名义增长 5.3%，占数字经济的比重由 2015 年的 25.7% 下降至 2020 年的 19.1%。另一方面，产业数字化深入发展获得新机遇，电子商务、平台经济、共享经济等数字化新模式不断涌现，服务业数字化升级前景广阔，工业互联网、智能制造等全面加速，工业数字化转型孕育广阔成长空间。2020 年产业数字化规模达 31.7 万亿元，占 GDP 比重为 31.2%，同比名义增长 10.3%，占数字经济的比重由 2015 年的 74.3% 提升至 2020 年的 80.9%，为数字经济持续健康发展输出强劲动力。

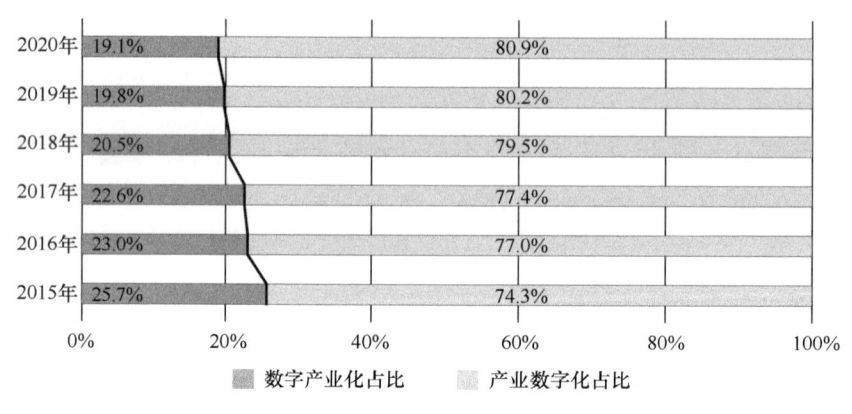

图 7-5　我国数字经济内部结构

（数据来源：中国信息通信研究院《中国数字经济发展白皮书》）

4. 数字经济区域发展百花齐放

各地数字经济发展取得新跃升[1]。2020 年各地区数字经济发展水平基本延续前几年发展态势，经济发展水平较高的省份，数字经济发展水平也较高。从总量来看，2020 年有 13 个省（自治区，直辖市）数字经济规模超过 1 万亿元，分别为广东、江苏、山东、浙江、上海、北京、福建、湖北、四川、河南、河北、湖南、安徽，另有 8 个省（自治区，直辖市）数字经济规模超过 5 000 亿元，分别为重庆、辽宁、江西、陕西、广西、天津、云南、贵州等。从占比来看，北京、上海数字经济规模占 GDP 比重处于全国领先水平，分别达到 55.9% 和 55.1%，天津、广东、浙江、福建、江苏、山东、湖北、重庆数字经济规模占 GDP 比重均超过全国平均水平。从数字经济规模增速来看，贵州、重庆、福建占据数字经济规模增速最快前三名，2020 年增速均超过 15%，湖南、四川、江西、浙江、广西、安徽、河北、山西数字经济规模增速超过 10%，其余省（自治区，直辖市）数字经济规模增速在 5%～10%。2020 年我国部分省（自治区，

---

[1] 受数据可得性及数据连续性等限制，本报告测算不包括海南、黑龙江、吉林、西藏、香港、澳门、台湾。

直辖市）数字经济规模、占比、增速如图7-6所示。

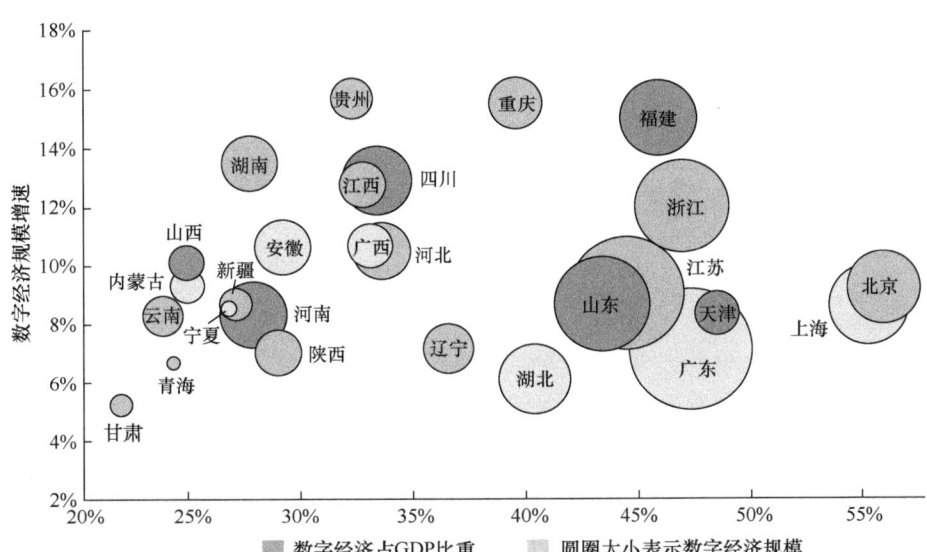

图7-6　2020年我国部分省（自治区，直辖市）数字经济规模、占比、增速
（数据来源：中国信息通信研究院《中国数字经济发展白皮书》）

（三）数字技术与实体经济融合进入加速轨道

从全球来看，数字化转型迅速从新冠肺炎疫情冲击下恢复，将跃上加速轨道。数字化转型是大势所趋，是一个长期的发展过程。在新冠肺炎疫情暴发之前，全球数字化转型已进入加速发展的临界点。新冠肺炎疫情给数字化转型带来了双重影响，一方面，受疫情影响，企业收入减少，数字化转型投入降低；另一方面，数字化提供了连接世界、接续产业链与供应链的另一种方式，促使大量企业加快了数字化转型步伐。IDC数据显示，2020年全球数字化转型投入增速从2019年的18%下降到11%。2021年随着整体经济复苏加速，数字化转型也加速恢复。IDC数据显示，2021年全球数字化转型技术和服务支出为1.5万亿美元，同比增长14.5%，且此后3年（2022—2024年）的平均增速预计将达到17%，比之前3年（2018—2020年）高6个百分点。

从中国来看，数字化转型也在加速发展。服务数字化在高水平稳步增长。在线办公、短视频等服务业数字化新模式在2020年呈现高速增长态势，2021年继续保持增长活力，比如在2020年下半年，在线办公用户渗透率从上半年的21%增长到35%，2021年上半年继续增长至38%。同时，工业互联网驱动的制造业数字化转型进展迅速。2021年上半年，相比2020年上半年，工业互联网连接工业设备数量从4 000万台

（套）增长到超过 7 000 万台（套），有影响力的工业互联网平台从 70 多个增长到超过 100 个，5G+ 工业互联网在建示范项目数量则迅速超过了 1 600 个。

综合判断，从更长的历史视角来看，数字技术与实体经济融合正迈向加速发展新阶段。

（四）平台经济发展与规范并重

随着移动互联网的普及和数字化转型的加快，我国平台经济继续保持稳步增长态势。截至 2021 年 6 月 30 日，我国市场价值超 10 亿美元的数字平台企业达 205 家，总价值规模达 3.7 万亿美元，总体保持稳步增长态势[2]。与此同时，我国平台企业发展不规范、不充分问题也较为突出，强制"二选一"、大数据杀熟、生态封闭等损害竞争、创新和消费者利益的行为频发，引发社会广泛关注。

国家从坚持发展和规范并重出发，进行一系列重大决策部署。2020 年 12 月，中央经济工作会议明确提出反垄断和防止资本无序扩张，并将其列为 2021 年八项重点工作任务之一。2021 年 2 月，国务院反垄断委员会制定发布《关于平台经济领域的反垄断指南》，这是我国首部针对数字平台反垄断的法律法规，也是全球较早对平台经济领域反垄断问题进行系统性回应的法律法规。此外，我国还加强了行业管理和规范。工业和信息化部开展屏蔽网址链接等专项整治。中国人民银行、中国银行保险监督管理委员会等监管部门陆续出台网络贷款、非银行支付业务等相关政策文件，要求将互联网金融活动全部纳入金融监管。市场监管部门加大对在线教育企业合规引导，对虚假宣传、诱骗消费者交易、价格欺诈等违法行为给予处罚。当前，我国平台经济发展正处在关键时期，坚持发展和规范并重，有利于推动平台经济规范、健康、持续发展。

（五）数字经济法治建设取得突破性进展

2021 年，我国数字经济法治建设取得了突破性进展，立法密集出台，加快补齐制度短板，构建数字经济法律体系，以法治护航数字经济高质量发展。

1. 数据治理制度体系全面展开，全方位推动立法变革

数据安全领域确立基础性法律。《中华人民共和国数据安全法》于 2021 年 6 月正

---
[2] 数据来源：中国信息通信研究院监测。

式出台，实现数据治理制度从无到有的"突破"，成为我国安全领域基础性法律。《中华人民共和国数据安全法》坚持安全与发展并重原则，在确立"数据安全"首要目标的同时，兼顾"数据开发利用""个人、组织的合法权益"。该法重点确立了数据安全保护的各项基本制度，完善了数据分类分级、重要数据保护、数据安全审查、跨境数据流动和数据交易管理等重要制度，形成了我国数据安全的顶层设计。2021年11月，国家互联网信息办公室发布《网络数据安全管理条例（征求意见稿）》向社会公开征求意见，对网络数据处理活动中涉及的个人信息保护、重要数据安全管理、跨境数据流动规范等内容进行了全方位、多层次的细化规定，该条例将成为《中华人民共和国数据安全法》的主要配套规则之一。

为跨境数据流动构建结构严密的法律制度体系。《中华人民共和国网络安全法》最早对数据跨境流动进行了规定，《中华人民共和国出口管制法》对出口物项相关数据进行了规定。《中华人民共和国数据安全法》对数据的出境管理进行了补充和完善。2021年10月29日，国家互联网信息办公室就《数据出境安全评估办法（征求意见稿）》公开征求意见，该办法根据《中华人民共和国网络安全法》《中华人民共和国数据安全法》《中华人民共和国个人信息保护法》等法律法规，细化和明确了我国跨境数据安全自由流动的具体规则，是我国数据治理法律体系正式成型后，在数据出境安全管理系列规范中具有关键意义和地位的配套规则。

在个人信息保护领域实现法律制度重构。酝酿多年的《中华人民共和国个人信息保护法》于2021年8月20日出台，成为我国个人信息保护领域的基础性立法。《中华人民共和国个人信息保护法》将"保护个人信息权益""促进个人信息合理利用"作为并行的立法目标，兼具私法保护及行政监管等多元保护模式，统合私主体和公权力机关的义务与责任，从国家层面对《中华人民共和国网络安全法》《中华人民共和国民法典》等相关法律中原有的关于个人信息保护的规定予以完善和补充，对个人信息保护问题进行整体性的制度安排。

App成为个人信息保护重点领域，监管机构持续予以规范。2021年3月12日，国家互联网信息办公室、工业和信息化部、公安部、国家市场监督管理总局四部门以规范性文件的形式，联合印发《常见类型移动互联网应用程序必要个人信息范围规定》，并于2021年5月1日正式施行。该规定主要依据《中华人民共和国网络安全法》确立的"必要性原则"，明确了39种基础类型App的基本功能及保障其正常运行所需收集的个人信息的具体类型及使用要求。2021年4月26日，在国家互联网信息办公室统筹指导下，工业和信息化部会同公安部、国家市场监督管理总局联合起草制定《移动互联网应用程序个人信息保护管理暂行规定（征求意见稿）》。该暂行规定在具体应用场景中细化了"知情同意""最小必要"的认定标准，推动有效解决在实践中对用户个人信息收集使用规则、目的、方式和范围不明确的问题。该暂行规定还理顺了App个人信息保护整体监管机制，明确了对违法行为的处置措施，以期能最大限度地发挥法律制度对违法行为的约束功能。

地方数据立法为产业发展提供指引。2021年，部分地方政府积极探索问题解决路径，通过地方立法总结固化经验做法，也为地方率先发展数字产业提供指引。2021年3月26日，《安徽省大数据发展条例》经安徽省第十三届人民代表大会，常务委员会表决通过。2021年7月6日，深圳市人民代表大会，常务委员会正式出台《深圳经济特区数据条例》。2021年9月29日，武汉市人民政府出台《武汉市公共数据资源管理办法》，对公共数据的开放共享等问题提出了明确规定。2021年9月30日，山东省人民代表大会，常务委员会审议通过《山东省大数据发展促进条例》。2021年10月25日，广东省人民政府出台《广东省公共数据管理办法》，这是广东省首部数据层面的政府规章，为规范公共数据管理，促进公共数据资源开发利用提供了制度保障。2021年11月25日，《上海市数据条例》经上海市第十五届人民代表大会，常务委员会表决通过，并于2022年1月1日起施行，该条例聚焦数据权益保障、数据流通利用、数据安全管理三大环节，结合数字经济相关市场主体的发展瓶颈，在满足安全要求的前提下，最大限度地促进数据流通和开发利用、赋能数字经济和社会发展。

2. 网络社会治理立法高质量发展，紧贴民生福祉

网络竞争领域立法多措并举，促进平台经济创新发展。相关部门从平台经济监管、主体责任落实等维度，回应社会对互联网领域垄断和不正当竞争行为的关切。2021年2月7日，国务院反垄断委员会就《中华人民共和国反垄断法》适用问题发布了《关于平台经济领域的反垄断指南》，明确对平台经济领域相关市场作出界定，明确规定基于算法共谋的垄断协议，细化认定平台经济领域经营者具有市场支配地位的考虑因素，认定平台构成必需设施的考虑因素，规定"二选一""大数据杀熟"可能构成滥用市场支配地位的差别待遇行为。8月17日，国家市场监督管理总局起草了《禁止网络不正当竞争行为规定（公开征求意见稿）》，向社会公开征求意见。11月9日，全国人民代表大会，常务委员会对《中华人民共和国反垄断法（修正草案）》进行了审议。修正草案对《关于平台经济领域的反垄断指南》所作出的反垄断合规指引给予了确认，为强

化反垄断和防止资本无序扩张提供更加明确的法律依据和更加有力的制度保障。10月29日，国家市场监督管理总局进一步起草《互联网平台分类分级指南（征求意见稿）》《互联网平台落实主体责任指南（征求意见稿）》，公开征求意见，在反垄断和不正当竞争行为方面对互联网平台提出了明确要求。

弱势群体网络保护立法相继出台。国家在大力发展互联网的同时，也高度关注未成年人、老年人等弱势群体的网络权益。《中华人民共和国未成年人保护法》于2021年6月1日正式生效，开启未成年人网络保护新篇章。有关部门陆续发布规范性文件，部署未成年人网络保护相关专项行动，如教育部等六部门发布《关于联合开展未成年人网络环境专项治理行动的通知》，国家新闻出版署发布《关于进一步严格管理切实防止未成年人沉迷网络游戏的通知》。老年人的数字困境问题在2021年也首次被写入政府工作报告，提出推进智能化服务要适应老年人需求。2020年12月24日，工业和信息化部发布《互联网应用适老化及无障碍改造专项行动方案》，部署相关产品和服务措施。2021年4月7日，工业和信息化部发布《移动互联网应用（App）适老化通用设计规范》。2021年4月12日，工业和信息化部发布《互联网网站适老化通用设计规范》，明确在适老版界面、单独的适老版App中严禁出现广告内容及插件，也不能随机出现广告或临时性的广告弹窗，同时禁止出现诱导下载、诱导付款等诱导式按键。2021年6月29日，工业和信息化部正式发布《移动终端适老化技术要求》《移动终端适老化测试方法》《智能电视适老化设计技术要求》三项标准，侧重于解决老年人在使用智能终端产品过程中遇到的各种困难。

新业态从业人员劳动权益保障法律规则得到强化。国家在大力推进数字经济发展的同时，十分注重保护广大劳动者、消费者等群体的利益，维护社会公平、正义，确保数字经济持续稳定健康发展。2021年7月26日，国家市场监督管理总局、国家互联网信息办公室等七部门以规范性文件的形式，联合印发《关于落实网络餐饮平台责任切实维护外卖送餐员权益的指导意见》（以下简称《意见》），对保障外卖送餐员正当权益提出全面具体要求。《意见》从劳动收入、考核制度、派单机制、劳动安全等10个方面，要求切实维护外卖送餐员的正当权益。

3. 网络安全法规体系构建基本完成，重点领域立法加速

关键信息基础设施配套立法顺利出台。2021年7月30日，《关键信息基础设施安全保护条例》（以下简称《条例》）正式出台。作为《中华人民共和国网络安全法》的

重要配套立法，《条例》积极应对国内外网络安全保护的主要问题和发展趋势，为下一步加强关键信息基础设施安全保护工作提供了重要的法治保障。

网络漏洞管理等配套立法规则出台。为落实《中华人民共和国网络安全法》中对网络漏洞、实名制等相关要求，2021年7月12日，工业和信息化部、国家互联网信息办公室、公安部联合印发规范性文件《网络产品安全漏洞管理规定》，首次从产品视角管理漏洞，通过对网络产品漏洞的收集、研判、追踪、溯源，立足于供应链全链条，对网络产品进行全周期的漏洞风险跟踪。此外，有关部门还通过发布规范性文件进一步明确有关具体规则。2021年9月13日，工业和信息化部发布《关于加强车联网卡实名登记管理的通知》，明确不同销售阶段对车联网卡实名登记要求，防范车联网中的安全风险。2021年9月15日，工业和信息化部发布《关于加强车联网网络安全和数据安全工作的通知》，对车联网的网络安全和数据安全提出了基本要求。

反电信网络诈骗提上立法进程。2021年10月19日，《中华人民共和国反电信网络诈骗法（草案）》提交全国人民代表大会常务委员会首次审议，于2021年10月23日公布，并且公开征求社会意见。草案的制定秉持了"小切口"立法及"急用先行"的原则，回应现实需求的同时，全面提升反电信网络诈骗工作的法治化、规范化水平。草案立足源头治理，打击"两卡"犯罪，强化实名制管理，突出新技术整治，完善救济措施，对内建立全链条整治工作机制，对外积极稳妥推进国际执法司法合作。

4. 网络空间生态治理立法强基固本，聚焦新业态、新技术

对互联网信息服务立法进行制度改革。2021年开局，国家互联网信息办公室会同工业和信息化部、公安部就《互联网信息服务管理办法（修订草案征求意见稿）》正式公开征求意见，构建更丰富的互联网信息服务管理体系。

新业态内容管理立法成为主要领域。针对公众账号、用户账号名称等领域，2021年1月22日，国家互联网信息办公室公布修订的《互联网用户公众账号信息服务管理规定》，对公众账号的管理更加精细化和精准化。2021年10月26日，国家互联网信息办公室就《互联网用户账号名称信息管理规定（征求意见稿）》公开征求意见，规范互联网用户账号名称信息注册、使用、管理。针对网络直播和营销领域，2020年年底，国家互联网信息办公室、国家市场监督管理总局、国家广播电视总局等部门出台《关于加强网络直播营销活动监管的指导意见》《关于加强网络秀场直播和电商直播管理的通知》等相关规范性文件。2021年5月25日，国家互联网信息办公室、公安部、

商务部等七部门联合发布《网络直播营销管理办法（试行）》，通过发布规范性文件的形式系统、全面地解决电商网络直播营销问题。

制定算法推荐管理的专门法律规则。2021年8月27日，国家互联网信息办公室发布了《互联网信息服务算法推荐管理规定（征求意见稿）》，对算法推荐技术进行专门管理规定。2021年9月29日，国家互联网信息办公室进一步以发布规范性文件的形式，会同中共中央宣传部、教育部、科学技术部等九部委印发《关于加强互联网信息服务算法综合治理的指导意见》，提出要利用3年左右时间，逐步建立治理机制健全、监管体系完善、算法生态规范的算法安全综合治理格局。

（六）全球数字经济实现逆势蓬勃发展

新冠肺炎疫情仍在全球蔓延，国际形势中不稳定、不确定因素增多，世界经济形势复杂严峻。以互联网、大数据、云计算、人工智能等为代表的新一代信息技术加速迭代，并推动传统产业加速数字化、网络化、智能化转型升级，全球数字经济持续稳步发展。

1. 从整体态势看，数字经济发展有效缓解全球疫情冲击

疫情期间，人们的各项需求迅速从线下转为线上，数字化新业态、新模式蓬勃发展，大量企业利用大数据、工业互联网等加强供需精准对接、高效生产和统筹调配，数字经济在减少人员流动、降低疫情传播风险、满足人们生产生活需求、稳定经济增长等方面作出了重要贡献。全球数字经济在逆境中实现平稳发展。2020年，全球（测算47个国家）数字经济增加值规模达到32.9万亿美元，同比名义增长约3.0%，占GDP比重为44.1%，产业数字化仍然是数字经济发展的主引擎，占数字经济比重为84.5%，其中，第三产业引领行业数字化融合渗透，第一、第二、第三产业数字经济占行业增加值比重分别为8.0%、23.5%和43.9%。2020年全球数字经济整体发展情况如图7-7所示。

2. 从具体国别看，美国、中国、德国、日本、英国数字经济快速发展

2020年，虽然各国经济受疫情影响较大，但数字经济持续表现良好的发展势头和较好的发展前景，数字经济成为疫情冲击下世界主要国家推动经济稳定复苏的重要动力。

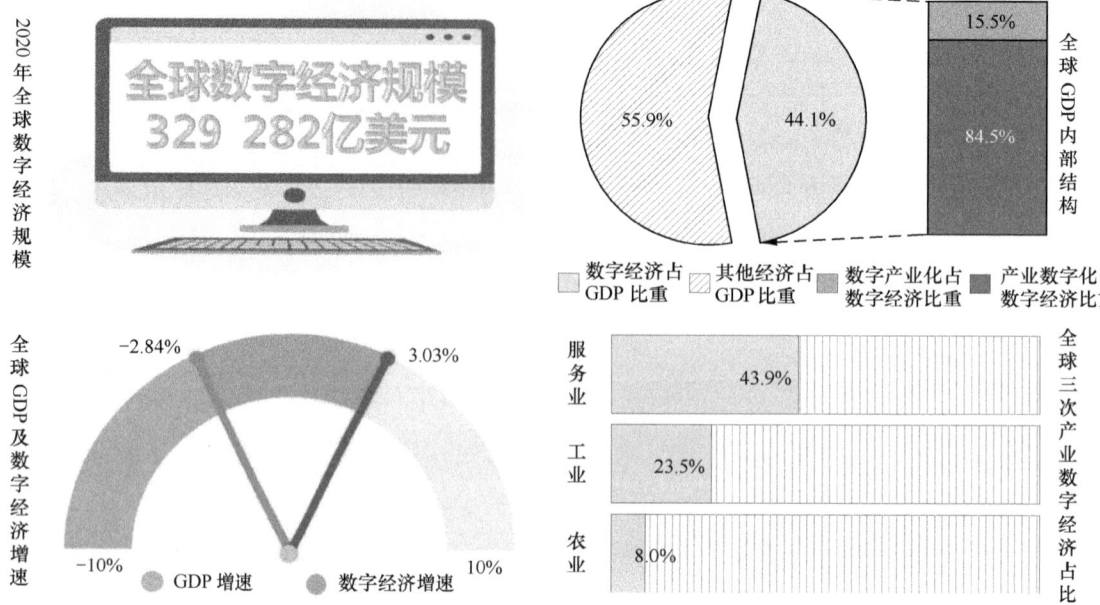

图 7-7　2020 年全球数字经济整体发展情况

（数据来源：中国信息通信研究院《全球数字经济白皮书——疫情冲击下的复苏新曙光》）

在规模方面，美国、中国、德国、日本、英国数字经济规模占全球数字经济规模的 79.2%。2020 年，美国数字经济规模蝉联世界第一，规模达到 13.6 万亿美元，占全球数字经济规模的 41.3%，中国数字经济规模位居世界第二，规模为 5.7 万亿美元，德国、日本、英国位居第三至第五位，规模分别为 2.54 万亿美元、2.48 万亿美元和 1.79 万亿美元。

在占比方面，德国、英国、美国、韩国数字经济成为国民经济主导。2020 年，受疫情影响，各国经济明显下滑，但数字经济新模式、新业态获得较好的发展空间，数字经济在国民经济中占比显著提升，数字化已成为一国经济发展现代化的重要标识。德国、英国、美国数字经济占 GDP 比重超过 60%，分别为 66.7%、66.0% 和 65.0%，韩国数字经济占 GDP 比重也超过 50%，达到 52.0%。2020 年全球主要国家数字经济占比如图 7-8 所示。

在增速方面，数字经济增速同比略有放缓，部分国家出现负增长。2020 年，中国数字经济同比增长 9.6%，位居全球第一，立陶宛、爱尔兰、保加利亚数字经济同比增长也超过 8%，此外，卢森堡、丹麦、瑞典、爱沙尼亚、芬兰、瑞士、罗马尼亚、越南 8 个国家数字经济同比增速超过 5%，德国、韩国、加拿大、日本、法国、美国、澳大利亚、英国等22个国家数字经济均实现正增长。2020年全球主要国家数字经济增速如图7-9所示。

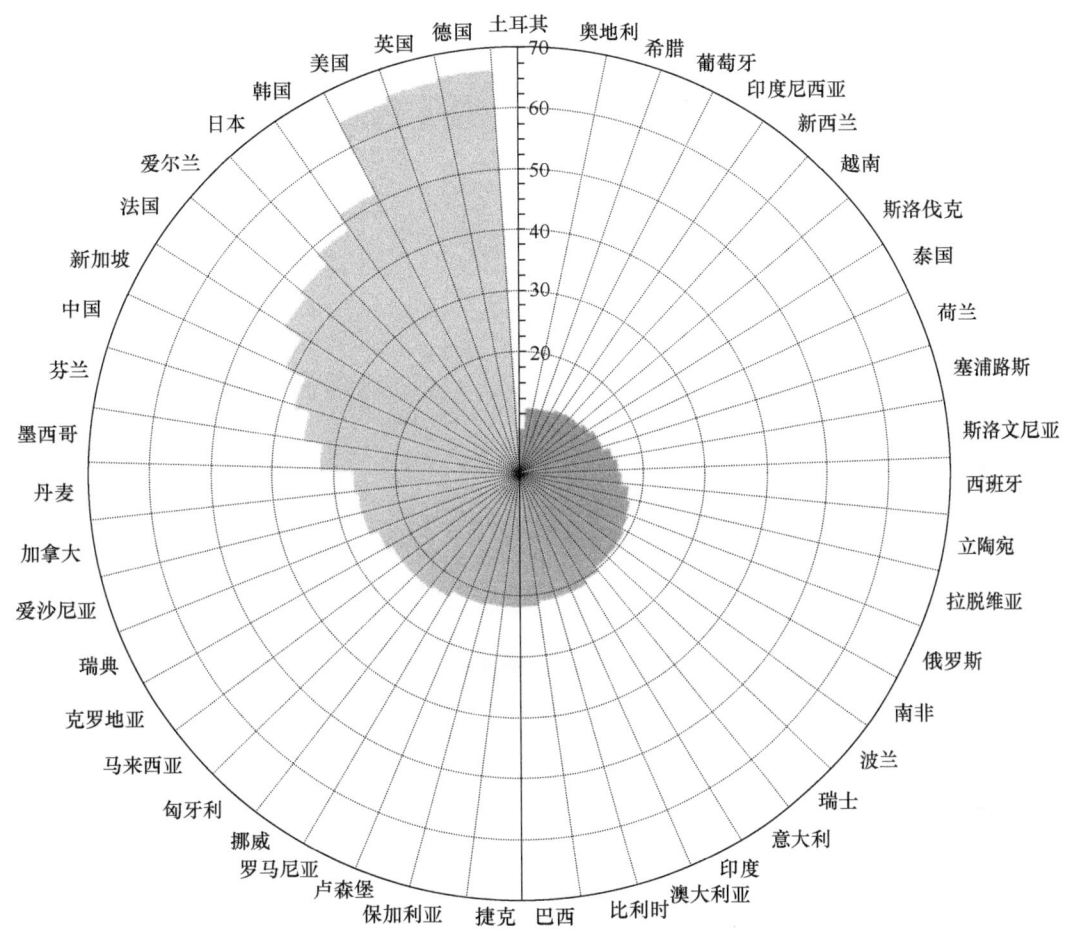

图7-8　2020年全球主要国家数字经济占比（%）
（数据来源：中国信息通信研究院《全球数字经济白皮书——疫情冲击下的复苏新曙光》）

在结构方面，各国产业数字化占比均超过50%。2020年，各国数字产业化在数字经济中占比逐渐下降，产业数字化占比持续提升。德国加速推进数字经济与实体经济融合发展，产业数字化占数字经济比重达到91.3%，此外，英国、美国、法国、日本、南非、俄罗斯、中国、巴西、挪威等14个国家产业数字化占数字经济比重也都超过了80%，墨西哥、意大利、西班牙、韩国、泰国、印度等16个国家产业数字化占数字经济比重也超过了70%，另有16个国家产业数字化占数字经济比重为50%～70%。2020年全球主要国家数字经济结构如图7-10所示。

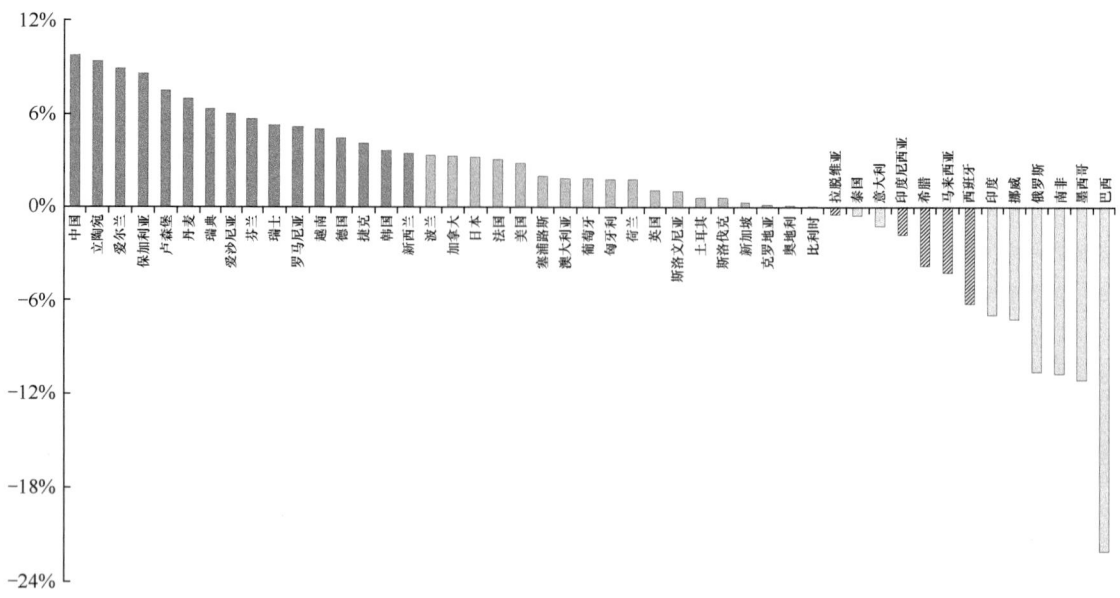

图 7-9 2020年全球主要国家数字经济增速

（数据来源：中国信息通信研究院《全球数字经济白皮书——疫情冲击下的复苏新曙光》）

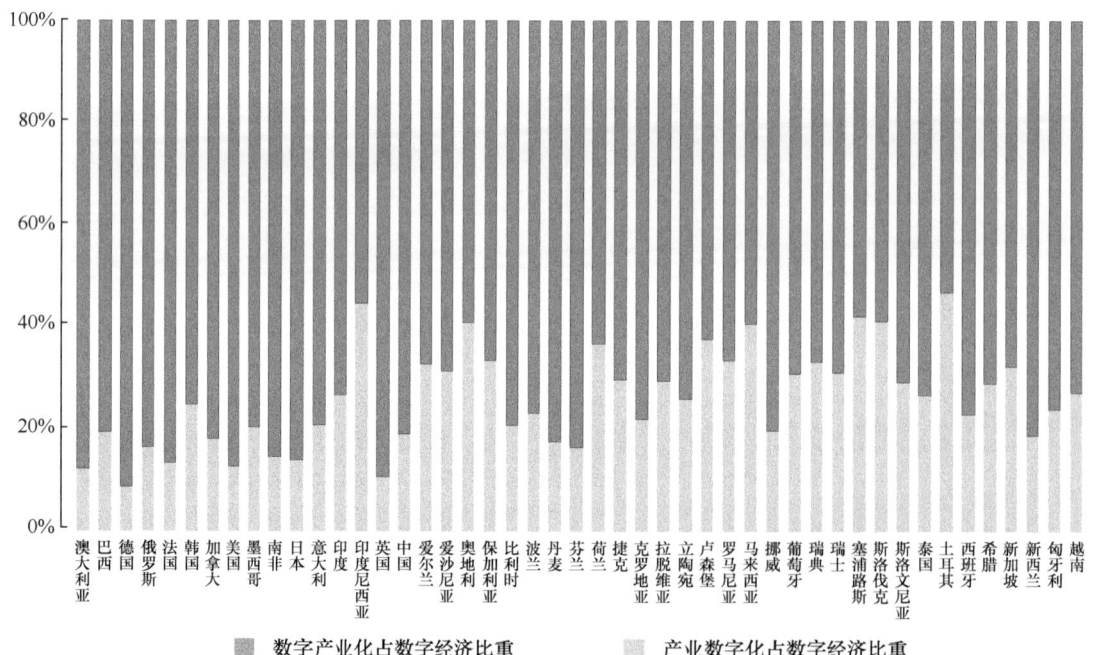

■ 数字产业化占数字经济比重　　□ 产业数字化占数字经济比重

图 7-10 2020年全球主要国家数字经济结构

（数据来源：中国信息通信研究院《全球数字经济白皮书——疫情冲击下的复苏新曙光》）

在产业渗透方面，德国、英国、美国数字经济在三次产业的渗透均高于其他国家。在第一产业数字化方面，2020年，英国、德国、韩国第一产业数字经济占比位列前三名，分别达到29.9%、24.8%和17.4%，另有新西兰、法国、芬兰、美国、日本、新加坡、爱尔兰、丹麦、俄罗斯、中国、挪威共 11 个国家第一产业数字经济占比超全球平均水平。在第二产业数字化方面，2020 年，德国、韩国、美国第二产业数字经济占比全球领先，分别达到 43.9%、43.6% 和 36.0%，此外，英国、爱尔兰、日本、新加坡、法国共 5 国第二产业数字经济占比超过全球平均水平。在第三产业数字化方面，2020 年，德国、英国、美国第三产业数字经济占比超过 60%，分别达到 67.9%、66.1% 和 61.0%，日本、法国、中国等第三产业数字经济占比均超过 40%。2020 年全球主要国家数字经济三次产业的渗透情况如图 7-11 所示。

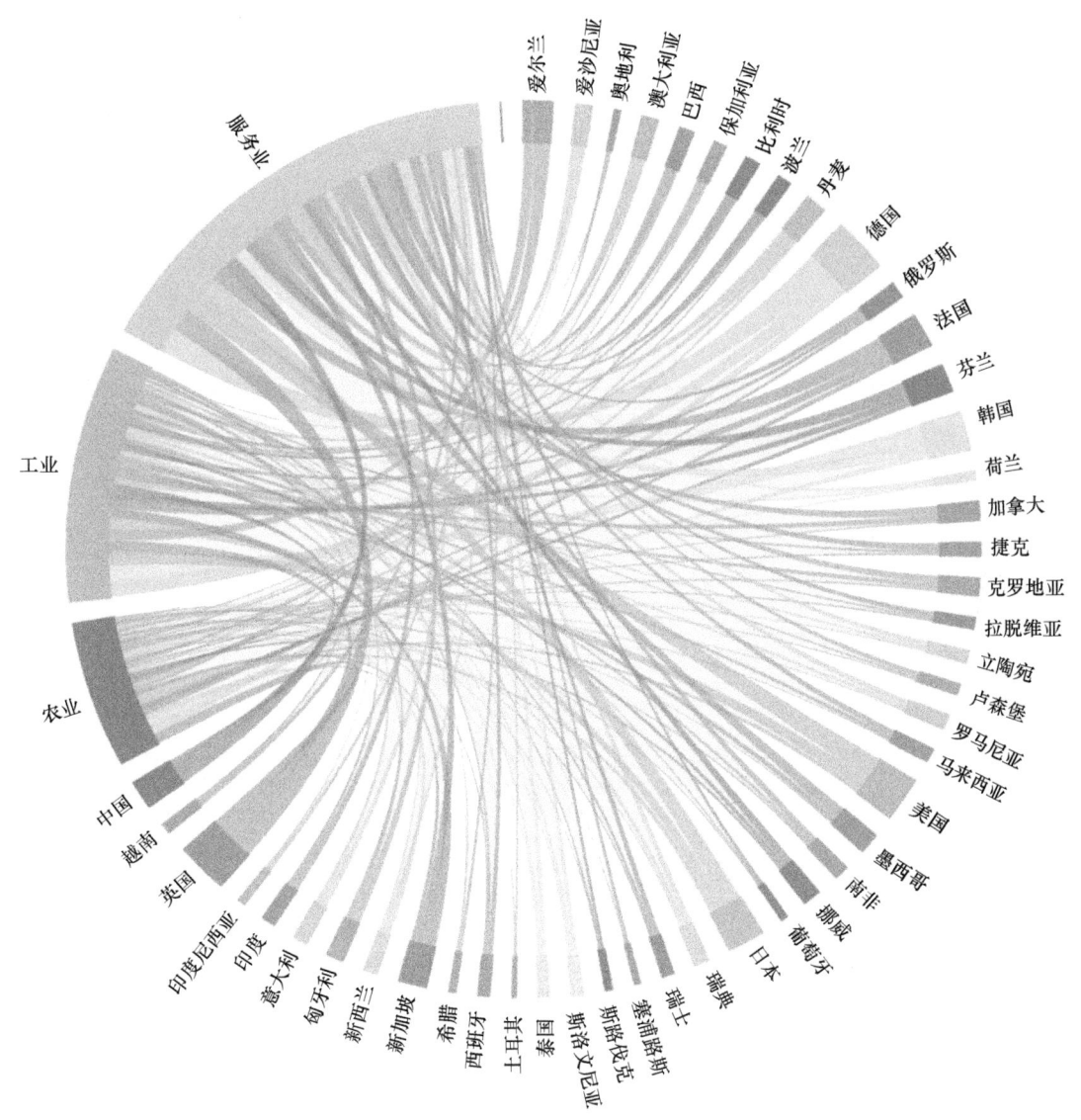

图 7-11　2020 年全球主要国家数字经济三次产业的渗透情况
（数据来源：中国信息通信研究院《全球数字经济白皮书——疫情冲击下的复苏新曙光》）

（七）全球数字治理规则加速构建

数字经济高速发展的同时，各国间围绕跨境数据流动、数字税收、人工智能、数字货币等核心议题的讨论逐步加深，并取得积极进展。如在跨境数据流动方面，相关规则依托国际贸易协定不断演进，"跨境数据自由流动+公共政策/安全例外"的规则模板日益得到各方支持；七国集团（G7）贸易部长会议发表关于数字贸易的宣言，提出了可信数据流动的若干原则，在美国与欧洲的主要国家间就数字贸易和跨境数据使用原则上达成一致。在数字税收方面，136个辖区就G20/OECD国际税收包容性框架达成历史性协议，同意15%最低税率，确保大企业在销售所在地纳税；单边数字税征管由热转冷，奥地利、法国、意大利等国家和地区取消或暂缓推出数字税。在人工智能方面，联合国教育、科学及文化组织通过了《人工智能伦理问题建议书》，其成为首个有关人工智能伦理的全球规范性框架；欧盟委员会发布《人工智能统一规则》提案，这是全球首部人工智能立法文本，提出"基于风险"的治理路径。在数字货币方面，G20金融稳定委员会制定跨境支付路线图；国际清算银行下辖多个机构推动清算基础设施标准、跨境支付、加密资产风险等规则形成；国际货币基金组织（IMF）负责评估稳定币对会员国货币主权的影响。

二、2021年数字经济与治理领域热点分析

（一）数字时代的产业创新生态加速构建

1. 我国创新发展总体情况

我国创新指数排名创历史新高。世界知识产权组织发布的《2021年全球创新指数报告》显示，我国位居全球第12名，较2020年排名上升2名，是全球前30名中唯一的中等收入经济体，排名超过日本、以色列、加拿大等发达经济体。我国自2013年起，全球创新指数排名连续9年稳步上升，上升势头强劲，这主要得益于创新投入和多项创新产出的快速增长。

我国研发经费支出排名全球第二。自2009年超越日本、2013年超越欧盟27国后，我国一直是继美国之后的世界第二大研发经费支出大国。2019年我国研发经费支出首次突破2万亿元大关，2020年达2.4万亿元，比上年增加2 249.5亿元，增长10.2%。R&D（Research and Development，研究与开发）经费投入强度（与国内生产总值之比）为2.4%，比上年提高0.16个百分点。按当前购买力平价美元计算，我国研发经费支出占OECD统计的37个国家研发经费支出总和的25%左右，仅次于美国（30%左右）。

我国多项创新产出指标位居全球首位。中国专利申请量位居全球首位。世界知识产权组织发布的《2021年世界知识产权指标》报告显示，2020年，中国专利申请量达150万件，同比增长6.9%，占全球专利申请总量的45.7%，是位居第二的美国专利申请量（59.7万件）的2.5倍有余，其次是日本、韩国、德国、印度、俄罗斯、加拿大和澳大利亚。中国商标申请量位居全球首位。2020年，中国商标申请量（按类统计）达930万件，位列全球第一，与位居第二的美国相比，逐渐扩大领先优势，已从2006年的2倍左右增长至2020年的近11倍。这主要是因为中国居民在国内申请的商标数量较多。商标申请量排名第三至第五位的国家和地区分别为伊朗（54.2万件）、欧盟各国（43.8万件）和印度（42.5万件），排名前五位的国家和地区的商标申请量约占全球商标申请量的68%。特别说明的是，今年印度的商标申请量首次超过日本的商标申请量，排名升至第五位。中国外观设计专利申请量占全球一半以上。2020年，我国

知识产权局受理的外观设计专利申请量达 77 万项，约占全球总量（约 140 万项）的 55.5%，位居全球第一。其次是欧盟各国（11.3 万项）、韩国（7.1 万项）、美国（5.1 万项）和土耳其（4.8 万项）。

同时也要看到，我国产业创新生态体系整体效能还不高，产业链、供应链仍然存在基础不牢、水平不高的问题，在某些关键环节还存在关键核心技术缺失风险，"补短板、锻长板"势在必行，需通过抓主体、促要素、谋布局，打造良好产业创新生态。

2. 抓主体，企业加快提升创新能力

企业研发投入结构性问题突出。从总体看，我国企业研发投入强度不及美国的 1/3。2020 年，我国规模以上工业企业研发经费支出占营业收入的比重为 1.41%，与日本和美国存在较大差距。特别是规模以上制造企业研发投入强度明显低于发达国家平均水平。我国规模以上制造企业研发经费支出为 1.48 万亿元，研发投入强度仅为 1.54%，远低于发达国家的 2.5%～4%，仅为美国和日本的 1/3 左右。从阶段看，基础研究和应用研究研发、投入严重偏低。与创新型国家企业研发投入相比，我国企业在基础研究和应用研究阶段的经费支出严重偏低，企业研发经费几乎全部用于试验发展。2020 年，我国企业研发经费支出为 1.87 万亿元，其中，基础研究经费支出占比为 0.3% 左右，仅为日本的 1/27 和美国的 1/20；应用研究经费支出占比为 3.3% 左右，仅为美国和日本的 1/5 左右。

多措并举强化企业创新主体地位。领军企业牵头组建创新联合体。领军企业积极联合行业上下游、产学研力量组建创新联合体，开展关键核心技术研发，推动全产业链创新发展。如中国移动联合产业各界共同成立绿色 5G 创新联合实验室，针对 5G 高耗能问题打造联合创新平台，共同寻求创新解决方案。中小企业创新发展提质增速，培育更多"专精特新"中小企业，成为提升企业创新发展能力的关键发力点。2021 年以来，相关部门从营造公开、透明、便利的准入环境，到拓宽中小企业融资渠道，持续加码支持"专精特新"中小企业，中小企业创新发展取得成效。截至 2021 年 9 月初，我国 4 762 家"专精特新"中小企业，平均拥有 50 项以上有效专利。中间组织发挥创新平台优势。科研机构等中间组织发挥平台组织优势，推动产业链、创新链融合。如中国信息通信院发挥 IMT-2020（5G）推进组、IMT-2030（6G）推进组、工业互联网产业联盟等平台优势，助力企业创新。

3. 促要素，技术、资本要素顺畅流动

技术要素层面：激发技术供给活力，促进科技成果转化。政策方面，国务院办公

厅发布的《关于完善科技成果评价机制的指导意见》，首次将评价科技成果的科学、技术、经济、社会、文化五大价值明确化，坚决破解科技成果评价中的"唯论文、唯职称、唯学历、唯奖项"问题，改革完善科技成果奖励体系等，有利于在新形势下推动产出高质量成果、营造良好创新生态，促进创新链、产业链、价值链深度融合。科学技术部与教育部联合印发的《关于进一步推进高等学校专业化技术转移机构建设发展的实施意见》，力争在"十四五"期间，推动创新能力强、科技成果多的高校普遍建立技术转移机构，落实科技成果转化的各项政策措施，提升转移转化服务能力。在部署层面，一方面，各部门、各地方积极推进技术要素市场化配置试点，开展要素市场化配置首创性、差异化改革探索，促进科技成果转化和产业化。另一方面，加快推进技术转移机构的高质量建设和专业化发展，促进科技成果高水平创造和高效率转化。

资本要素层面：科技金融深度融合，更加普惠化、精准化、市场化。普惠性财税方面，财政部、工业和信息化部联合印发的《关于继续实施小微企业融资担保业务降费奖补政策的通知》，提出要继续实施小微企业融资担保业务降费奖补政策。财政部、税务总局印发的《关于实施小微企业普惠性税收减免政策的通知》，突出普惠性、实质性降税，进一步支持小微企业发展。产业基金方面，国家制造业转型升级基金、国家科技成果转化引导基金等，实行市场化运作、专业化管理，以市场化手段破解融资难题，重点投向相关领域成长期和成熟期企业。专题债方面，科学技术部、国家开发银行共同开展重大科技成果产业化专题债，促进科技同金融深度融合，进一步发挥开发性金融对科技创新的支撑作用，加快推动一批国家重大科技成果转化与产业化。

4. 谋布局，区域特色化、协同化创新网络加快构建

我国进入全球创新集群百强的区域数量位居全球第二。从《2021年全球创新指数报告》的全球创新集群百强排名看，我国有19个创新集群入榜，仅比美国少5个，位列第2名。其中，深圳-香港-广州稳居第2名，北京上升至第3名，表明我国粤港澳大湾区、北京地区正成为全球领先的科技创新中心；苏州和青岛的科技产出涨幅分别为33.1%和21.7%，增速全球领跑；上海、南京、杭州等多地排名较去年有所上升，这说明我国区域创新能力建设取得显著成效，除了北京、上海，以及粤港澳大湾区，新的创新增长极正在加速形成。

加快建设特色化、协同化创新网络。北京、上海，以及粤港澳大湾区基于自身特

色产业和区位优势，加快建设特色化产业创新高地。北京基于高端科教资源聚集优势，聚焦产业新动能培育和全域应用场景构建，推动基础研究创新成果转移转化，加快建设新一代信息技术、医药健康等创新策源地。上海基于改革创新、资本密集等优势，以重大场景应用为牵引，强化重要领域和关键环节任务部署，加快建设集成电路、人工智能、生物医药三大产业创新高地。粤港澳大湾区基于自由贸易试验区、制造业、金融业等产业优势，优化跨区域合作创新发展模式，不断提高科研成果转化水平和效率，推动先进制造业与现代服务业深度融合，加快形成以创新为主要引领和支撑的经济体系和发展模式。

（二）App 综合治理纵深推进

当前，以移动互联网为代表的新一代信息通信技术快速发展，加速推进数字化、网络化、智能化，推动各类 App 蓬勃发展。App 所具有数量多、变化快及应用广的特点，使得其成为治理的关键领域。加强 App 治理已经成为党中央、国务院高度关注，人民群众广泛关切，经济发展迫切需要之所在。当前，部分 App 随意收集、违法获取、过度使用个人信息的情况比较严重，纵深推进 App 治理的重要性和紧迫性日益凸显。经过各方共同努力，App 治理相关政策法规不断完善，技术标准体系基本形成，全国 App 技术检测平台建设稳步推进，App 专项整治行动有效震慑违法侵权活动，App 综合治理工作取得了阶段性重要成果。

1. 坚持依法治理，政策法规制度持续完善

为落实"以人民为中心"的发展思想，贯彻党中央决策部署，国家立法机构和行业主管部门高度重视治理工作，逐步完善相关法律法规建设，为依法开展 App 治理提供了坚实的制度基础和可靠的法律保障。

国家个人信息保护法律制度顶层设计基本形成。2021 年 6 月，全国人民代表大会常务委员会审议通过《中华人民共和国数据安全法》，界定了数据及数据安全的内涵，完善了数据安全监管机制，明确了数据安全治理重点制度规则。2021 年 8 月，全国人民代表大会常务委员会审议通过《中华人民共和国个人信息保护法》，《中华人民共和国个人信息保护法》作为我国个人信息保护领域的专门立法，坚持问题导向，回应社会需求，对公民在处理个人信息活动中的权利、个人信息处理者的义务、个人信息跨

境传输、监管部门职责及法律责任等进行了全面的规定，为深入开展我国个人信息保护工作提供了坚实有力的法律保障。此外，《中华人民共和国民法典》《中华人民共和国刑法》《中华人民共和国消费者权益保护法》《中华人民共和国电子商务法》等法律也对个人信息保护进行了相关规定和要求。

针对App个人信息保护的管理规定和治理规范相继出台。2021年3月，国家互联网信息办公室、工业和信息化部、公安部、国家市场监督管理总局共同发布《常见类型移动互联网应用程序必要个人信息范围规定》，明确39种常见类型App必要个人信息范围。与此同时，结合行业发展新形势、新特点、新问题，工业和信息化部还会同相关部门起草制定了《移动互联网应用程序个人信息保护管理暂行规定（征求意见稿）》，并向社会公开征求意见。2021年11月，工业和信息化部印发《关于开展信息通信服务感知提升行动的通知》，聚焦影响用户感知的信息通信服务环节，要求相关企业建立已收集个人信息清单和与第三方共享个人信息清单，并在App二级菜单中展示，方便用户查询。

2. 加强技管结合，检测平台建设稳步推进

目前，App在架数量多，且保持平均两周一次的迭代更新，因此，对App个人信息保护工作提出了新的、更高的要求。原有技术监管手段由于自动化检测能力低、覆盖范围受限，很难对App实现全面均衡监管。为解决此问题，提升全面监管能力，实现"以产业管产业、以技术管技术"，在工业和信息化部的指导下，中国信息通信研究院联合部分互联网企业组织开展全国App技术检测平台建设工作。检测平台为监管部门进行App个人信息保护检查工作提供了有力的支撑。

一是以技治技，利用技术平台支撑监管治理。 全国App技术检测平台推动整治App侵害用户权益规范化、标准化、统一化，立足于丰富App检测技术手段，提升App自动化测评能力，在强化自动化检测等技术手段的同时，建立线上线下、联防联控的管理体系。检测平台建立"用数据说话、用数据决策、用数据管理、用数据创新"的管理机制，通过统一规则、统一标准、统一平台，对内实现信息共享、业务协同办理，推进App全局的监测检测、高效运行和精准管理。通过积累的多源数据及任务检测数据，完成深层次的数据挖掘，支撑日常监管决策。

二是平台通过凝聚产业力量，不断提升自动化检测水平和能力。 全国App技术检测平台积极利用相关技术手段，做到关口前移，及时发现问题、解决问题，不断提升

行业治理能力和水平。摸清我国 App、分发平台等关键环节的底数，掌握 App 发展动态，持续丰富监管手段，有效支撑 App 的发现、检测和处置等工作，形成 App 大数据监管能力，为静态监管转向动态监管、重点监管转向全面监管、分散监管转向协同监管提供有效支撑。目前，全国 App 技术检测平台先后具备了移动 App 监测能力、移动应用个人信息保护合规检测能力、个人信息保护合规监测预警能力、大数据应用能力及对外公共服务能力等多项有效的行业监管和产业服务能力。全国 App 检测平台检测流程大屏如图 7-12 所示。

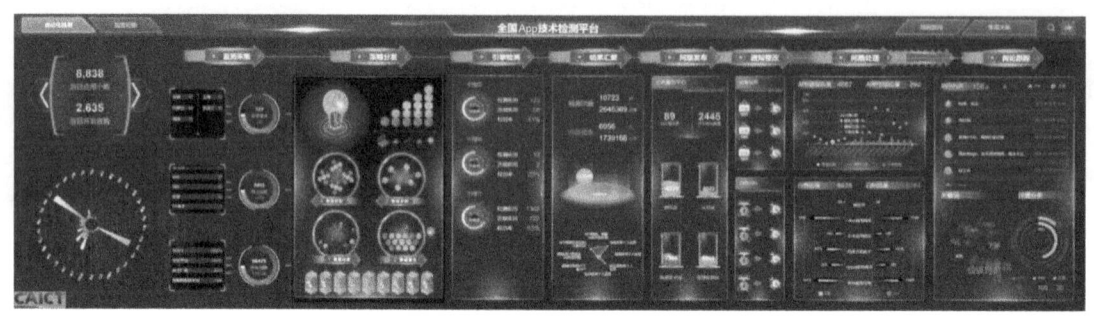

图 7-12　全国 App 检测平台检测流程大屏

三是以点及面，推进平台建设全网覆盖。 全国 App 技术检测平台建设采取"三步走"策略：第一步是平台建设期。以搭建 App 技术检测平台主体框架、初步形成一定规模的自动化测评能力为主要目标。在工业和信息化部的指导下，中国信息通信研究院联合多家企业加快推进平台建设工作。平台管理系统于 2020 年 7 月正式上线试运行，截至目前，平台已为 2 400 多家企业提供了公共服务，为专项整治行动提供了有效的技术支撑。第二步是平台扩容期。以提升 App 自动获取、自动化检测、批量处理能力为主要目标，不断完善基础数据、线索信息、投诉信息的报送和采集机制，扩展自动化检测引擎部署，加强应用分发市场对接，进一步拓展平台自动化检测的广度和深度。第三步是平台全面升级期。计划建立中心式数据处理和服务体系，实现数据清洗汇聚、关联标识与挖掘分析，通过对 App 相关数据的综合分析与研判，实现 App 态势感知和跟踪预警，有效支撑 App 的监督检查、溯源取证和违法处置等工作，为静态监管转向动态监管、重点监管转向全面监管、分散监管转向协同监管提供精准支撑，推动 App 产业全面提升个人信息保护水平。

四是引领汇聚，平台架构集成引擎集群。 全国 App 技术检测平台由全网监测系统、自动化检测系统、App 大数据中心、任务管理系统、App 公共服务系统五部分组成。全网监测系统主要对主流应用分发平台上的每日新增应用和每日更新应用，以及用户关注度高、投诉多、问题严重的应用开展常规监测，通过主动监测、数据报送、线索报送等方式，形成主动发现获取 App 基础数据、SDK 基础数据、违法违规线索、投诉举报信息的能力。自动化检测系统是按照工业和信息化部 337 号文和 164 号文配套标准规范开发的自动化检测引擎，形成交叉验证、大规模的 App 自动检测能力。App 大数据中心建立了中心式数据处理和数据服务体系，实现数据清洗汇聚、关联标识与挖掘分析，通过对 App 相关数据的综合分析与研判，实现 App 态势感知和跟踪预警，提升数据利用效率，形成对 App 全面监管的大数据支撑能力。任务管理系统实现 App 监管任务的下达、检测、审核、通知、复测、通报等管理工作，支撑部省监管联动，为地方信息通信管理局开展 App 治理工作提供检测支撑。App 公共服务系统向 App 开发者、应用分发服务提供者、SDK 提供者等行业用户提供统一接入门户，实现行业信息共享共建，建立 App 治理联动机制。全国 App 技术检测平台总体架构如图 7-13 所示。

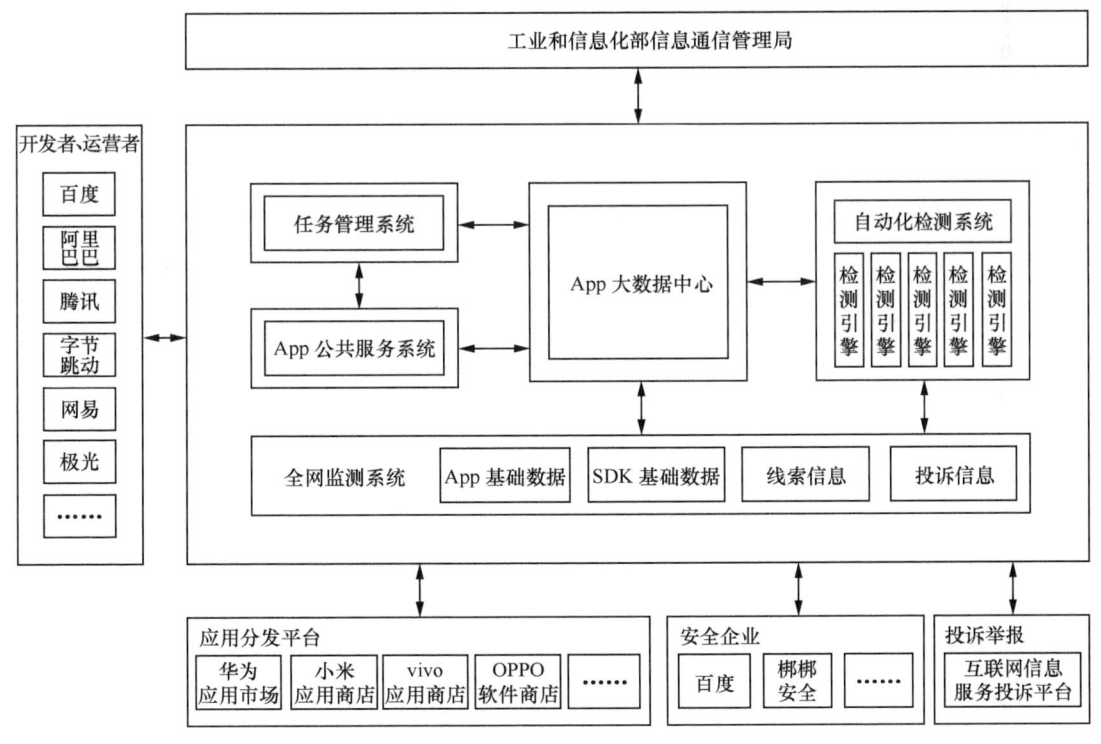

图 7-13 全国 App 技术检测平台总体架构

五是全线支撑，形成线上线下联防联控。全国 App 技术检测平台运用人工智能、大数据等新技术，致力于拓展检测深度和广度，大幅提升监管自动化、智能化、标准化水平，实现监测检测全覆盖。自全国 App 技术检测平台上线以来，监测采集范围不断拓展和检测引擎数量不断增加。截至目前，已完成华为应用市场、小米应用商店、应用宝、百度手机助手、360 手机助手、搜狗手机助手共 6 家主流应用商店的自主采集覆盖。全国 App 技术检测平台将 App 监测能力与检测能力相融合，打造集数据报送、监督检查、监测预警、通报处置、协同共享、公共服务为一体的综合管理平台，利用 App 运营者、App 开发者、App 检测者和 App 监管者的数据碰撞分析，破解工作难题，形成从全国到地区、从全范围到具体领域分类的整体监管能力。全国 App 技术检测平台目前已完成 3 家检测引擎接入，建立了 App 基本信息库，实现了全国范围内 App 资产的检索和检测，可对 App 资产进行持续监测分析和展示，支撑监管机构及时获取业务信息资源。全国 App 技术检测平台汇总互联网信息服务投诉平台和 12321 举报中心的用户投诉信息，支持投诉信息检索，可有效支持对于 App 监管情况的掌控。全国 App 技术检测平台还支持开发者检索，对多渠道开发者进行持续监测和展示。全国 App 技术检测平台汇总了多方数据，从地域、违规情况、监管处置、舆论等多维度进行统计分析输出，实现了对 App 监测对象及违规应用的综合分析能力，为监管决策提供支撑。

3. 开展专项整治，用户权益保护明显改善

为维护用户个人信息安全，保障用户权益，工业和信息化部重点对"App、SDK 违规处理用户个人信息""欺骗误导用户"等 4 个方面的 10 类问题继续深入开展专项整治行动。

2019 年 10 月，工业和信息化部聚焦人民群众反映强烈、社会关注度高的 App 侵害用户权益行为，发布了《关于开展 APP 侵害用户权益专项整治工作的通知》，重点整治"私自收集个人信息""不给权限不让用"等 4 个方面的 8 类问题。2020 年 7 月，针对 App 违规收集、使用用户个人信息和骚扰用户、应用分发平台管理责任落实不到位等突出问题，工业和信息化部发布了《关于纵深推进 APP 侵害用户权益专项整治行动的通知》，重点对"App、SDK（软件工具开发包）违规处理用户个人信息""欺骗误导用户"等 4 个方面的 10 类问题继续深入开展专项整治。

截至 2021 年 10 月，共开展 19 批 App 专项整治行动，对 4 176 款 App 发出整改通知，公开通报 1 174 款整改不到位的 App，下架 309 款仍存在问题的 App。检测范围涉及实用工具、教育学习、网上购物、即时通信、餐饮外卖、旅游服务等 39 种应用类型。特别是自 2021 年以来，工业和信息化部先后围绕 App 弹窗骚扰用户等群众高度关注的问题扎实推进 App 专项整治，强化提升用户感知，自整治行动开展以来，开

屏信息难以关闭问题发现率由69%下降到1%，利用弹窗误导用户点击跳转问题的发现率由90%下降至12%。

为进一步巩固和深化前期工作成果，防止类似问题反弹，2021年11月，工业和信息化部发布《关于开展信息通信服务感知提升行动的通知》，再次提出优化App开屏弹窗信息展示方式，明确要求所有互联网企业应在其App开屏信息和弹窗信息窗口中设置明显、有效的关闭按钮，让用户"找得到，关得了"，且不得使用整屏图片、视频等作为跳转链接，误导用户点击。

（三）大型数字平台监管更趋严格

1. 大型数字平台崛起对经济社会产生深层次挑战

在经济秩序方面，超大型数字平台崛起加剧数字市场集中，形成垄断格局。目前全球搜索引擎、社交网络等多领域均已形成高度垄断的市场格局，用户和数据资源加速向超大型数字平台集中。截至2021年6月，谷歌在全球搜索引擎市场份额中所占比重高达92.5%[3]；全球用户规模最大的四家社交网络平台均为脸书旗下产品，在全球TOP10社交媒体平台中的占比达63.7%[4]。

除经济影响外，超大型数字平台还带来了一系列社会问题乃至政治问题。一方面，超大型数字平台具有强大的财富集中能力，导致巨大财富加速向少数人集中，社会贫富差距不断扩大。数据显示，2019年美国前0.1%的富人家庭坐拥美国约20%的财富，前10%的富人拥有高达84%的财富，而这一切的矛头直指科技巨头。另一方面，社交媒体平台也加剧了西方社会分裂，甚至对其民主制度造成威胁。2018年3月，脸书爆出数据泄露事件，所涉企业剑桥咨询被指利用泄露数据针对特定用户推送竞选广告、操纵选举结果。2021年5月，美国全国广播公司的民意调查显示，64%的美国人认为社交媒体平台在加剧美国社会分裂。为应对超大型数字平台带来的风险挑战，全球主要经济体的互联网监管政策几乎同时出现重大转向，平台监管积极介入，全球平台经济进入严监管时代。

---

[3] 数据来源：Statcounter。
[4] 数据来源：Statista。

2. 全球掀起数字平台严监管浪潮

近年来，全球主要经济体几乎同时对大型互联网平台进行以反垄断为代表的严监管。自 2019 年以来，美国一改曾经对互联网巨头较为宽松的市场监管政策，不断强化互联网巨头反垄断监管，对谷歌、脸书、亚马逊、苹果四大巨头同时开启反垄断调查，2020 年正式起诉脸书和谷歌成为其强化互联网平台监管的重要标志。欧盟进一步升级平台监管高压态势，提出"超越反垄断"的监管新工具，2020 年底发布的《数字服务法》《数字市场法》草案与《通用数据保护条例》共同构成平台监管的基础性规则，全面强化超大型互联网平台责任和竞争监管，努力解决现有反垄断工具失灵问题。2020年，我国中央经济工作会议也明确提出强化反垄断和防止资本无序扩张，推动平台经济规范健康持续发展，全面加强互联网平台监管。依法加强对平台的规范和监管，推动平台经济规范健康持续发展，已经成为世界各国监管机构的共识。

3. 各国普遍加大平台反垄断执法力度

2020 年以来，针对数字平台的反垄断执法变得十分活跃，全球范围内的多个超大型数字平台均被监管机构提起不同程度的反垄断调查、起诉，甚至对其进行处罚。在并购方面，FTC（Federal Trade Commission，美国联邦贸易委员会）对脸书提起诉讼，理由是脸书以掠夺性方式收购其潜在竞争对手，以维持其垄断地位、消除竞争，并要求脸书进行资产重组或剥离，以恢复市场竞争，且在未来并购前必须履行事前通知义务，在获得批准后方可执行。在自我优待方面，欧盟对亚马逊利用第三方卖家数据优化自营业务的自我优待行为表示异议，并对谷歌广告拍卖中的自我优待行为展开调查；印度也就谷歌旗下支付业务 Google Pay 的自我优待行为展开调查。在生态封闭方面，苹果公司不允许第三方应用商店接入其操作系统，强制 App 开发者使用苹果公司的"应用内购买"支付系统，并从中抽取佣金，欧盟、英国监管机构均对此展开调查，韩国更是直接立法禁止该行为。在对"二选一"行为的监管方面，中国市场监督管理总局判定阿里巴巴禁止平台内经营者在其他竞争性平台开店或者参加促销活动的强制"二选一"行为构成滥用市场支配地位，并进行了 182 亿元的行政处罚。

4. 加速平台竞争政策与监管机制创新步伐

全球主要经济体均加速了平台经济领域监管政策的创新和改革步伐。多国新法案明确赋予超大型数字平台特殊监管地位，从事前角度直接明确其不能实施的行为或必须履行的义务。例如，2020年12月，欧盟公布了《数字市场法》草案，引入"守门人"平台的概念，通过平台的营业额或市值、用户数量等指标锁定超大型数字平台的"守门人"地位，并规定了18项具体义务，防止"守门人"平台实施限制竞争的行为。2021年6月，美国提出了《终止平台垄断法案》等4项针对超大型数字平台监管的法案，同样提出"覆盖性平台"的认定标准及必须履行的特殊义务。此外，德国的《反对限制竞争法》第十修正案、日本的《提升特定数字平台的透明度和公平性的法案》、澳大利亚的《新闻媒体和数字平台强制议价准则》等均体现了同样的监管思路。我国也已在立法层面多角度体现了"守门人"的规制思路。最直接的表现为于2021年10月发布的《互联网平台分类分级指南（征求意见稿）》《互联网平台落实主体责任指南（征求意见稿）》，根据平台等级划分了不同责任要求，此外，在《网络安全审查办法（修订草案征求意见稿）》《中华人民共和国个人信息保护法》等法律法规中也对超大型数字平台提出了特殊要求。

同时，为应对互联网平台跨领域、跨地区特征带来的复杂挑战，各国积极推动监管体制机制创新。一是建立透明度报告机制。如欧盟《数字服务法》要求超大型数字平台定期发布内容审核透明度报告、在线广告透明度报告、风险评估报告等。二是建立多方共治机制。如美国《启用服务交换法案》规定，成立由业界代表、竞争或隐私相关组织代表、独立学者、国家技术和标准研究院代表、平台方顾问共同组成的技术委员会，为新法案的执行制定标准、提供建议。三是建立跨部门协同机制。如英国竞争与市场管理局、信息专员办公室、通信办公室、金融行为监管局共同成立数字监管合作论坛，旨在促进信息交流互通，研究数字化技术和行业发展战略，解决监管职责交叉等问题。四是建立地方代表制度。如欧盟《数字服务法》要求在欧盟境外设立但在欧盟境内提供服务的平台，应在其提供服务的一个会员国指定一名法定代表人负责接收、遵守相关监管机构就本法案发布的决定，并为该法定代表人提供所需要的资源和权力。

（四）全球数字治理和规则制定进入新阶段

1. 数字贸易规则成为区域贸易协定的核心焦点

随着我国数字贸易产业高速发展和数字治理体系的逐步完善，如何参与全球数字治理和规则谈判，成为我国面临的又一大挑战。从全球趋势来看，截至2021年年底，在已向 WTO 通报的 350 个条约中，有 111 个条约包含电子商务条款，以 RCEP（Regional Comprehensive Economic Partnership，区域全面经济伙伴关系协定）、CPTPP（Comprehensive and Progressive Agreement for Trans-pacific partner ship，全面与进步跨太平洋伙伴关系协定）电子商务章节为代表的数字贸易规则体系逐步形成，成为自贸协定谈判的核心焦点。从其规则内容和目的来看，RCEP 电子商务章节包含电子认证、在线个人信息保护、有限度的数据跨境流动等条款，体现发展中国家数字贸易规则诉求，主旨在于统筹区域数字贸易发展方向，促进贸易便利化，创造有利于电子商务发展的友好政策环境；而 CPTPP 电子商务章节新增自由跨境数据流动、源代码保护、数字产品非歧视待遇等条款，主旨在于减少数字贸易壁垒，降低数字贸易成本，促进跨境电商和数字贸易发展，我国申请加入 CPTPP 仍存在较高难度。

2. 各国数字贸易规则选择存在较大差异

从近年各国参与数字贸易规则谈判的情况来看，当前各国围绕部分关键数字贸易规则，其核心诉求及基本立场存在较大差异。究其原因，各国对数字治理路径和数字贸易规则的选择，须考虑产业发展利益、国家安全保障、文化价值背景、制度完备水平等多重因素，导致各国对跨境数据流动、数字知识产权保护、用户隐私保护及网络平台责任等核心议题的路径选择存在差异，如美国主张减少数字贸易壁垒，降低数字产业合规成本；欧盟各国强调隐私保护和公平待遇；我国注重安全和发展平衡。各国主要立场存在显著差异，因此，在 WTO 电子商务谈判等诸边机制下，数字经贸议题因难以形成一致意见而进展缓慢；仅在 RCEP 和 CPTPP 等区域贸易协定框架内，得以发挥局部的作用。

3. DEPA 创新数字治理和规则谈判模式

随着数字经济在服务贸易中的占比日渐提升，数字治理、产业创新、贸易便利化等核心数字议题，在全球治理体系中的重要性日益凸显，亟待在国际组织和自贸协约等机制下，通过制定标准和规则予以协调。2020 年 6 月，新西兰、新加坡、智利签署 DEPA（Digital Economy Partnership Agreement，数字经济伙伴关系协定），这是全球首个涵盖数字经济问题的专项协定，旨在解决数字贸易规则更新发展快、谈判难度大、多边框架下谈判进展缓慢的问题。其创新性体现在两个方面，一是在谈判模式方面，"模块化"使得谈判周期更短、流程更简便、机制更灵活，规则更具灵活性，形成较强的示范效应；二是在规则内容方面，纳入 CPTPP 电子商务章节高水平数字贸易规则；

新增人工智能、金融科技等新兴技术发展议题；提升贸易便利化，强化设施互通、标准互认；使得议题范围更广、水平更高，从数字贸易国际规则向产业发展和国内数字治理方向延伸，引导数字贸易规则谈判向高水平、创新性、包容性、灵活性方向发展。

4. 加入 DEPA 须尽快完善国内相关体制机制

DEPA 受到广泛认可并形成示范效应，澳大利亚、加拿大、韩国、英国、日本积极尝试加入 DEPA 或达成类似协定。2021 年 11 月，基于对国内外形势的综合研判，我国正式申请加入 DEPA，这对我国融入全球数字治理框架、争取数字治理话语权具有重大意义，一方面推动我国深化改革，推进高水平对外开放，促进我国数字经济与亚太地区乃至全球协同发展。另一方面，我国作为发展中国家，积极参与全球规制治理，将进一步推动全球数字治理框架的构建。

从其机制特征及规则内容来看，加入 DEPA 将对我国数字治理能力、新兴技术发展、贸易便利化体系完善共 3 个方面提出挑战。一是要求进一步打破数字贸易壁垒，须尽快完善数据跨境、电子传输关税、数字产品待遇等方面的数字监管政策；二是要求统筹人工智能、金融科技的新兴产业发展方向，对我国数字产业包容性发展提出更高要求；三是 DEPA 创新监管模式要求我国加快建设单一窗口和贸易数据交换、细化个人信息保护要求、加强数据保护可信标志互认，须尽快对标 DEPA，完善国内相关体制机制。

三、2022 年数字经济与治理领域发展展望

党和国家要求我们要站在统筹中华民族伟大复兴战略全局和世界百年未有之大变局的高度，统筹国内国际两个大局、发展安全两件大事，充分发挥海量数据和丰富应用场景优势，促进数字技术与实体经济深度融合，赋能传统产业转型升级，催生新产业、新业态、新模式，不断做强、做优、做大我国数字经济。发展数字经济的五大关键领域：一是要加强关键核心技术攻关，提高数字技术基础研发能力，打好关键核心技术攻坚战，尽快实现高水平、自立自强，把发展数字经济自主权牢牢掌握在自己手中。二是要加快新型基础设施建设，加快建设高速泛在、天地一体、云网融合、智能敏捷、绿色低碳、安全可控的智能化、综合性数字信息基础设施，打通经济社会发展的信息"大动脉"。三是要推动数字经济和实体经济融合发展，推动制造业、服务业、农业等产业数字化，利用互联网新技术对传统产业进行全方位、全链条的改造，提高全要素生产率，发挥数字技术对经济发展的放大、叠加、倍增作用。四是要规范数字经济发展，健全市场准入制度、公平竞争审查制度、公平竞争监管制度，建立全方位、多层次、立体化监管体系，实现事前、事中、事后全链条全领域监管。五是要完善数字经济治理体系，健全法律法规和政策制度，完善体制机制，提高我国数字经济治理体系和治理能力现代化水平。整体来看，党和国家系统布局数字经济健康发展，做大规模与做优结构、鼓励创新与防范风险、体现效率与促进公平、深化改革与开放合作、促进发展与监管规范、增强发展本领与强化安全意识等将成为未来数字经济发展的新方向。

（一）数字经济将迎来黄金发展期

国家"十四五"规划纲要明确提出"迎接数字时代，激活数据要素潜能，推进网络强国建设，加快建设数字经济、数字社会、数字政府，以数字化转型整体驱动生产方式、生活方式和治理方式变革"。2021 年 12 月召开的中央经济工作会议在畅通国民经济循环的工作基础上，提出了"加快数字化改造，促进传统产业升级"的要求。

在国家高度重视、地方齐力发展、各参与主体鼎力支持下，我国数字经济将实现更高质量的发展。如图 7-14 所示，预计 2025 年，我国数字经济将实现更高水平的增长，数字经济总规模超过 60 万亿元，数字经济与实体经济实现深度融合，在更深层

次上支撑国民经济又好又快发展；数字经济内部结构将继续优化升级，数字产业化保持稳定增长，规模约达 10 万亿元，产业数字化呈现爆发式增长，规模约达 50 万亿元，各产业数字化水平进一步加深。预计 2025 年我国一、二、三产业数字经济渗透情况如图 7-15 所示。

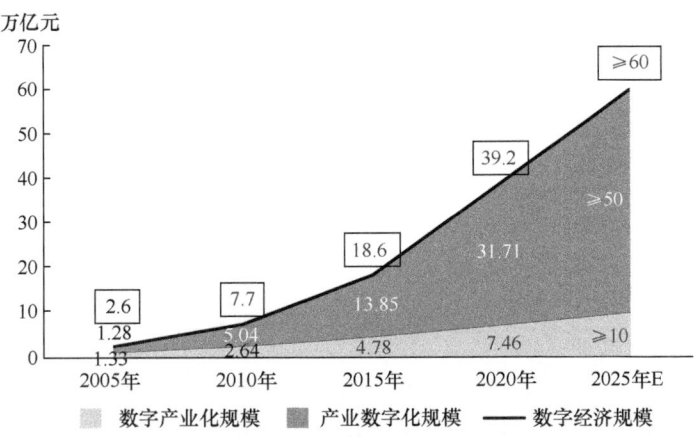

图 7-14　预计 2025 年我国数字经济规模及内部结构
（数据来源：中国信息通信研究院）

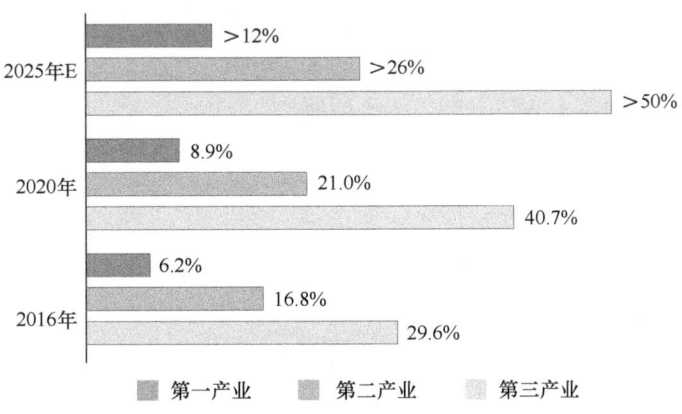

图 7-15　预计 2025 年我国一、二、三产业数字经济渗透情况
（数据来源：中国信息通信研究院）

（二）数字技术创新范式持续演进

随着数字技术加速演进升级，创新范式呈现三大趋势：一是从单点突破到组合式创新，数字技术内部不断迭代进化，同时与其他技术加速交叉融合，形成新的组合式技术簇群，创造出巨大的经济社会价值，如 5G 与工业互联网的融合。二是从重技术

推动到更加注重需求牵引，数字技术引发的新技术-经济范式进入拓展期，创新具有更强的需求拉动特征，如智能制造、智慧城市等多元化应用场景推动着数字技术升级及新兴业态衍生。三是从链式合作到网络化开放式创新。数字时代，创新难度和复杂性加大，创新周期缩短，创新活动网络化组织形态增多，开放式协同创新成为重要的创新模式，并随着数字技术的深入渗透呈现多主体、泛在化、开源式等关键特征。在生产领域，数字孪生、细胞编程平台等新工具、新模式在工业生产中的应用不断增多，开源创新模式拓展至更多垂直行业，加速制造业转型升级。在公共服务领域，一批区别于传统实验室的场景实验室、创新应用实验室的兴起，为新经济、新业态的衍生和拓展提供了支撑，将有效助力产业创新和发展。

（三）数字经济领域法治建设持续深化

我国数字经济领域、法治领域顶层制度设计已逐步完善，立法基本框架已经形成。但科技革命仍然在不断深化演变，新技术、新业务不断带来未知的挑战和风险，我国数字经济具体领域的配套法律规则也尚未健全。依照国家的部署，结合国际国内形势，法治建设需要进一步持续深化。

一是加强数字经济基础问题研究。 移动互联网深入普及，社会组织结构、连接方式不断发生改变，人们生活、生产活动逐步向线上转移，社会治理的主要对象由线下社会向网络空间转移。5G、物联网等技术发展，进一步改变人与人、人与物、物与物之间的关系，法律体系的思路架构有待调整，数字经济法治研究工作更加重要。我国已经完成《中华人民共和国数据安全法》《中华人民共和国网络安全法》《中华人民共和国个人信息保护法》《中华人民共和国电子商务法》等数字经济领域的基础性立法，配套法律体系正在快速推进形成。适应以数字经济为主要社会治理范畴的新特点，有必要全面、系统梳理、研究数字经济的规律、性质、体系等关键问题，以数据、算法、平台等为主要对象，展开理论研究，构建数字经济基础理论。

二是正视新兴领域安全风险。 受网络信息技术突飞猛进式发展的影响，全球经济社会进入被互联网全面深度"渗透"的新阶段。新技术、新业务在意识形态、社会发展等方面深刻地改变了政治、经济和社会发展格局。例如2021年火热的"元宇宙"概念，使虚拟世界和真实世界之间的联系更加紧密，可能带来更广泛的数据收集、对经济秩序带来颠覆式冲击和对意识形态产生更深刻的影响。针对这些问题，在立法方面应坚持与时俱进，及时跟踪了解当前数字经济技术和产业发展的最新动向，统筹安全和发展的关系，正确认识安全风险，既重视发展问题，又重视安全问题，发展是安全的基础，安全是发展的条件。尤其面对新技术、新业务的发展，要坚持问题导向，对新技术可能带来的后果提前研判，区分风险等级，制定精细化对策，构建化解安全风险的制度工具。探索确立以算法、平台和数据为核心要素的网络法治规则体系。以算法规制为基础，以数据管理为支撑，以平台治理为抓手，把法律规制转换成与之对应的法律技术化规制。研究探索"沙盒监管"制度，秉持"在发展中规范""在规范中发展"的基本制度取向，根据业态发展阶段的不同，以及不同行业及应用场景的实际情况，确定不同的监管规则，在有效防范风险的前提下稳妥推动业务创新。

三是整合数字经济法律实施机制。 目前在政府与社会、政府与平台、政府与行业组织之间的信息共享、角色分工和共治机制尚未达到理想的契合状态。未来，在数字经济法律的制定和实施过程中，充分发挥政府在治理中的主导作用，借助政府的资源联络优势，构建多主体对话交流机制，充分释放各类主体独特的治理优势。重视软法建设，构建软约束和硬约束协同治理规则体系。尤其在移动应用程序个人信息保护、短视频、网络直播、网络广告、算法等领域，可以鼓励和引导企业、行业组织通过自律标准、市场认证等方式，形成良好的行业实践规则。经由市场认证的规则，在获得市场实践检验后运行成熟的、可以通过政府认可的机制，逐渐上升为稳定和有约束力的制度。政府充分尊重和适当参与行业组织自律公约和企业自律规则的制定，在数字经济治理各环节、各领域形成价值统一、规模适当、与硬法在内容上融通的软法体系。政府利用信用机制、评估机制等手段，建立对软法规则实施的外部保障，促使软法和硬法有效结合，共同促进内容生态向上向好发展。

四是统筹国内外数字经济规则。 目前，作为数字经济第一梯队国家，我国已经在网络法治领域初步构建了与国际接轨的制度框架。下一步，随着数字经济的全球化发展，如何在制度层面实现国际规则和国内治理相统一是首要议题之一。未来迫切需要构建国际、国内衔接性规则的领域，体现在跨境数据流动的安全评估、认证认可和标准格式合同等细化规则、数据交易和开发利用规则、个人信息保护数据可携权制度、针对"守门人"平台的管理规则等。同时，在数字税方面，以我国国情为基础，充分考虑税收公平、监管要求、征收成本及消费群体特征，积极开展中国版数字税的政策研究和储备。在这些领域，一方面要密切跟踪国际立法的最新趋势，借鉴国际成熟的立法经验；另一方面要统筹考虑我国网络相关产业在国际的竞争力以及对国内其他行业和整个社会的发展影响等因素，因地制宜地制定符合我国社会经济发展阶段的管理规则。

（四）数字经济监管进入深度重塑期

监管政策法规进一步完善，倒逼数字市场重启有效竞争，驱动整个平台经济领域回归创新导向，专注打造内向竞争力将是赢得未来的核心。在立法方面，我国数字经济规则不断调整优化，一系列关于平台、数据、算法等制度规则陆续出台或落地，如《价格违法行为行政处罚规定（修订征求意见稿）》《禁止网络不正当竞争行为规定（公开征求意见稿）》《互联网信息服务算法推荐管理规定（征求意见稿）》《互联网平台分类分级指南（征求意见稿）》《互联网平台落实主体责任指南（征求意见稿）》等，市场行为的违法边界将逐步清晰。在执法方面，随着国家反垄断局正式挂牌，我国反垄断监管步入常态化，企业的"二选一""大数据杀熟""屏蔽封杀"等滥用行为将被纳入常态化监管。伴随违法违规边界的越发明确，企业的发展模式也将发生根本性改变。在未来发展中，企业将更加重视合规经营，从以往的无序扩张和野蛮生长，向规范、有序、健康发展转变。

（五）数字领域国际规则和标准塑造进入关键期

一是全球数字治理机制协同性、复杂性不断上升。随着新冠肺炎疫情持续蔓延，全球供应链脆弱性不断凸显，各主要经济体政策内顾倾向有所强化，经济全球化面临新一轮调整。以区域、小多边和双边合作为代表的"小型全球化"加快发展，形成多中心区域经济循环圈。区域化和小多边治理机制表现活跃，区域性数字贸易协定影响力不断增大。多边机制中各治理方案间竞争性提升，联合国、G20、世界贸易组织、G7、OECD、标准组织等成为各方争夺数字规则制定权的主要平台。围绕下一代移动通信、人工智能、量子计算等特定数字治理问题的"议题联盟"加速构建，全球数字治理机制间协同性、复杂性不断上升。

二是亚太地区数字治理规则构建成各方关注焦点。2022年1月，包括中国、日本、韩国、澳大利亚、新西兰等15方成员制定达成的RCEP正式生效，新加坡主导的DEPA引发各方高度关注。两大协议在提升亚太区域经济一体化水平的同时，也为全球数字治理贡献了亚洲方案。美国、欧盟持续深化与亚太地区国家间数字治理合作，美国即将启动"印太经济框架"，欧盟继续推动"印太地区数字伙伴关系"实施。在亚太成为全球数字治理规则重要贡献者的同时，亚太地区数字治理机制间的竞争也将进一步强化。

三是数字治理新规则持续塑造，新议题不断涌现。 跨境数据流动、数字税、人工智能伦理及数字货币等重点领域规则加速整合。在跨境数据流动上，越来越多的国家认同应建立安全、高效的数据跨境流动机制，各种规划方案间的差异在缩小，随着数字贸易协定的扩围升级，由共识向共同规则的转换进程可能进一步加快；在人工智能治理上，联合国教育、科学及文化组织的193个成员国通过了《人工智能伦理问题建议书》，各国在人工智能伦理原则上的共识不断凝聚，未来治理讨论将向具体场景和应用的规则和标准深入；G20/OECD包容性框架下数字税收多边方案实施细则将进一步完善，中国人民银行数字货币监管框架和具体规则也有望尽快落地。与此同时，部分新兴治理问题开始显现。当前OECD、G7等已就政府可信地获取私营部门持有个人数据的共同原则达成共识，国际组织有望进一步公布政府获取私营部门持有个人数据的高级别政策指南，但相关规则也为智慧城市的建设带来了挑战，未来可能成为全球数字治理的新焦点。

四是我国国际数字治理参与度、塑造力将进一步提升。 当前，我国已经加快参与全球数字治理的步伐，提交加入CPTPP、DEPA的申请，持续推动"一带一路"数字基础设施建设"硬联通"和制度规则"软联通"。未来，我国将继续加大数字领域的国际合作，共同应对数字全球化带来的挑战。一方面，持续在多边平台机制框架下推进数字治理议程，同时促进不同治理机制间的协同增效，提升全球数字治理体系的开放性、包容性和普惠性；另一方面，在跨境数据流动、人工智能、新兴技术标准等数字治理关键议题上，主动加大与各国的协商，坚持求同存异，探讨制定反映各方意愿、尊重各方利益的数字治理国际规则，共同弥补数字领域治理赤字。

网络安全篇

导　　读

本篇是中国信息通信研究院 2022 年 ICT 深度观察中关于网络安全领域的内容，主要包括"2021 年网络安全领域发展综述""2021 年网络安全领域热点分析"和"2022 年网络安全领域发展展望"三大部分。

第一部分"2021 年网络安全领域发展综述"盘点了 2021 年网络安全总体形势，具体为：全球网络安全形势依然不容乐观，网络攻击风险传导趋势更加明显；全球网络空间竞争日趋激烈，关键基础设施与新领域安全成为关注重点；我国网络安全领域顶层制度设计持续完善；网络安全市场复苏回暖，细分领域积蓄增长动能。

第二部分"2021 年网络安全领域热点分析"聚焦和深入分析了 2021 年网络安全热点，具体为：车联网网络数据安全风险日益突出，政企协同安全保障体系加快构建；人工智能安全风险日益凸显，AI 安全管理和技术体系加速形成；主动安全技术发展引领未知威胁及蛰伏攻击应对，应用落地前景可期；电信网络诈骗对抗螺旋式升级，技管结合的协同工作体系日益健全。

第三部分"2022 年网络安全领域发展展望"根据已有的材料与事实，综合研判得出网络安全发展趋势，具体为：网络攻击技术升级演进，攻防对抗趋势更加激烈；网络安全创新技术持续发展，将实现从保障到赋能的价值转变；政策催生、技术驱动，数据安全产业步入放量增长快车道；数字化发展驱动网络安全向数字安全不断外延。

本篇作者：

田慧蓉　丰诗朵　李慎之　马娟　常雯　彭志艺　董航　崔枭飞　何波　景慧昀　杨朋
王晗　张宁　刘起良　焦贝贝　王玉环　辛鑫　赵勋　熊婉辰

一、2021年网络安全领域发展综述

（一）全球网络安全形势依然不容乐观，网络攻击风险传导趋势更加明显

2021年，网络攻击事件多次引发网络服务中断、工厂停产，对社会稳定运行和民众生产生活产生深远影响。例如，5月，美国最大成品油管道运营商科洛尼尔（Colonial Pipeline）公司遭暗面（Darkside）勒索病毒攻击，严重影响东海岸成品油供应；7月，英国北方铁路公司自动售票系统遭勒索病毒攻击，导致售票网络瘫痪；9月，新西兰基础电信企业Vocus遭DDoS（Distributed Denial of Service，分布式拒绝服务）攻击，导致奥克兰、惠灵顿等城市网络服务中断。

面对复杂的网络空间安全形势，我国面临的网络安全风险加剧。公共互联网方面，2021年我国公共互联网安全事件长期保持高位，监测发现安全事件77万余起，较2020年全年增长55%[1]；工业互联网方面，监测发现恶意网络行为4 903.7万次，较2020年同期增长157.4%；车联网方面，监测发现恶意网络行为212.5万次，较2020年同期增长155.7%[2]。

（二）全球网络空间竞争日趋激烈，关键基础设施与新领域安全成为关注重点

2021年，各国致力于维护网络空间主权利益，持续深化各项关键基础设施安全举措，并强化新技术、新应用安全风险防范能力建设。

一是各国网络空间主权争夺日益加剧。 网络主权、数字主权和技术主权已逐渐成为各国宣传战略自主权的工具，从2020年年底开始，芬兰等多国趋于强调对网络空间主权原则和立场的宣誓。数字主权争夺也更加激烈，自2021年起，欧盟等纷纷通过网络安全战略维护数字权益。此外，欧盟自2020年提出技术主权概念后，于2021年进

---

[1] 数据来源：工业和信息化部网络安全威胁和漏洞信息共享平台。
[2] 数据来源：国家工业互联网安全态势感知与风险预警平台。

一步强调了其意义,突出了技术主权的重要性。

二是关键基础设施安全战略举措向深向实发展。当前,各国在国家战略层面扩展防护对象,加固安全能力,细化安全要求。其中,欧盟于2020年颁布了《关键基础设施指令》(修正稿)等战略文件,细化关键基础设施安全事件协调管理机制等。澳大利亚于2021年拟议修改了《关键基础设施安全法》,扩大关键基础设施行业范围,同时纳入供应链安全举措。

三是新领域安全实践持续深化扩展。各国持续推动5G、人工智能等新领域安全实践,加快落地零信任等新安全理念。美国于2021年正式发布《5G网络云基础设施安全指南》,从案例层面指导安全风险应对;于2022年发布《联邦零信任战略》,加快指导民事机构落地零信任理念。欧盟于2021年发布人工智能规则提案和协调计划,通过增加投资促进人工智能技术应用创新。

(三)我国网络安全领域顶层制度设计持续完善

2021年是我国网络安全领域法治建设取得重大进展的关键一年。在《中华人民共和国网络安全法》的基础上,相关部门持续深入贯彻落实总体国家安全要求,先后出台重点领域专门法律法规、不断落实监管要求、不断提升安全执法力度,推动我国网络安全顶层制度设计不断完善。

一是国家聚焦数据安全、个人信息保护、关键信息基础设施保护重点领域出台专门立法。2021年6月,全国人民代表大会常务委员会审议通过《中华人民共和国数据安全法》,该法首次界定了数据安全的内涵和外延,并提出数据安全保护和开发利用并重的基本原则。2021年7月,国务院常务会议通过《关键信息基础设施安全保护条例》,条例提出要建立专门保护制度,明确各方责任,提出保障促进措施,进一步健全关键信息基础设施安全保护法律制度体系。2021年8月,《中华人民共和国个人信息保护法》审议出台,其系统地规定了个人信息处理规则,进一步强化了信息安全保护义务,加大了违法处罚力度。此外,2021年10月,《中华人民共和国反电信网络诈骗法(草案)》提请十三届全国人民代表大会常务委员会初次审议,草案规定了反电信网络诈骗工作的基本原则,规定了各部门职责、企业职责和地方政府职责,加强协同联动工作机制建设。

二是行业监管部门积极落实国家网络安全监管要求。 一方面，国家互联网信息办公室、工业和信息化部等部门先后制定出台《网络产品安全漏洞管理规定》《汽车数据安全管理若干规定（试行）》等联合规章和管理规定，进一步细化落实本行业、本领域安全制度。另一方面，针对社会高度关注的数据安全问题，各有关部门研究起草了《工业和信息化领域数据安全管理办法（试行）（征求意见稿）》《数据出境安全评估办法（征求意见稿）》《网络数据安全管理条例（征求意见稿）》等，并向社会公开征求意见，持续推进相关领域安全制度建设工作。

三是持续加强网络安全执法力度。 2021年，网络安全领域执法检查活动更加频繁，执法力度更加严厉。电信和互联网行业主管部门持续推进App专项治理活动，对侵害用户个人信息安全的App进行通报和下架处理；组织开展互联网行业市场秩序专项整治，对企业数据安全管理制度及技术措施配备情况进行检查。为防范国家数据安全风险，维护国家安全，保障公共利益，2021年7月，国家网络安全审查办公室依据《中华人民共和国国家安全法》《中华人民共和国网络安全法》，按照《网络安全审查办法》对滴滴出行、运满满、货车帮等企业启动安全审查工作。

（四）网络安全市场复苏回暖，细分领域积蓄增长动能

近年来，全球网络安全形势依然不容乐观，网络攻击风险传导趋势更加明显。为全方位保障网络空间安全、维护网络空间主权利益，各国网络安全战略加速落地部署，网络空间竞合博弈态势加剧。网络安全产业作为国家网络安全能力的重要组成部分，基础性地位凸显。从发展态势来看，2021年国内外网络安全市场逐步从新冠肺炎疫情影响下的低速增长中恢复，安全服务、数据安全等细分领域正在积蓄增长动能。

全球方面，网络安全市场迎来复苏，细分市场加速成长。 Gartner咨询公司数据显示，2020年网络安全服务市场规模占比达47.6%，其中安全外包及托管服务同比增长7.3%，远高于服务类平均增速，发展势头强劲。预计2021年全球网络安全整体产业规模将达到1 537.3亿美元，同比增长12.5%。同时，网络安全融资热度高。Momentum Cyber数据显示，2020年网络安全融资额首次突破百亿美元，其中数据安全关注度上升，排名超越"网络与基础设施安全"，位居第二。

国内方面，我国网络安全产业重回高速增长，数据安全和安全服务引起关注。 根

据中国信息通信研究院测算，2021年我国网络安全产业重回高速增长区间，整体产业规模约为2 002.5亿元，增速约为15.8%。值得关注的是，我国网络安全服务市场份额有待提升。中国信息通信研究院调研数据显示，国内网络安全服务市场份额不足两成，下游"重产品，轻服务"和专业服务人才缺乏是亟须突破的瓶颈。此外，网络安全投融资热情高涨，其中，数据安全、安全服务和工控安全融资活动占比均超过10%；数据安全领域发生10多笔融资，成为国内网络安全最热门的融资领域。

二、2021年网络安全领域热点分析

（一）车联网网络数据安全风险日益突出，政企协同安全保障体系加快构建

1. 车联网技术应用创新深度融合，多要素级联安全风险日益突出

车联网技术创新和应用创新深度融合，汽车、平台、网络、数据等多要素安全风险不断演进升级、联动效应凸显。**一是车联网服务平台及应用频受攻击，远程非法控车隐患显现。** Upstream 在 2021 年发布的《全球汽车网络安全报告》显示，相较于物理攻击，网络攻击占比持续攀升，仅 2020 年当年，网络攻击占比就达 77.6%。2010 年以来的安全事件中，服务器、汽车无钥匙进入系统和移动应用程序，成为最常见的 3 类网络攻击途径。从安全事件造成的影响来看，已由数据泄露、车辆被盗等扩大到控制车系统，非法控车隐患日益显现。**二是车内与车外网络互联互通导致攻击门槛降低，安全风险向多要素蔓延。** 全局窃听者可以不断收集车辆节点的广播类消息，利用节点的 ID 对车辆进行追踪，同时，窃听者还可以根据车辆所用资源块的序列进行假名连接攻击，实现对车辆节点的连续追踪。**三是汽车向自动驾驶全速挺进，技术发展与安全防护不配套引发级联影响。** 自动驾驶主要由环境感知、智能决策、运动控制 3 种核心技术组成，这 3 种技术都需要改变传统汽车的架构和功能，这些修改同时增加了可攻击的目标。黑客攻击雷达、摄像头等任何环境感知节点都会造成传感器误报，引发安全事故。另外，自动驾驶模式下，智能决策的控制器成为智能汽车的核心部件，黑客可以像攻击手机和计算机一样，攻破中央处理器，从而获得整车的控制权，向车内发送非法指令，实现非法控车。**四是车内外信息交互需求与日俱增，车联网数据和隐私泄露风险占据首位。** 2021 年 5 月，由于安全配置问题，某汽车企业遭到黑客攻击，造成 330 多万客户数据泄露，泄露信息涉及姓名、个人或企业收件地址、电子邮件地址或电话号码等信息，还包括部分客户的车辆识别号（VIN）、品牌、型号、年份、颜色等。Upsteam 在 2021 年发布的《全球汽车网络安全报告》显示，2010 年以来安全事件中，数据和隐私泄露占比达 30%，占据首位。

2. 政策体系日趋完善，车联网安全监管进入全面实践期

2021年车联网网络安全政策和标准紧密出台，围绕智能汽车准入、车联网网络安全和数据安全等要求加快落地。

一是车联网安全政策体系日趋完善。 2021年8月，工业和信息化部发布《关于加强智能网联汽车生产企业及产品准入管理的意见》，明确企业主体责任，强调产品一致性，围绕功能安全、预期功能安全、网络安全、数据安全及自动驾驶等，为智能网联汽车准入建立基线要求。2021年8月，国家互联网信息办公室、国家发展和改革委员会、工业和信息化部、公安部和交通运输部联合发布《汽车数据安全管理若干规定（试行）》，提出汽车数据及处理活动的四项原则，并明确了处理重要数据的具体制度，包括风险评估报告制度、出境安全评估制度及抽查核验制度等，为汽车数据安全管理明确原则要求。2021年9月，工业和信息化部发布《关于加强车联网网络安全和数据安全工作的通知》，明确"落实企业主体责任、全面加强安全保护"的基本要求，引导企业建立长效机制和多方面技术和管理手段，围绕汽车、网络、平台、数据等提出多层次细化防护要求，为车联网网络和数据安全提供落地性指导和实践指引。

二是车联网安全标准研制工作持续推进。 2021年6月，工业和信息化部发布《车联网（智能网联汽车）网络安全标准体系建设指南》（征求意见稿），围绕车联网服务平台及应用安全、网络通信安全、整车及零部件安全、数据安全、安全保障与支撑等提出标准化需求，加快车联网网络和数据安全标准化建设，指导标准制定有序开展。各标准化组织加快标准研制，2021年，全国汽车标准化技术委员会完成4项汽车网络安全国家标准，涉及车联网服务平台、零部件等对象；全国通信标准化技术委员会相继完成多项行业标准，覆盖车联网服务平台及应用、网络通信、数据、车辆联网设备等多个要素，制定安全防护技术要求及相关检测评估标准。同时，以标准体系建设指南为指导，加快推动车联网服务平台检测评估、重要数据保护、管理平台接口规范和车联网OTA在线升级等空白领域标准研制。

3. 覆盖车、云、数等核心要素，车联网安全防护体系日趋成熟

覆盖汽车、网络和服务平台、数据等重要对象的防护需求迭代加速，防护体系日趋完善，防护能力显著提升。**一是车联网服务平台集多功能业务于一体，全环节多要素融合安全防护体系加快落地。** 信息交互服务、运营管理服务和远程操作服务等业务呈

现多样化特点，多种功能交叉并存。覆盖云、管、端全环节安全需求加速迭代，接入安全、全链路通信安全、联网设备安全需求不断升级；防护体系与车联网 OTA 在线升级等日趋成熟的新业务应用配套加快落地，覆盖后台、通信、车端等全环节、多要素的安全防护体系正加快落地。**二是车联网数据需求爆炸式增长，以"组合拳"提升数据安全治理整体水平**。一方面，自动驾驶引发数据需求猛增，数据关联性更强。据测算，一台 L2 级别的自动驾驶测试车，每小时约产生 20GB 数据，L3 及以上级别的自动驾驶测试车的数据需求更大。同时，随着业务功能的相互交叉，数据的关联性不断增强，地理测绘与个人信息关联将产生级联效应。另一方面，政产协同打出管理"组合拳"，数据安全治理能力加速提升。重点围绕数据分类分级防护、重要数据保护及备案、数据跨境安全及评估等车联网数据安全需求，监管侧和企业侧联合布局，组合发力，推动数据安全管理要求加快落地和数据安全各项举措加速实施。**三是智能网联汽车多安全要素融合特征凸显，安全防护向整车开发全流程体系渗透**。智能网联汽车功能安全、预期功能安全和网络安全三大安全要素融合特征凸显，安全防护要求不断提升，关口前移逐步落到实处。整车开发体系化管理初步形成，网络安全实施全流程布局，风险评估、架构设计、测试验证、生产安全、风险监测和应急处置、数据及个人信息处理等网络安全需求渗透整车开发生命周期的不同阶段，网络安全架构设计逐步深入。

4. 产业各界齐头并进、优势互补，共同促进车联网安全防护水平稳步提升

车联网产业链供需方齐头并进，产学研优势互补，共同探索技术跨界整合，促进车联网安全防护水平稳步提升。**一是供给侧、应用侧齐头并进，积极探索技术整合实践**。从供给侧来看，行业加快搭建汽车安全运营中心，提供全方位的安全解决方案。车端通过搭载 IDPS（Intrusion Detection and Prevention System，入侵检测和防御系统），为安全事件分析与处置提供端侧能力支撑；通过对车辆的持续监测，分析并发现车辆网络攻击事件及异常行为，为汽车的网络安全监控提供有力手段；利用丰富的车联网安全事件分析策略，有效识别车联网安全事件及异常行为。**从应用侧来看**，需求方正加快开展技术融合，建立全维度安全监测与全链路渗透验证体系。安全监测方面，逐步实现整车级、系统级、控制器级安全防护，打造动态整车安全态势感知平台。渗透验证方面，建设网络安全渗透测试实验室，形成验证闭环，提升车辆网络安全质量。**二是产学研优势互补，共促安全防护水平稳步提升**。从产业协作来看，产学研强强联手，联合打造网络安全相关实验室，提升网络安全防护综合能力；**从应用试点来看**，2021 年 9 月，工业和信息化部组织完成车联网身份认证和安全信任试点共计 61 个项

目公示；并组织产业界，开展车联网数据安全保护试点工作，数据安全要求加速落地；**从能力提升来看**，第三方专业机构等积极发布车联网安全检测工具箱，并发布车联网系列测试能力，为提升行业检测认证能力提供产品和服务。

（二）人工智能安全风险日益凸显，AI 安全管理和技术体系加速形成

1. 人工智能应用持续深化，多领域安全风险加速显现

随着人工智能在经济社会中的广泛应用，由信息泄露、技术局限和恶意应用、滥用等人工智能引发的安全风险加速暴露，威胁人民生命财产安全、公共秩序和社会稳定。一是信息泄露危害个人数据安全。如 2021 年央视 3·15 晚会中曝光了科勒卫浴、宝马 4S 店在消费者不知情的情况下违规窃取客户人脸数据，导致上亿用户隐私被泄露。二是算法安全缺陷带来社会风险。如 2021 年 8 月，由于驾驶车辆的环境感知算法存在缺陷，某地某车主过度信任汽车辅助驾驶功能，导致未及时发现道路异常情况，不幸遇难。三是应用安全风险影响国家安全。如 2021 年 11 月，3 架无人机袭击了伊拉克总理卡迪米的住所。四是平台安全问题凸显。如 360 AI 安全实验室的安全评测平台 AIFater 对机器学习框架做安全性评测，累计发现近百个谷歌 TensorFlow 框架漏洞。

2. 人工智能安全技术供给仍处于起步期，局部性应用崭露头角

人工智能安全技术尚属于前沿创新领域，在安全技术目标需求牵引下，主要围绕算法、数据、平台（学习框架）、业务应用 4 方面持续迭代演进。

业务安全技术主要包括业务合规性评估、安全攻击检测、业务安全机制和恶意应用检测等方面，其中面向 AI 业务应用的安全检测工具学术研究成果较为突出。如浙江大学开源的 DEEPSEC、清华大学发布的 ARES-Bench 均可以为人工智能系统安全性评测提供评测用例和基准平台。

算法安全技术主要包括算法鲁棒性增强、算法公平性保障、算法可解释性提升、算法知识产权保护和算法安全评测等方面，其中针对算法模型的鲁棒性和公平性研究进展较快。如谷歌研究人员研发的 Cleverhans、IBM 研发的 AI Fairness 360、微软提供的 Fairlearn、谷歌推出的 Faimess-indicators 等均是人工智能算法鲁棒性、公平性评测

的代表性工具。

数据安全技术主要包括数据隐私计算、数据追踪溯源、问题数据清洗、数据公平性增强和数据安全评测等方面，其中面向 AI 系统的数据追踪溯源商业化应用较为活跃。如阿里云、京东万象推出了区块链溯源服务，可向金融、电子商务等多个领域提供数据溯源服务。天融信、安华金和等安全厂商推出的数据安全平台实现了数据标签功能。

平台安全技术主要包括漏洞挖掘修复、模型文件校验和框架平台安全部署等方面，其中基于 TensorFlow 主流机器学习框架的漏洞挖掘和修复工具已初步形成。如 360 AI 安全实验室研制了面向云端机器学习框架的模糊测试工具 QSand 和面向终端机器学习框架的模糊测试工具 FBFuzz，并使用这两项工具累计发现谷歌 TensorFlow 框架漏洞近百个，其中官方确认的严重、高危漏洞 20 多个。

3. 人工智能安全治理进入新阶段，分类分级治理成为新风向

一是人工智能安全目标形成全球共识。当前，全球政产学研各界对人工智能安全目标形成了较为一致的认识，通过人工智能法律法规、伦理规范、政策文件、标准规范等形式（见表 8-1），聚焦业务应用、功能行为、数据安全、决策机制等方面，提出了应用合法合规、功能稳健可靠、行为人为可控、数据安全可信、决策透明公平、结果可以解释、事件可以追溯 7 个方面的人工智能安全目标。

表 8-1 人工智能安全管理文件与主要安全目标

类型	国家 / 地区及文件名称	安全目标
法律法规	欧盟《关于制定人工智能的统一规则（人工智能法案）和修订某些欧盟立法的条例》（2021 年 4 月）	确保人工智能系统安全可靠，尊重自然人基本权利，促进人工智能应用合法、安全和可信
	美国《算法正义和在线平台透明度法案》（2021 年 5 月）	保障用户隐私安全，要求算法处理和内容审核的透明、公平
法律法规	中国《中华人民共和国个人信息保护法》（2021 年 8 月）	保护个人信息安全，确保基于个人信息的自动化决策程序透明可解释，决策结果公平公正，决策行为可管可控
	中国《互联网信息服务算法推荐管理规定》（2021 年 11 月）	要求算法推荐服务符合国家法律法规和社会公德伦理，相关程序结果遵循公正公平、公开透明、科学合理和诚实信用的原则
政策文件	中国《关于加强互联网信息服务算法综合治理的指导意见》（2021 年 9 月）	促进算法应用合法合规，防止算法不合理应用危害国家意识形态安全、社会公平公正和网民合法权益

二是面向风险的分类分级成为治理体系的核心基础。作为新兴技术领域安全监管规则制定的全球先行者，欧盟 2021 年 4 月公布了《关于制定人工智能统一规则（人工智能法案）和修订某些欧盟的条例》的提案，首次尝试以法律形式构建起以全部人工智能系统为规制对象的安全管理体系。该提案按照对公民基本权益带来的潜在风险程度不同，采用列举方式将生物特征识别、社会公共管理等人们高度关注的典型人工智能系统划分为绝对禁止、高风险、低风险或最小风险三级。其中，高风险人工智能系统为该法案重点监管对象，提出建立全流程风险管理体系、保障高质量数据、更新技术文档、人为监督干预，以及确保系统透明度、可追溯、准确度、鲁棒性和网络安全等要求。此外，面向所有人工智能系统安全的统一规制体系探索正在兴起。我国于 2021 年 9 月发布了《关于加强互联网信息服务算法综合治理的指导意见》，明确要求使用算法的企业对算法应用结果负主体责任，并建立算法安全责任制度和科技伦理审查制度，健全算法安全管理组织机构，加强风险防控和隐患排查治理，提升应对算法安全突发事件的能力和水平。

4. 政策合规和技术创新双轮驱动 AI 产业健康发展

虽然人工智能安全技术不断创新，但在技术实现和产品应用推广等方面仍面临诸多挑战，需要政策层面和技术创新双轮驱动，加快推动人工智能安全技术和产业发展。一是顶层设计，健全治理体系。构建面向各类人工智能系统且涵盖目标、对象、组织、方式和措施的分类分级安全管理规则体系，推动形成广泛共识的人工智能安全框架，指引产业界系统实现人工智能安全能力。二是需求牵引，提升技术成熟度。联合部属高校、支撑单位、科研院所、企业等多方力量，合力推进算法、数据、平台框架等安全关键技术的规模化工程应用。积极开展面向业务安全需求的安全评测、风险监测等方面的技术攻关和试点验证，加速人工智能安全技术研发和产业化。三是标准引领，提供落地指引。凝聚各方共识，制定更具操作性的数据、算法和模型，技术和系统，产品和应用等方向的人工智能安全技术标准规范，指引安全目标的技术实现。根据行业需求和相关标准，建立科学的人工智能安全技术产品评估检测标准和机制，开展专业的技术检测和效果评估，提高人工智能安全技术的公信力，保障人工智能安全技术产业的健康发展。

（三）主动安全技术发展引领未知威胁及蛰伏攻击应对，应用落地前景可期

1. 主动安全技术在新威胁和新场景牵引下创新发展，引起广泛关注

目前，安全威胁持续演进，新技术、新业务、新场景安全需求涌现，推动主动安全技术发展，并引起产业界广泛关注。**一方面，未知威胁和蛰伏攻击需要主动安全技术应对**。对于攻击方而言，其通过智能学习模仿，躲避传统检测手段，加大攻击被发现难度。同时，攻击方可通过实施 APT（Advanced Persistent Threat，高级可持续性威胁）攻击，监控防御方溯源意图，加大攻击溯源难度。对于防御方而言，其基于已有规则特征的被动静态应对失效，难以发现蓄意躲避检测的攻击，也难以挖掘攻击背后的联动风险。因此，需要部署主动安全技术，实现快速感知、主动捕获、关联预测、动态对抗，应对未知威胁及蛰伏攻击。**另一方面，新场景安全需求推动主动安全技术加快扩展应用**。例如，5G、物联网支持海量终端通信，亟须在广域覆盖、资源受限场景下实现威胁应对。工业互联网场景折射出网络空间对物理世界的深度影响，需要安全技术适配常用工业控制设备和协议，且不影响正常业务运行。而主动安全技术支持轻量化、场景定制化、全局安全联动部署，可满足上述场景特性安全需求，逐渐在5G、物联网、工业互联网等场景落地。

同时，主动安全技术已引起广泛关注，产业化进程持续加快。**一方面，产业界持续关注、加快研究和成果发布**。例如，IDC、Mordor Intelligence 等机构对主动安全产品做出分析预测。MITRE 发布 MITRE Shield 防御知识库，包含主动安全技术。**另一方面，主动安全市场需求旺盛，用户侧正加大投入**。IDG（International Data Group，美国国际数据集团）研究报告指出，欺骗技术在安全解决方案中预算排名第二。DomainTools 调查表明，增加安全预算的组织在威胁狩猎方面投入最多。此外，结合场景的安全解决方案不断推出。例如，慧安蜂巢物联网操作系统平台，通过自主可控技术，提供设备接入、设备管理、监控运维、数据管理等功能，并通过 AI 算法实现实时报警处置、数据感知融合等功能。

2. 以欺骗防御和威胁狩猎为代表的主动安全技术理念获得较快发展

主动安全是以"知己知彼、动态对抗"为最终目标，以"实战"为检验的一种安全技术和理念，在威胁早期阶段实现准确检测和快速响应，从爆炸式信息中主动捕获

并预测攻击行为。从典型技术路径来看，欺骗防御和威胁狩猎发展较为迅速。其中，**欺骗防御**通过对被保护环境中节点、网络、服务、数据等进行模拟伪装，主动诱导攻击者对虚假资源实施攻击，从而触发攻击告警并实施阻断，实现对攻击的检测响应。**威胁狩猎**利用内外威胁情报资源，主动识破攻击方意图、能力和机遇，尽可能发现和阻止极难被检测到的攻击行为，是一个持续改善的迭代过程。

3. 国内主动安全技术加速落地，产品发展日益完善

目前，主动安全产品部署模式包括独立部署和集成部署两种，产品形态已成雏形，且仍在不断迭代演进。

从主动安全产品能力分析来看，国内融合欺骗防御和威胁狩猎功能的主动安全产品从交互程度方面主要分为高交互型产品和低交互型产品。交互程度反映了攻击者进行攻击活动的自由度，即交互程度越高，攻击者可实施攻击的范围越大、内容越多，自由度也越大。低交互型产品一般仅仅模拟操作系统和网络服务，相对容易部署。但由于攻击者能够进行的攻击行为有限，因此，低交互型产品能够收集的攻击信息也比较有限。高交互型产品则提供真实的操作系统和网络服务，虽然部署和维护复杂度增大，但从攻击者角度而言，高交互型产品模拟的攻击环境与真实攻击环境完全无差别，可以从基础服务和协议、操作系统和数据库等多个方面实施攻击行为。因此，高交互型产品能够收集更多攻击信息。

从主动安全产品部署模式来看，主动安全产品既可实现独立部署，又能与现有安全防护系统进行集成或对接，为整体安全防护运营提供主动安全能力。例如，将主动安全产品独立部署于用户网络或云端，实现诱饵部署、流量转发、攻击捕获、安全分析等能力，构建强大的主动安全系统。也可将主动安全产品与防火墙、入侵防御系统、安全信息和事件管理、终端安全产品等融合集成，补齐其他产品主动安全能力短板，实现威胁情报联动、安全事件处置联动等。

4. 主动安全技术和产品处于蓬勃发展期，规模化应用部署前景广阔

主动安全产品正加快向新领域、新场景落地应用，市场将保持高速增长态势，凸显重要价值。**一是全球众多企业正加快部署应用主动安全类产品，增强对高级威胁的应对成效。**美国系统网络安全协会（SANS）针对全球 520 家企业调查显示，50% 以上企业已部署或正在部署威胁狩猎产品。DomainTools 威胁情报和调查平台 2020 年度

威胁狩猎报告显示，68%的组织认为威胁狩猎产品提高了对高级威胁的检测能力。**二是主动安全技术发展方兴未艾，规模化应用提升核心业务主动防御能力**。主动安全技术可有效解决传统检测技术在 5G、工业互联网、物联网等技术场景下应用受限问题，满足场景定制化需求。例如，面向工控环境的欺骗防御产品可以伪装常用工控协议、工控设备和系统，可采用模块插拔方式进行实体仿真，支持定制化资产，未来将广泛应用于电力、石油化工、供水、制造等场景。相关企业调研数据显示，未来将有 20%以上的安全支出投向主动安全产品和服务，主动安全市场将保持高速增长态势。**伴随着基础安全设施部署及运营的成熟，主动安全产品将迎来规模化应用，在网络攻击防御与核心业务应用防护中凸显重要价值。**

（四）电信网络诈骗对抗螺旋式升级，技管结合的协同工作体系日益健全

1. 全球电信网络诈骗形势日趋严峻

当前，电信网络诈骗已成为全球性问题，且随着移动互联网技术快速发展和应用的普及，形势更加严峻。2021 年 4 月 Truecaller 发布的报告显示，过去一年，美国有多达 5 949 万人遭受电信网络诈骗，较去年同期增长 6%，诈骗金额达 298 亿美元（约合 1 908 亿元人民币），创 7 年来最高纪录。在我国，据央视新闻 4 月 16 日报道，2021 年以来全国电信网络诈骗案件日均发案 2 700 起，日均损失达到 1.4 亿元，治理形势异常严峻。实施诈骗的联络方式不再限于电话、短信、电子邮件，还包括社交网络、电商平台、即时通信工具等；诈骗手法也从提供免费旅游、假冒银行贷款发放员，到谎称"政府退税""财产保管""包裹寄错"等，诈骗脚本频繁变换，联络方式相互交织，让人防不胜防。受新冠肺炎疫情暴发与治理深入等因素影响，全球电信网络诈骗呈现以下特点与趋势。**一是诈骗手法花样翻新、层出不穷**。贷款、刷单、冒充客服、征信荐股、虚假疫苗等诈骗手法频出，并且不断翻新迭代，隐蔽性、迷惑性进一步增强，给群众造成了巨大损失。据日本警察厅统计，日本涉疫情、疫苗类诈骗案件持续高发多发，截至 2021 年 3 月，仅广岛县已发生超过 50 起该类诈骗案件，涉案金额超 2020 年全年的 1 倍。**二是技术迭代更新，对抗性持续增强**。"猫池"、GOIP、变声器等"黑化高科技"被大量运用。诈骗分子利用机卡分离的 GOIP 设备，可以远程甚至在国外遥控拨打诈骗电话实施诈骗，极大地增加了反诈预警、阻断和线索分析

难度。2021年9月，河南郑州警方打掉利用GOIP、多卡宝、络漫宝设备实施诈骗的犯罪团伙10个，抓获嫌疑人17人，现场查获手机卡600多张。**三是由电信网向互联网领域快速蔓延。**受居家办公、线上培训等方式影响，民众接触互联网的时间与频率均有所增加，电信网络诈骗由传统电话诈骗逐步向互联网领域蔓延。英国警方数据显示，2021年上半年，信用卡网络诈骗涉案金额高达5.46亿英镑（约合49亿元人民币），同比增长11%。**四是境外诈骗窝点与资源成为治理难点。**随着治理工作的深入，诈骗分子开始租用美国、韩国等境外服务器，通过批量购买涉诈域名网址实施诈骗。同时，境内大批电信网络诈骗窝点已经向境外转移，通过大量使用缅甸卡、欧洲卡等境外手机卡对国内人民实施诈骗。2021年6月，我国最高人民法院披露，目前境外窝点作案已超过六成。

2. 电信网络诈骗实施的关键环节

结合治理工作实践，从整个诈骗的流程来看，电信网络诈骗包含精准信息获取、诈骗脚本编撰、通信联络沟通、支付转账汇款四大主要实施环节。**第一个环节，即精准信息获取环节，**诈骗分子通过非法窃取或购买等方式获取社会上各行各业泄露的个人信息，包括身份证信息、电话号码、家庭地址，以及网络账号和密码、银行账号和密码等信息。大量的个人信息成为诈骗分子实施精准诈骗的首要环节。如2021年，一起涉案金额仅有78万元的诈骗案涉及用户信息却达8700多万条。**第二个环节，即诈骗脚本撰写环节，**诈骗分子模拟真实的经济社会活动场景，结合当前社会热点，精心设计各种诈骗脚本，如近期高发的代办信用卡、兼职刷单、冒充网购客服、冒充公检法等诈骗案件。**第三个环节，即通信联络沟通环节，**诈骗分子通过电话、短信、互联网等通信渠道联络受害人，利用之前设计的诈骗脚本与获取的受害人个人信息，骗取受害人信任，进而实施诈骗。**第四个环节，即资金支付转移环节，**诈骗分子引导受害人通过银行转账、网上支付等方式向其指定的账户转款，再经由预先设计的诈骗分赃销赃渠道快速从指定账户中转移受害人资金。

3. 我国防范治理电信网络诈骗综合治理体系日益健全

近年来，我国电信网络诈骗持续高发多发，已成为发案最高、损失最大、群众反响最强烈的突出犯罪，严重影响群众获得感、幸福感、安全感。为此，各有关部门坚决落实行业监管主体责任，全面尽职履职，持续强化电信网络诈骗的防范治理。**一是法律法规不断健全。**2021年10月，第十三届全国人民代表大会常务委员会第三十一次会议对《中华人民共和国反电信网络诈骗法（草案）》进行了审议，为反电信网络诈骗犯罪提供全方位的法律支撑。同年6月，最高人民法院、最高人民检察院、公安部联合发布了《关于办理电信网络诈骗等刑事案件适用法律若干问题的意见（二）》，进一步明确法律标准，依法严厉惩治、有效打击电信网络诈骗及其关联犯罪。**二是源头治理取得实效。**2021年6月，工业和信息化部联合公安部发布《关于依法清理整治涉诈电话卡、物联网卡以及关联互联网账号的通告》，启动"断卡行动2.0"，组织通信企业集中清理电话卡6 400多万张，拉网排查物联网卡14亿张。创新推出"一证通查"服务，截至12月底，累计提供查询服务2 645万次，切实解决冒用他人身份办卡问题，全面挤压"不知情办卡"犯罪空间。中国人民银行组织清理"不动户""一人多卡"和频繁挂失补换卡等异常银行账户14.8亿个，对130余家银行和支付机构开展专项检查，暂停620家银行网点1至6个月开户业务。**三是技术对抗不断增强。**针对当前电信网络诈骗技术对抗异常激烈的态势，工业和信息化部统筹调度全行业反诈技术资源，提升部省两级反诈平台能力，强化重点业务技术监管能力建设，构建起全国一体化的技术防控体系。截至2021年11月底，累计拦截涉诈语音13.8亿次、涉诈短信15.7亿条；2021年7月，创新建成12381涉诈预警劝阻短信系统，截至12月底，累计发送预警短信/闪信1 778.15万条。针对诈骗分子利用"猫池"、GOIP设备远程操控数百张手机卡拨打诈骗电话定位难、打击难等突出问题，部署开展"打猫"专项行动，截至12月底，累计协助公安机关打击"猫池"窝点2 143个，缴获"涉猫"设备6 625个，缴获号卡35.62万张。**四是反诈宣传深入人心。**广泛发动媒体，充分发动群团组织和广大群众，组织开展反诈进社区、进企业、进校园、进农村、进家庭等"五进活动"，全方位、多层次、多形式、多渠道的宣传活动不断涌现，全民反诈宣传体系已然形成，群众防骗意识、识骗本领、反骗能力不断提升。2021年，全国公安机关组织开展了主题宣传活动1.5万场次，发送公益短信36.2亿条；国家反诈中心官方政务号累计发布视频2 500余条，国家反诈中心App累计向群众预警2.3亿次，切实提升了人民群众防范意识和能力。**五是打击犯罪力度空前。**公安机关坚持出重拳、下重手、用重典，突出抓金主、铲窝点、打平台、断资金，掀起猛烈打击攻势，取得明显成效。自2020年10月全国"断卡"行动开展以来，全国公安机关累计打掉涉"两卡"违法犯罪团伙2.7万个，查处违法犯罪嫌疑人45万名，查处金融机构和通信企业内部人员1 000余名，有力打击了"两卡"犯罪分子的嚣张气焰。

三、2022 年网络安全领域发展展望

（一）网络攻击技术升级演进，攻防对抗趋势更加激烈

面向网络安全攻防趋势，网络攻击方将逐步提升自身技术能力，网络攻防对抗趋势更加激烈。**在攻击手段方面**，利用漏洞实施链式攻击的攻击行为将更加频繁，攻击者将一个漏洞作为突破口，综合利用各种漏洞逐步提升权限，实施链式网络攻击，如先后利用微软 Exchange 服务器 4 个漏洞实施链式网络攻击入侵；**在攻击战术方面**，网络防御方安全能力的提升加大网络攻击难度，攻击方转向以多种手段规避网络安全防线，达到网络攻击入侵目的，如利用软件供应链上下游信任关系，通过软件升级、分发等机制，迂回绕过下游用户安全防线实施攻击入侵；**在攻击目标方面**，利益驱动网络攻击目标更加精准，攻击者开始通过收集攻击目标信息，瞄准"高价值"目标实施攻击，谋求最大化的网络攻击"利益"，如以政治目的瞄准行业重要信息系统实施高级持续性威胁（APT）攻击，获取重要数据和信息资源。

（二）网络安全创新技术持续发展，将实现从保障到赋能的价值转变

网络安全技术将随"数字产业化"浪潮持续创新迭代，并在"产业数字化"需求的牵引下，逐渐进入横纵融通、场景赋能的网络安全新局面。**一是网络资产攻击面管理将助力踏实安全防御第一步**。数字时代，防护者需知安全防御主体全貌，推动单一的资产管理向综合的网络空间测绘技术发展，可集成现有安全工具应用程序接口以识别内外部资产，分析攻击面和现有安全控制措施的差距，呈现全面准确的可视化网络资产状态和安全态势。**二是网络安全网格逐渐打破安全防御边界依赖**。后疫情时代数字化进程加快，数字资产和人员位于传统安全边界之外，需要更敏捷、可扩展组合的安全机制。网络安全网格技术可将安全措施扩展到传统安全边界之外的分布式资产，提供基础安全服务及集中策略管理和协调的一体化安全结构。**三是推动构建安全孪生以实现风险预知预控**。面对不断升级的新型网络攻击，需加快构建虚实结合的安全孪生，

通过虚拟环境和真实设备相结合，部署安全技术并模拟仿真攻击，以验证安全能力，发现潜在风险点，在新技术部署前以实战演练淬炼主动防御能力。**四是智能感知、融通发展的场景安全能力加快落地。**安全赋能模式持续向灵活编排、服务赋能方向发展，为数字场景提供按需融合安全能力和服务化供给。例如，基于风险与信任的持续自适应安全监测技术，可实现数字业务全链条、全周期安全监测。

（三）政策催生、技术驱动，数据安全产业步入放量增长快车道

数字经济新模式和新业态蓬勃发展，在制度落地和技术创新等多重因素推进下，我国数据安全将迎来产业新机遇和市场新动能。

数据安全市场规模未来 3～5 年将保持高速增长。随着我国社会数字化转型步伐加速，金融、医疗、交通等重要市场和智能汽车、智能家居等新兴领域数据安全投入持续增加，稳定增长的市场需求将吸引越来越多的传统安全企业以及新兴安全企业推出数据安全相关产品和服务，抢占市场份额，引领行业发展。**数据安全产品将向专业化、体系化方向不断迈进。**数据安全产品和服务垂直细化的趋势更加明显，促使数据安全企业的产品结构更加周密，专业程度越来越高，专业化聚焦基础上的"差异化共存"成为商业主流，以"需求定制"为驱动的专业型产品供给时代正在到来，专业型数据安全企业将迎来创新发展、新机遇。**基础通用技术不断发展，为数据安全技术创新提供支撑。**在国家对技术创新支持力度不断提升的大背景下，产业链各环节相关主体将持续加大在人工智能、区块链、密态计算等基础通用技术方面的研发投入，为数据识别、数字水印、隐私计算等数据安全关键技术的能力提升和创新发展提供有力支撑。**应用领域逐步拓展将推动新兴数据安全技术持续演进。**数据要素市场化背景下，联邦学习、密文检索、多方安全计算等新兴技术为解决数据利用与数据保护之间的矛盾提供了新的解决方案。随着应用领域的不断扩展、需求的不断释放和理论研究的不断深入，这类技术在运算效率、互联互通、安全性等方面的问题将逐步得到改进，实现核心技术的持续演进。

（四）数字化发展驱动网络安全向数字安全不断外延

数字时代，网络安全加速演进迈入新阶段，数字安全体系初具雏形，逐渐成为保

障数字化发展安全的新引擎。 随着全社会数字化发展不断加快，催生新业态、新模式、新领域的同时，驱动网络空间与物理世界加速融合，大量传统设备、网络系统等联网打破原有相对可信、封闭的网络环境，将安全风险拓展到生产生活的方方面面，带来安全形势需求新变化。一是安全保护对象的拓展，从计算机、软件应用等传统 IT 层面延伸至无人机、机械臂等 IT（Information Technology，信息技术）与 OT（Operation Technology，操作技术）融合领域对象，工业数字化设备、联网汽车等融合领域的安全资产需要重点保护。二是安全能力建设目标的改变，从过去的保障网络系统等平稳运行、风险消减，拓展到信任和价值层面，保障数字化过程的安全和信任，以及确保数据要素安全流通和数据价值安全释放。三是安全威胁影响的变化，除了传统的网络空间安全威胁，人工智能等技术的内源算法缺陷，以及外部管控制裁等不稳定因素，给数字场景带来了新的安全不确定性，风险影响向物理世界蔓延。四是安全保障措施的变化，从保障网络和信息系统机密性、完整性、可用性的传统技术手段向融合化、智能化、主动化等方向发展，协同联动供给安全保障能力。

数字化发展安全新形势、新需求，驱动安全界限不断向网络物理融合空间拓展，推动安全概念迭代升级。 数字时代的安全问题从网络空间向物理世界延伸，不仅要防范网络中断和系统瘫痪等风险、保障"线上"网络系统安全可靠运转，更要进一步保障"线下"经济社会运行秩序稳定。网络安全逐渐成为过程性因素，向着安全覆盖范围更大、安全防护边界更广的数字安全体系演进。

数字安全并非全新、独立的概念，而是随数字化发展过程演进的产物。 数字安全是集成工业互联网安全、车联网安全、5G 安全、物联网安全等应用领域和网络安全、数据安全、设备安全等专业基础领域的安全概念，将安全作用域拓展至数字业务、应用场景等数字化融合领域，保障数字产业化技术应用、产业数字化 IT 与 OT 融合、数据流动和价值释放等数字化过程的安全性、可靠性和可信度，为数字时代安全能力建设和发展提供指引。